梦山书系

教育中国与知识空间

叶隽 \ 主编

德国工科大学模式在中国的移植与刈剪

——基于马君武与广西大学的研究

全守杰 著

海峡出版发行集团 | 福建教育出版社

图书在版编目（CIP）数据

德国工科大学模式在中国的移植与刈剪：基于马君武与广西大学的研究/全守杰著．－福州：福建教育出版社，2023.12
（教育中国与知识空间／叶隽主编）
ISBN 978-7-5334-9730-9

Ⅰ.①德… Ⅱ.①全… Ⅲ.①工科院校－教学模式－研究－德国②广西大学－办学模式－研究 Ⅳ.①G649.516②G649.286.71

中国国家版本馆CIP数据核字（2023）第186345号

教育中国与知识空间

叶隽 主编

Deguo Gongke Daxue Moshi Zai Zhongguo De Yizhi Yu Yijian
德国工科大学模式在中国的移植与刈剪
——基于马君武与广西大学的研究

全守杰 著

出版发行	福建教育出版社
	（福州市梦山路27号 邮编：350025 网址：www.fep.com.cn）
	编辑部电话：0591-83779615 83726908
	发行部电话：0591-83721876 87115073 010-62024258）
出 版 人	江金辉
印 刷	福建新华联合印务集团有限公司
	（福州市晋安区福兴大道42号 邮编：350014）
开 本	710毫米×1000毫米 1/16
印 张	15
字 数	230千字
插 页	2
版 次	2023年12月第1版 2023年12月第1次印刷
书 号	ISBN 978-7-5334-9730-9
定 价	45.00元

如发现本书印装质量问题，请向本社出版科（电话：0591-83726019）调换。

总　序

叶　隽

在全球化时代背景下，对于正处于或崛起、或复兴、或形成中的现代中国来说，"教育中国"概念的提出至关重要，因为不仅外国人深怀疑问，譬如撒切尔夫人（Margaret Thatcher，1925—2013）的轻视："今天中国出口的是电视而不是思想。"（China today exports televisions not ideas.）[①] 而且中国人自己有时也彷徨歧途，一方面骄傲于经济崛起，另一方面则似乎远未准备好走上世界舞台的中心。在我看来，通过"教育"之途走向全民族的素质提升，重温轴心时代前贤所塑造的国民性，返本开源，或可为"复兴梦"提供一条可能的出路。需指出的是，此处的"教育"概念，取引申之义，乃强调一个具有独特知识传统、历史背景和文化特质的文明体的中国概念，兼及修身、教养、规训、成长等多重含义，与西方世界通行的"辟尔通"（德文 Bildung，汉译多为"修养"或"成长"）概念有相通之处。

之所以强调"知识空间"，乃因为意识到简单的学问或学术并不能穷尽问题之本身，而"知识"的概念则涵盖甚广，福柯的定义或许过于深奥："由某种话语实践按其规则构成的并为某门科学的建立所不可缺少的成分整体，尽管它们并不是必然会产生科学，我们可以称之为知识。"[②] 但却很有解释力，也就是说，知识-学术（科学这里应可作学术理解），形成了一种金字塔型的

[①] Thatcher, Margaret. *Statecraft: Strategies for a Changing World*, London: Harper Collins Publishers, 2002, p.179.

[②] ［法］米歇尔·福柯：《知识考古学》，谢强、马月译，北京：生活·读书·新知三联书店，2003年版，第203页。

关系，即学术是高端知识，而知识则提供了通向学术的基础，即源于实践经验总结提炼的那部分隐性或显性知识。所以，将"教育中国"置放在"知识空间"的背景之下，可以见出我们认知问题的层次。"知识空间"的概念，与其说是一种泛泛的总体涵盖，更不如理解为一种整体概念的提升，即超越一般意义的民族-国家文化层次，而将欧洲、华夏分别视为一个相对独立完整的文明体系。设若如此，则欧洲文明作为一个整体其实犹待追问，虽然欧洲一体化进程由于欧盟的出现而似乎呈现出某种整体性，但真正追问到文化层面，往往有其惘然的一面，即便不提诸多小国，德、法、英三强的民族文化其实非常强势。"华夏文明"的概念则恰不成此"多元竞争"态势，以中国文化为主的相对独立的强势文化比较明确，但其间也并非"铁板一块"，即便不说儒、道、佛的诸家并立，也还要囊括蒙、藏、回、满等概念，甚至与周边日、韩、越、马等文化的辐射衍生关系，故此要展现出一种"大中华"的境界，但又不是泛无归依的"一锅煮"，亦非易事。

故此，本丛书既关注作为一个整体的"教育中国"的形成，同时关注华夏文明作为一种独立文明体系的重要意义，相比较欧洲本身的多元并立，华夏文化则显现出明显的一元主导现象。欧洲文化是没有一元中心的，或者也曾有过，如希腊、罗马时代，但此后基本上就不存在了。在文艺复兴以后，随着法、英、德的相继崛起，多元态势很明显。而华夏文化则显然是一元中心，而且维系几千年。古代是延续多年的"朝贡体系"，中世则以与日本、印度等的交流而"涅槃再生"，尤其是以与印度文化的交流而达到了一种东方文化的"融合创生"的境界。禅宗、理学的相继诞生就是标志。那么在现代，随着以欧洲为中心的西学与西教东来，究竟会碰撞出怎样的"新学"，则是特别值得关注的问题。

要知道，"知识传播是文明进步过程中不可或缺的环节，是推动人类社会发展的重要助力"[①]，在这样一种全球史的整体视野中，考察教育中国如何形成，尤其是在全球知识空间中占据怎样的知识中国地位，形成如何的文化中国影响，则对理解"中国梦"的概念无疑深有助益。当然这里的中国也有大

---

① 刘新成：《序》，载程德林：《西欧中世纪后期的知识传播》，北京：北京大学出版社，2009年版，第1页。

中华的概念隐含于内，因为说到底中国梦也是华夏梦，也是华夏文明通向世界，开启普遍范式的立体之道。这在丝绸之路的文化负载意义上尤得呈现："从全球动态视野看，丝路是一条'流动的路''对话的路''互动的路'。但从根本上，它是一条显赫而意义深远的'侨易之路'。"① 本丛书一方面引介海外对于中国教育、思想和文化的研究，包括新、马、菲等南洋空间的相关著作都在其列，而拓展视域，则西方汉学界的学术贡献自然也不可或缺；另一方面适当推出本土作者的精品力作，展现在国际学术对话空间中逐渐得以成长的"吾乡学脉"。或许，正如陈寅恪先生所言，"其真能于思想上自成系统，有所创获者，必须一方面吸收输入外来之学说，一方面不忘本来民族之地位。此二种相反而适相成之态度，乃道教之真精神，新儒家之旧途径，而二千年吾民族与他民族思想接触史之所昭示者也"。② 设若如此，这套书所关注和对话的，显然并非仅仅局限于教育学界而已，人文学者甚至科学路径的教育研究也都在我们关注范围之内。"伐木丁丁，鸟鸣嘤嘤。出自幽谷，迁于乔木。嘤其鸣矣，求其友声。"希望能借助类似于"教育""知识""中国"的关键词叙述，构建出一个求知问道者乐于共享的"学理空间"，是所愿也。

2023 年 7 月 19 日改定于京中

---

① 潘天波：《丝路的侨易现象：本质与意义——兼及丝路全球史的书写》，《民族艺术》，2023 年第 3 期，第 17 页。

② 陈寅恪：《冯友兰〈中国哲学史〉下册审查报告》，载刘桂生、张步洲编：《陈寅恪学术文化随笔》，北京：中国青年出版社，1996 年版，第 17 页。

目 录

引 论 ………………………………………………………… 1

第一章 思想来源与办学实践 ………………………… 23
  第一节 马君武生平 ………………………………… 23
  第二节 教育思想的理论基础 ……………………… 26
  第三节 执掌京沪两地三校 ………………………… 36
  第四节 参与创办广西大学 ………………………… 44
  第五节 移植与刈剪德国工科大学模式 …………… 60

第二章 重术：以"术"为重的"学""术"兼顾 ………… 76
  第一节 学术观 ……………………………………… 76
  第二节 以"术"为重 ………………………………… 87
  第三节 兼顾"学理" ………………………………… 96

第三章 善行："大脑与两手并用" ········· 102
第一节 "集世界之知识" ········· 102
第二节 "努力工作" ········· 117

第四章 强国："忠勇为爱国之本" ········· 122
第一节 "养成团体的生活" ········· 123
第二节 "训练战斗的本领" ········· 132
第三节 爱国教育的争论与施行 ········· 148

第五章 富民："改进乡村社会" ········· 158
第一节 人才富民 ········· 158
第二节 科学技术富民 ········· 176

第六章 比较分析与综合评价 ········· 181
第一节 与受德国影响的中国其他大学之比较 ········· 181
第二节 移植与刈剪德国工科大学模式的综合评价 ······ 201

研究结论与未来展望 ········· 206

参考文献 ········· 210
附录 马君武主要教育演讲、论述篇目 ········· 228

后 记 ········· 230

引 论

"百年大计，教育为本"已经成为国家和社会的共识。习近平总书记在党的二十大报告指出："我们要坚持教育优先发展、科技自立自强、人才引领驱动。"[1] 在高等教育领域，要加快推进高等教育改革和机制体制创新，进一步提升高等教育为国家经济社会发展的服务能力，并促进人的全面发展。我们要认真吸收世界上先进的办学治学经验，更要遵循教育规律，扎根中国大地办大学。[2] 中华民族在世界历史上曾创造过辉煌灿烂的物质文明和精神文明，为今人留下了许多宝贵的资源。其中，不乏可资借鉴的思想、方法，它们可以为当今高等教育的改革与发展所借鉴。

在中国教育史上，教育家群星璀璨，他们的教育思想和办学实践至今依然有不少值得我们借鉴之处。潘懋元先生在《百年之功——中国近代大学校长的教育家精神》[3]的序言中指出："在他们执掌的大学里培养出来的大批高级人才，对于中国近现代社会，尤其是对于中国近现代科学与文化发展与变革的贡献是有目共睹的。""清末民初之际……一批有为的大学校长对近代中国高等教育事业的开拓起了重要的作用。"民国时期，确实涌现出了大批贡献卓著的大学校长，不少校长具有开拓者的历史地位，马君武就是其中的一位，

---

[1] 习近平：《高举中国特色社会主义伟大旗帜 为全面建设社会主义现代化国家而团结奋斗》，《人民日报》，2022年10月16日。

[2] 习近平：《青年要自觉践行社会主义核心价值观——在北京大学师生座谈会上的讲话》，《人民日报》，2014年5月5日。

[3] 周川、黄旭：《百年之功——中国近代大学校长的教育家精神》，福州：福建教育出版社，1994年版，序言。

正如丁钢教授所言，他是"我国近代著名教育家、广西大学的主要创办者及广西高等教育的奠基人"①。马君武由政坛到杏坛，有着丰富的管理经验、教育学术思想。当时诸多政学两界的名流对马君武一生的功绩进行过评价，如"一代宗师"（周恩来语）、"教泽在人"（朱德、彭德怀语）。李任仁则将马君武与严复在学术上的贡献、马相伯在教育上的功绩相比——"译著峙两雄，若论昌科学、植民权，收功应比又陵为伟；国家攆多难，方赖造英才、匡正义，惜寿不及相伯之高"。有纪念文章道："从文化界之场来看，马先生之死，广西似乎空虚了，这空虚之症不知是否能补养起来！更不知何年何月才能补养起来。"②

马君武由政坛转入杏坛，执掌京沪两地三校，并长期担任广西大学校长，其办学功绩为当时的学界、政界名流所赞赏，然而关于其办学思想与实践的研究并不多见。究其原因，主要有如下五个方面。第一，从地域上看，广西地处西南边陲，与北京、上海等发达地区相比较，较少受外界关注，广西大学至多也就是"南方重要的大学之一"③。第二，从办学历史看，广西大学与北京大学（1898）、同济大学（1907）相比较，办学历史较短，于1928年才正式开学，后又曾因战争而一度停办。新创建的广西大学在知识传承和办学理念传播上所发挥的功能和影响相对有限。第三，从学校特色看，注重农、工等实用学科为主的广西大学"重术""善行"，正如德国工科大学那样，或直接将技术转化为产品，或到社会上从事各项生产事业，其影响主要体现在当地相关的生产领域，并非高等教育史等思想领域。第四，从研究成果看，目前学界对于马君武办学思想和办学实践的研究较少，这影响了对马君武教育思想的认识和传播。第五，从马君武的政治观点来看，他"对孙中山先生采取的联俄、联共、扶助农工的改组国民党的政策，表示忧虑和不满"，后被国民党开除党籍，与共产党也保持距离。这也许也是人们较少研究和传播马

---

① 丁钢：《中国教育的脊梁——著名教育家成功之路》，北京：高等教育出版社，2010年版，第49—60页。

② 关于周恩来、朱德、彭德怀、李任仁等对马君武一生功绩的评价，可见王咏：《一代宗师马君武》，南宁：接力出版社，1994年版，第162—165页。

③ 编写组：《广西大学校史》（内部刊物），1988年版，第22—23页。

君武教育思想的一个重要原因。

此外，马君武仿效德国工科大学办学的影响不如同济大学广泛和持久，主要由于同济大学起初是德方教育文化强制输出的产物，是德国在中国传播教育观念的主要中心，中德双方教育文化交流长期的、较为稳定的平台；马君武执掌广西大学仅仅是留学归国大学校长个人的主动移植，缺乏相对稳定性。且同济大学由于中德双方政府的作用，有阮介尚（留学于柏林工业大学）、张仲苏（留学于柏林大学、莱比锡大学，法律专业）、胡庶华（留学于柏林工业大学）、翁之龙（留学于法兰克福大学，医学博士）、丁文渊（留学于柏林大学等）、夏坚白（留德学校不详，测绘专业）等留德学者担任校长[①]，并有大批留德学生和德籍教师共同传播和延续同济大学的"德国特征"。

我国如今"要提倡教育家办学"，"要像宣传劳动模范，宣传科学家那样宣传教育家"，"造就一批杰出的教育家"，那么对历史上包括马君武在内的大学校长的办学思想和实践进行总结，汲取其中的思想养分，将具有重要的意义。

马君武执掌广西大学"独重工科"[②]，强调培养"农民的领导者，工程的建设者"，是民国大学校长群体中对工科教育情有独钟的一名校长。当前，我国需要适应经济社会发展的高质量的各种类型的工程技术人才。2010年6月，以"面向工业界、面向世界、面向未来，培养卓越工程师后备人才"为主题，教育部在天津召开了新一轮高等工程教育改革启动会，联合有关部委和行业协（学）会，共同实施"卓越工程师教育培养计划"[③]。总结借鉴我国工程技术人才培养的历史经验，有助于进一步明确我国高等工程教育改革与发展的战略重点。高等教育，特别是工科院校面向经济社会发展需要，主动适应工业界的要求，为我国的工业化发展和经济社会发展服务，提高国家的竞争力，

---

① 叶隽对留德学人中任大学校长的个人简况进了梳理，可参见叶隽：《另一种西学——中国现代留德学人及其对德国文化的接受》，北京：北京大学出版社，2005年版，第20页。

② 张新科：《蔡元培与马君武借鉴德国大学理念之比较》，《高等教育研究》，2008年第9期，第94—98页。

③ 张大良：《贯彻落实〈教育规划纲要〉，加快高等工程教育改革与发展》，《中国高教研究》，2011年第1期，第16—19页。

需要培养大批专门的工程技术人才。马君武办学注重"工程的建设者"等专门人才的培养,重视服务经济社会,以达到救国和强国的目的,与当今经济社会发展对人才的需求有着相似性和内在的互通性。因此,研究马君武的办学思想和管理实践对当前的工程技术人才培养具有一定的借鉴意义。

马君武作为广西大学的主要创办者、首任校长,曾在国内执掌多所大学。他办学时一方面强调学生要有国际视野,"集世界之知识造极新之国家";一方面又密切联系实际,强调为当地经济社会发展服务。他据理力争,迫使新桂系①主政下的广西当局同意广西大学恢复,继续开办。他刚正不阿,对教职员工和学生都关爱有加,维护学校师生利益,对于新桂系以严厉的军训管制学生、控制学生思想的行径给予有力的回击,为保证学生的学习研究自由和爱国精神的培养而与广西当局斗争。系统地梳理和总结马君武的办学思想与办学实践,可为当今大学管理者提供可资借鉴的参考。

研究马君武对德国工科大学模式的移植是深化院校类型认识,优化高等教育结构,建设高等教育强国的要求。从西方发达国家的高等教育发展经验来看,多种院校类型的发展不仅体现了大学与经济社会发展的互动,而且促进各类型院校相互竞争,形成自身的特色。在德国的高等教育系统中,除综合性的研究型大学之外,还有工科大学、专业学院、高等专科学校等类型。德国为打破院校发展中的均衡主义,将若干所具备良好基础的大学培育为世界顶尖大学,推行了大学卓越计划。其中,有慕尼黑工业大学等获得此项计划资助。慕尼黑工业大学的建设图景是创业型大学,即走"以创新型人才培养为核心的创业型大学之路":注重课程计划对学生的实用性,强化培养过程的实践导向,充分整合校外资源等。② 在当前社会背景下,多种院校类型的发展,对满足我国产业结构调整和优化升级所需的人才数量和质量,以及满足

---

① 桂系是指1911年辛亥革命以后,先后以广西为统治基地,以广西军政人物为主要代表的军阀统治集团。按照代表人物来划分,以陆荣廷为代表的广西统治集团是"旧桂系"。由李宗仁、白崇禧、黄绍竑(黄绍竑离职后,由黄旭初任广西省主席)三人主持的广西统治集团,即新桂系,这三人也被称为"桂系三雄"。以李宗仁和黄绍竑夺取广西南宁,广西统一为标志,广西开始进入新桂系时期(1925—1949)。

② 吴伟、邹晓东、陈汉聪:《德国创业型大学人才培养模式探析——以慕尼黑工业大学为例》,《高教探索》,2011年第1期,第69—73页。

人们学习需求的多样化具有积极的作用。从这个角度来说，研究马君武移植德国工科大学模式的经验对于加深认识院校类型，优化高等教育中的院校类型结构，建设高等教育强国富有参考意义。

中国近代大学校长们的办学思想是高等教育发展道路上的宝贵财富，需要我们进一步去发掘，为今日高等教育所借鉴。诚如章开沅先生在其编撰出版的"中国著名大学校长书系"总序中指出："中国高等教育从一百多年前走来，它与现今高等教育有着割不断的联系。近代以来大学校长们用美好理想和教育实践酝积形成的适合中国国情的治校经验，以及它们承先启后、发扬光大、舍我其谁的心志，必定对跨入新世纪的人们认识高等教育的历史意义与现实价值提供有益的思考和借鉴。"① 在新的历史时期里，总结和研究马君武的办学思想和办学实践，可以为工程技术人才的培养提供可资借鉴的经验，为当今管理者提供可供参考的思想资源，对优化高等教育结构，促进大学的改革与发展，具有重要的理论意义和现实价值。

一、研究现状与述评

（一）研究现状

目前，研究马君武生平及其著作译文的代表性人物主要有欧正仁、周伯乃、王咏等。他们或从马君武的生平、事迹等方面，通过对马君武一生的追述来诠释马君武从一个穷苦小孩成长为辛亥革命的先驱，从一个跟班陪读的孩子成长为工学博士的历程；或对马君武的著作和译文进行整理，为进行马君武研究提供资料支撑。

学术界对马君武的研究集中在四个领域：民主革命思想、实业思想、马克思主义传播和教育思想。

1. 关于马君武民主革命思想的研究

马君武青年时期的革命活动经历了结识康梁、改良维新到追随孙文、走向革命再到退居上海的历程，其早期活动主要围绕民主革命展开。一方面，他积极宣传西学，特别是传播西方的民主革命思想，如卢梭社会契约论思想、

---

① 王运来：《诚真勤仁　光裕金陵：金陵大学校长陈裕光》，济南：山东教育出版社，2004年版，总序。

进化论思想等；另一方面，通过诗歌译介以及诗歌创造宣传革命思想。

有研究认为，马君武的进化论思想来源包括达尔文生物进化论和斯宾塞社会进化论两部分。[①] 作者进一步指出，马君武认为"进步"与"竞争"，共存于"进化"之中，自然界和人类社会都是进化的过程。马君武所认为的"进化"，主要是基于对进化论的理解和政治主张而形成的。在进化论的历史观上，马君武认为人类社会同自然界一样，是生生不息的进化过程。在社会思想上则受斯宾塞社会有机体论影响，认为人类社会犹如生物有机体，人必然分化为不同阶级，彼此分工、协调合作，形成一个社会有机体，即"社会者，发达不息之有机体也"，并力图建立自由平等合宜的"社会组织"，即资产阶级共和国。

马君武无论宣传西方民主革命思想还是译介和创造诗歌都体现出他的民主革命倾向。有研究指出，马君武在解读卢梭的自由思想上，与其说是在解读卢梭，还不如说他向近代国人作了一次彻底的革命宣传。有研究认为，马君武最关心的是医治满目疮痍的中国，为整个中华民族救亡图存。[②] 他积极翻译西方资本主义国家的自然科学以及社会科学著作，其目的在于使中国人了解西方国家如何从封建主义的桎梏中解放出来并从贫苦走向繁荣富强。他提倡学习西方的物质文明和精神文明以摆脱中国愚昧、贫穷和落后的境况。马君武的译介活动对民主革命起到宣传鼓动的促进作用。首先他在理论上宣传民主，鼓吹革命；其次在实践上追随孙中山，并加入同盟会，参与推翻帝制的政治斗争。马君武的诗歌在内容上具有强烈的现实性和战斗性，"鼓吹新学思潮，标榜爱国主义"；在目的上是"利用诗歌反映资产阶级和小资产阶级知识分子反对封建主义和反对帝国主义的斗争，表达其要求自由民主的愿望"。马君武把诗歌当作他的政治宣传品，当作他反对帝国主义和清王朝的斗争武

[①] 方嫘丽：《浅析马君武的进化论世界观》，《桂林师范高等专科学校学报》，2010年第6期，第79—82页。

[②] 参见曾德珪选编：《马君武文选》，桂林：广西师范大学出版社，2000年版；谭行：《南社杰出诗人马君武》，《广西民族学院学报（哲学社会科学版）》，1981年第3期，第48—51、30页；谭行、刘和：《马君武诗选注》，《广西民族学院学报（哲学社会科学版）》，1982年第1期，第87—95页；谭行：《马君武和他的爱国主义诗篇》，《广西民族学院学报（哲学社会科学版）》，1983年第1期，第92—97页。

器，因此，他的翻译思想与活动"深受其政治生涯的影响"。不过，马君武在政治思想上始终只是一个"进化论"者，一个资产阶级民主革命者，他的诗也有很大的局限性：在他的不少爱国诗篇中，也表现出一种狭隘的民族情绪和种族主义思想；在其诗作中，直接反映现实的作品终究不多，反映现实的深度和广度也很有限。[①]

2. 关于马君武实业救国的思想和实践的研究

在马君武看来，文明国家首先要解决宪法问题；其次则是要着力解决国民生计问题。马君武留德学习冶金，有实业救国的强烈愿望：期望有一天学成归国，兴办中国实业，从而以先进的工业代替封建落后的手工业和农业。有研究认为，马君武的实业思想贯穿他的整个灵魂，他在政界、教育界、科学界的成就都体现了他的实业救国思想。[②] 对中国落后状况的反思是马君武实业思想形成的最初动力；在求学过程中所学的实用的理工科影响了他实业思想的形成；孙中山注重国内实业的发展也对马君武实业思想和实践产生影响。可以说，马君武从事教育事业是其实业救国的延续和发展。

3. 关于马君武对马克思主义传播的作用的研究

马君武作为国内早期关注马克思主义的学者，在马克思主义传播上也卓有成就。在早期的国民党人中，马君武最早论述社会主义和接触马克思主义。[③] 马君武于1903年2月在《译书汇编》上发表了《社会主义与进化论比较（附社会党巨子所著书记）》一文，在论述社会主义学说发展史时介绍马克思及其思想，并称"马克司者，以唯物论解历史学之人也。马氏尝谓阶级竞争为历史之钥"，该文所附《社会党巨子所著书记》列举了26部研究社会主义的著作。马君武通过关注和译介，形成了关于马克思主义的一些思想认识，其主要观点有：对唯物论极为推崇，唯物论是其马克思主义观的基础；他认为，社会形态发展并不会仅限于"雇工制"，在经济发展到一定阶段后，

[①] 参见曾德珪：《试论马君武的诗歌创作》，《广西师范学院学报（哲学社会科学版）》，1981年第3期，第45—54页。

[②] 李琴：《马君武实业思想初探》，《广西教育学院学报》，2001年第6期，第113—118页。

[③] 王海林、董四代：《马君武的社会主义解读及其对民生主义的意义》，《西南石油大学学报（社会科学版）》，2016年第6期，第27—32页。

必然冲破资本家与劳动者的阶级界限,达到全社会共同所属、共同经营的状态,在这样的社会里人人平等;认为马克思主义的目标就是寻找"公利"、明辨社会与个人价值。① 马君武对社会主义学说的起源、演进过程进行了相对全面的叙述和解读并与资本主义进行了比较,为当时国人认识社会主义提供了途径。

4. 关于马君武的办学思想和办学实践的研究

首先,对马君武主张为广西培养实用人才的理念和实践的探讨。学界普遍认为马君武的办学方针是面向广西,为广西服务的,即培养广西最需要的实用人才。马君武在育人目标上主张把学生培养成具有良好道德和性格、"文武兼备"、"脑体并重"的"实用建设人才"。② 具体而言,马君武倡导"公德"教育,崇尚脑体并重;强调生产教育、劳动教育培养学生具有实用的科学知识和基本技能;训练学生有实学本领和战斗本领等。其中,在生产教育方面还提出要实行"锄头主义",即号召学生们拿起锄头以垦荒创业干劲进行科学知识的学习,培养劳动精神。"锄头主义"作为马君武任职校长时对学生管理工作提出代表性的管理思想,体现着马君武校长的个人色彩以及鲜明的时代精神。③ 总的说来,学界从德、智、劳,还有军事教育等方面对马君武人才培养思想和实践进行研究。其中,对马君武关于文明国民的培养讨论颇为深入④,研究认为马君武围绕着人的解放这个中心,提出应养成具有科学精神、爱国情操、公德意识、自由思想、战斗本领和实用生产技能的新国民。因此,要做到普及教育,崇尚科学,提高国民素质,物质文明和精神文明齐头并进等。这是马君武教育思想的最大特色。

其次,对马君武关于大学科学研究的思想和实践的研究。学界一般认为

---

① 徐秦法、梁轩铭:《马君武的马克思主义观研究》,《广西大学学报(哲学社会科学版)》,2019年第9期,第16—21页。

② 马冠武:《马君武办学的理论与实践》,《广西师范大学学报(哲学社会科学版)》,1992年第4期,第85—91页。

③ 张宁、赵丹:《马君武"锄头主义"的高校管理思想阐析》,《黑龙江生态工程职业学院学报》,2017年第1期,第66—68页。

④ 李高南、黄牡丽:《马君武教育的"真精神"》,《学术论坛》,2008年第7期,第191—193页。

马君武提倡科学教育，强化技术应用，广罗教师，尊重人才，重视图书馆及实验室建设。①

再次，对马君武办学思想来源及办学特色的研究。由于马君武是由民主革命家转身为大学校长，因此一般都认为马君武将其民主思想、科学知识、管理经验运用到教育中去。②张新科认为，马君武对德国大学"致用"理念的引进，虽不如蔡元培改革北大声名赫赫，但广西大学"独重工科"的办学风格，几乎是数十年来中国高等教育的一个范本。马君武对我国近代大学制度建立的杰出贡献在于其引入并卓有成效地推行德国工科大学模式。③叶隽以"文化接受"的视角，选取四个案例，探讨留德归国学者对德国文化的接受，其中的一个案例探讨了马君武对德国大学思想的接受，并形成"致用大学理念"。叶隽认为，"如果说，蔡元培更注重德国大学中'高深学问'的引入，马君武则更侧重于工科大学的实用性的发挥。"④

马君武的办学思想转化为办学实践主要体现在广西大学，其办学对广西高等教育产生了重要影响。"三苦精神"是马君武终生强调的治校之本。"三苦精神"在其主政的所有大学都有体现，在其担任校长时间最长的广西大学，"三苦精神"更是得到集中体现，正如马君武所言："广西大学具有别间大学所没有的特质，那就是大家拼命。"⑤贺祖斌指出，在广西大学办学过程中，马君武怀揣民主革命救国的梦想，最终在高等教育这一领域找到了救亡图存和科技兴国的最佳契合点，提倡依靠科学技术来发展广西的教育、文化和经济。⑥

---

① 张新科：《马君武——欧洲现代高等教育办学理念西风东渐的旗手》，《南京理工大学学报（社会科学版）》，2004年第1期，第77—80页。
② 唐耀华：《试议"西大精神"的核心元素是"实"》，《广西大学学报（哲学社会科学版）》，2006年第1期，第105—107页。
③ 张新科：《蔡元培与马君武借鉴德国大学理念之比较》，《高等教育研究》，2008年第9期，第94—98页。
④ 叶隽：《另一种西学——中国现代留德学人及其对德国文化的接受》，北京：北京大学出版社，2005年版，第111—112页。
⑤ 张赛：《马君武与胡庶华大学教育思想的比较研究》，河北大学硕士论文，2020年。
⑥ 贺祖斌：《马君武与广西近代高等教育》，《当代广西》，2021年第Z1期，第120—121页。

此外，林天宏从马君武刚烈的性格出发，叙述了马君武作为一名"勇武校长"的几件轶事。① 周川、黄旭认为马君武的办学以"书本、锄头和枪炮"为方针，注重培养人才这三个方面的素质。② 马君武的"三苦精神"——"学生要苦读，教授要苦教，职员要苦干"体现了奋发向上、拼尽全力办好学校教育的思想，能很好地将全校师生员工的积极性调动起来。马君武深刻地认识到科学知识是20世纪的灵魂，是国与国竞争实力的根本，是人类精神文明的结晶，所以必须下苦功夫读书学习。③ 有研究指出，马君武教育思想最大的特色是改造国民，培养文明国民；蔡元培和马君武都借鉴了德国大学"致用"理念，但是他们选择的方向不同，马君武虽然不如蔡元培的名声显赫，但是广西大学独重工科的办学风格，在民国时期成为中国大学一个典范。④ 丁钢指出，马君武是"我国近代著名教育家、广西大学的主要创办者及广西高等教育的奠基人"，"践行国民性改造的马君武，在当时教育界与蔡元培并称为'北蔡南马'，他深入探索教育真谛，鼓呼科学建国，注重培养手脑并重的新一代，教育实践充满了时代激情"。⑤

（二）总体述评

欧正仁、周伯乃等人关于马君武生平事迹的传记各有特色，是本研究开展的基础。首先，这些传记为了解马君武的家世、经历提供基本认识。其次，从整体上反映了马君武关于政治、经济、教育等方面的思想，这是立体把握马君武思想来源的主要途径；有助于进一步深入搜集史料，挖掘马君武的教育思想。

关于马君武民主政治思想的研究，包括梳理其民主政治思想的形成和探

---

① 林天宏：《马君武：勇武校长》，《传承》，2008年第12期，第23页。
② 周川、黄旭：《百年之功——中国近代大学校长的教育家精神》，福州：福建教育出版社，1994年版，序言。
③ 刘彦德、李正敏：《马君武"三苦精神"教育理念述略》，《兰台世界》，2014年第13期，第62—63页。
④ 张彩云、代钦：《马君武对中国近现代教育的贡献》，《内蒙古师范大学学报（教育科学版）》，2017年第3期，第120—121页。
⑤ 丁钢：《中国教育的脊梁——著名教育家成功之路》，北京：高等教育出版社，2010年版，第49—60页。

讨他对进化论的译介以及译介活动的影响。此外，对马君武的诗歌创作进行研究所取得的共识是：他的诗歌创作在内容上鼓吹新学思潮，标榜爱国主义；在目的上倾向于宣传自由民主思想。对马君武经济学思想与实践的研究主要是将马君武视为实业家的角色，参与国民政府的实业建设，并探讨了其思想来源。廖扬、张晓溪等人对马君武的民主革命思想研究颇为深入，为了解马君武民主政治思想的形成、思想渊源、思想特点和从政实践提供了整体性的认识。这些研究对探究马君武由从政到从教道路的转折，剖析其爱国思想和民主思想，以及影响其办学理念的原因具有重要的价值。

对马君武教育思想与实践进行的研究成果起步较晚，较多的研究于2002年以后出现。其中一个主要原因是纪念马君武诞辰120周年学术研讨会[①]的召开推动了马君武研究。从总体上看，关于马君武教育思想与实践的已有研究集中在两个方面：一是马君武关于人才培养的思想与实践，特别是强调实用人才的培养；二是马君武毕生爱国，强调大学要服务社会，传播爱国精神。也可以说，注重实用人才培养和强调服务社会是马君武办学思想和实践的两大特色。有研究从马君武接受教育所奠定的理工科知识背景、从政中进行实业建设的经历，广西社会发展对人才的需求和中国面临日本侵略的背景等探讨了马君武办学特色的形成，这对本研究具有重要的参考价值和启发意义。

但通过文献综述也可以发现这些研究还存在一些有待进一步深化之处，主要表现为三个方面：

第一，研究内容相对零散，不全面。如果从大学校长对大学的认识和管理的角度来看，关于马君武教育思想的研究多集中在育人方针，强调实用人才培养和加强爱国主义教育。然而，关于马君武办学思想的其他方面的探讨较少，还存在进一步研究的空间，如马君武对学术研究的认识、在广西大学推进学术研究的措施等。如果不能将马君武的这些教育思想挖掘出来，加以分析研究，将极大地影响对其办学思想的整体认识，难以正确看待其在中国教育史上的影响和作用。

第二，多数已有研究仅对马君武办学实践的部分史实进行概括归纳，总

---

① 该研讨会于2001年7月15—17日在广西师范大学紫园饭店召开，由广西师范大学社科联、桂林市社科联、广西历史学会联合举办。

结出若干办学特色，但已发掘和利用的第一手资料有限。这影响了认识马君武办学思想与实践的客观性。

第三，多数已有研究尚未对马君武移植德国工科大学模式与中国受德国影响的其他大学，特别是与德华特别高等专门学堂、同济大学进行比较研究。

综上所述，系统地探讨马君武教育思想的形成、办学举措与效果、所受到的影响因素等，从而全面地认识他的办学思想和实践及其特征是很有必要的。

二、核心概念界定

（一）德国工科大学

德国工科大学[①]（Technische Universität）的发展历史可以追溯到18世纪德国境内各邦建立的专业学院、高等工业学校等。这些学院多属于邦政府直接设立与管理，办学方针、教学内容和人才培养等与各邦经济与军事发展直接相联系。这些学校一般为地方培养高级技术管理人才或技术官僚（分布在矿冶和建筑等行业）。19世纪70年代以后，它们不仅设置有关自然科学的内容，还设置许多研究所。这些研究所不仅从事有关自然科学理论的研究，还注重应用技术方面的研究。1900年，这些学院争取到授予工程学博士学位的权力，最终取得与研究型大学同等地位。它们是：柏林工业大学、亚琛工业大学、汉诺威工业大学。

（二）大学模式移植

"模式"（model）也作"模型"用。一般指可以作为范本、模本的式样。"模型"，在《辞海》中有两种意思：①在自然辩证法上，与"原型"相对；②数理逻辑名词。[②] 陈学飞教授认为"模式"是指对研究对象的概括和简明表

[①] 德国工科大学的相关研究主要参考黄福涛：《外国高等教育史》，上海：上海教育出版社，2003年版；《欧洲高等教育近代化：法、英、德近代高等教育制度的形成》，厦门：厦门大学出版社，1998年版；贺国庆：《德国和美国大学发达史》，北京：人民教育出版社，1998年版；日本世界教育史研究会编，李永连、李秀英译：《六国技术教育史》，北京：教育科学出版社，1984年版。

[②] 《辞海》（缩印本），上海：上海辞书出版社，1999年版，第1185—1186页。

达，力求突出这一现象主要的、基本的特征，以便获得对其本质的认识。① 智利学者安德烈斯·贝尔纳斯科尼在《存在拉美大学模式吗？》一文中认为："大学模式主要是在'大学的模式'或者是'为了大学而建立的模式'的补充意义上使用。大学模式是从现实中的大学抽象出的典型，它以抽象和概括的结构抽取了现实大学的具体形式的多样性，并包含了存在于学院、学生、管理者和顾客观念中的大学的概念，以及各种对大学的论述加实用的概念的抽象和综合。同时，模式还是行动的方案和做事的标准。在这个意义上，模式指大学的组织、管理、运行，以及做一名管理者、教授或学生的方式。"② 有研究在吸收安德烈斯·贝尔纳斯科尼关于大学模式定义的基本思想上，认为"大学模式是一种文化存在，它是关于大学的本质、大学的角色和大学组织模式的理念以及广义上的大学与国家、社会的关系在内的特征的综合"。③ 对现实中的大学的具体的形式的概括和抽象，既可以指不同国家的大学群体，也可以指某个大学，它还可以不与某一特定学校的办学实践一一对应。因此，在本书中，大学模式在一般情况下是指对现实中某一类大学群体的具体的形式、主要特征的概括、抽象和综合。

"移植"一词，"原指把播种在秧田或苗床里的幼苗移种在田地里。又指将有机体的一部分组织或器官移在同一机体或另一机体的缺陷部分"，"又喻指把某种技术、艺术从一种领域运用到另一领域"。④ 在高等教育研究领域，伯顿·克拉克以"国际移植"指"高等教育形式从一国移入它国的问题"。他认为，"许多高等教育系统的许多基本特点都是从外国搬来的。对接受国来说，通过这种途径引起的重大变革具有两种类型：一是外部强加的变革，二是自愿引进的变革"。在殖民主义的统治下，外部强加的变革是比较普遍的，

---

① 陈学飞：《西方怎样培养博士——法、英、德、美的模式与经验》，北京：教育科学出版社，2002年版，第1—2页。

② Andres Bernasconi. Is there a Latin American Model of University? *Comparative Education Review*，2008，Vol. 1，pp. 29-30. 转引自冯典：《大学模式变迁研究——知识生产的视角》，厦门大学博士论文，2009年。

③ 冯典：《大学模式变迁研究——知识生产的视角》，厦门大学博士论文，2009年。

④ 于根元：《现代汉语新词语词典》，北京：中国青年出版社，1994年，第1097页。另可参见夏衡：《当代汉语词典》，上海：上海辞书出版社，2001年版。

这种强制性的引进一般是"全面的，涉及的范围很广，因为宗主国的执行人员拥有很大的权力来推行他们组织高等教育的经验"。而自愿的引进一般都是"点点滴滴地进行的。在这种情况下，当地人们的各种需求和期望有较大的影响力，能够决定该从国外引进哪些东西，如何进行试验，以便创造出一个合适的系统"。伯顿·克拉克还指出："无论以上情形的哪一种，由国际途径产生的变化的最饶有趣味的一个方面是如何使国外的组织形式适应本国环境和传统。适应的最大问题是两种因素的组合：（1）强制性的大批量移植；（2）两国社会结构和文化的截然不同。"[1] 王承绪先生在《发展中国家高等教育模式的国际移植比较研究》中对泰国、越南、马来西亚、菲律宾、印度尼西亚、巴西和加纳等国高等教育的国际移植进行研究。在分析这些发展中国家的高等教育国际移植时，涉及的方面或因素包括：宗教信仰、权威政治、学生运动、经济结构调整等。其中，"巴西高等教育从管理体制、投资体制、招生体制、高教结构、学生职业和教育教学语言等诸多方面对葡萄牙高等教育进行了国际移植，同时，在有些方面还兼采了美国的经验"。[2] 德国高等教育研究专家陈洪捷教授用"影响"来阐释德国高等教育理念对世界其他国家的影响。他探讨19世纪初德国思想家所提出的观念对后来德国大学的发展究竟产生了何种影响以及对中国的影响。其中，以蔡元培民国初年在北京大学的改革为例，探讨德国古典大学观对中国的影响。[3]

从伯顿·克拉克和王承绪关于高等教育模式移植的研究来看，他们倾向于讨论一国高等教育系统的整体性移入。陈洪捷在《德国古典大学观及其对中国的影响》一书中，含有特指"德国古典大学观"对其他国家的"影响"之意（主要指对北京大学的影响），并非德国高等教育系统对其他国家的影响。冯典关于大学模式的论述倾向指对一国中某一时期占主要地位的"大学

---

[1] ［美］伯顿·克拉克著，王承绪等译：《高等教育系统——学术组织的跨国研究》，杭州：杭州大学出版社，1994年版，第253—257页。
[2] 王承绪：《发展中国家高等教育模式的国际移植比较研究》，杭州：浙江大学出版社，2009年版，第206页。
[3] 陈洪捷：《德国古典大学观及其对中国的影响》，北京：北京大学出版社，2006年版。

模式",但其论述即使是对某一种院校类型也是合适的。① 由于对现实中的大学的具体形式的概括和抽象,既可以指不同国家的大学群体,也可以指某所大学。甚至,它还可以不与某一特定学校的办学实践——对应。这正如伯恩鲍姆就曾有论断:"不存在任何时候都能阐明一切学校各个方面特征的模式,每一种模式都只能在一定的时候描述每一所学校某些方面的特征。"②

阿特巴赫也曾指出旅居他国生活的学者和学生对大学模式的"主动移植"现象:"他们学到了专门知识,还学到了所在国家学术系统的规范和价值观念,回国后往往按照西方方向改造本国的大学。"③ 事实上,在主动移植的过程中,这些学者在仿效西方大学模式时也进行局部的调整,以便"适应"实际环境,这就是"刈剪"。刈剪是指剪掉,刈除。"剪掉"主要指用剪刀等器具"修剪","刈除"主要指用镰刀等器具"割除"。在农林领域,刈剪指"定期去掉草坪部分地表枝条,其目的在于维持适度修剪范围的草坪草的顶端生长,控制不理想的、不耐刈剪的营养生长,维持一个美观持久耐用的草坪"。④ 留学归国学者对西方大学模式的"刈剪"含有主动移植且根据实际环境进行调适之意:既有心栽培,又为保证其在新环境中得以生长而用心修剪。

三、研究思路与资料来源

(一)研究目的

借鉴历史上著名大学校长的办学思想与管理实践是当前大学改革与发展的重要课题。我国大学发展已历经了一百多年的历史,急需管理者和研究者对大学的发展历史进行总结和反思。马君武作为民国时期一名重要的大学校长,其办学思想是值得挖掘的。对马君武移植德国工科大学模式进行研究,

---

① 冯典:《大学模式变迁研究——知识生产的视角》,厦门大学博士论文,2009年。
② 施晓光:《大学:三种意义上的释读》,《北京大学教育评论》,2006年第3期,第109—116页。
③ [美]菲利普·G.阿特巴赫著,人民教育出版社教育室译:《比较高等教育:知识、大学与发展》,北京:人民教育出版社,2001年版,第5页。
④ 杨春华等:《刈剪作用对高羊茅、草地早熟禾草坪的影响》,《四川草原》,1999年第4期,第40—42页。亦可参见李敏:《草坪指南》,北京:北京农业大学出版社,1986年版。

将推动中国大学校长研究,并将为大学管理者提供可资借鉴的思想资源。由于各大学校长的生活背景、学习经历和工作经验不同,其办学思想也产生差异。这些存在差异的办学思想都是教育思想的重要组成部分。马君武以自己的办学理念,在西南边陲将广西大学办成一所重要的工科大学,形成"以工科等实用科学为重"的办学特色。从马君武个人经历出发,结合他的办学实践及其社会背景,系统地、整体地考察他关于高等教育的论述,可以进一步丰富、充实中国大学校长办学思想,有助于进一步丰富高等教育理论。

由于历史研究的目的在于通过还原历史的真实寻找历史的规律,而所还原的历史事件多是具有重大的、标志性的意义的事件,因而通过对这些历史事件的剖析,可达到揭示历史发展规律的目的。本书力图通过对大学校长马君武进行研究,真实、具体、生动地描述其办学实践,力争客观、全面、深刻地阐述其办学思想,并紧密结合社会背景,以达到探求规律,古为今用的目的。本书试图探索马君武移植德国工科大学模式的思想与实践及其原因,尝试全面、系统地回答以下问题——

(1) 马君武移植德国工科大学模式的思想基础是什么?

(2) 马君武从哪些方面移植德国工科大学模式?

(3) 与受德国影响的中国其他大学有何异同?

(二) 研究方法

1. 教育研究中之历史研究的定义

教育科学研究中的历史研究是"借助于对历史事件、运动、人物及其背后的社会经济文化等史料的破译、整理和分析,认识研究对象的性质、特点和发展过程,从而找出历史经验和教训以及预测未来的一种研究模式。换句话说,历史研究就是为了澄清历史中的事实和/或为了吸收历史经验和教训来判断今后要走的路而采用的以历史资料为分析对象的文献研究方法"。[1] 如果将研究方法的范式看作是一个连续体,在这个连续体的两端分别为适用于实验方法和人类学方法的课题,居于中间的则为半实证、半诠释、半定量、半定性的课题。历史研究多属于居中的这种情况。历史研究作为"一种独特的

---

[1] 张红霞:《教育科学研究方法》,北京:教育科学出版社,2009年版,第419—420页。

研究设计",也有人称之为"无反应调查"或"案头调查"。①

2. 历史研究的具体方法

进行具体的历史研究,其方法分类是多种的,如历史追溯法、历史还原法、历史模拟法、历史考证法和谱系学方法等。结合研究需要和本人实际,主要采用历史还原法、历史考证法和从后思索法。

(1) 历史还原法。历史还原法所适用的范围多是历史文献的分析过程。我们以一般的逻辑不能解释某些历史事件的描述,却欲达历史发展线索的可理解性,那么我们可以"尝试把它们还原到当时的历史情境中去理解,并用想象的事实来填补历史文献中的缺失部分"。"不可否认,历史还原法具有虚拟历史的成分,它虽然提供了可供选择的历史答案,但需要寻找进一步的历史资料来验证这种还原是否能够行得通,因为历史还原法难以完全克服今人的思维习惯来推测古人生活状况的弊病。但是对于一些有可能永远是缺乏史料佐证的历史事件的描述,采取这种方法进行弥补是有效的。"②

(2) 历史考证法。历史考证法就是对各种历史记载和文物进行辨别真伪并确定其所代表的真实历史意义的研究方法。③ 历史记录都会打上记录者的烙印,并可能依据个人的理解对历史事件、历史人物进行筛选,做出自己的解释,甚至会对某些历史事件进行歪曲或隐匿,导致人们无法清晰地看到历史的真实面貌。"历史考证的任务就是确定历史事件的真实意义,澄清历史事实,去掉历史的伪装,还历史以真实面目。为此,进行历史考证就需要广采不同的主张,寻找各种论点之间的相似处与矛盾处,比较他们的立场,从而发现历史的真实面貌。"④

(3) 从后思索法。王运来教授在《学术与事功平衡——郭秉文高等教育思想蠡测》中以"从后思索法"的研究方法与思考路径研究郭秉文的高等教育思想,系统辨析和深入探讨了郭秉文办学方针的第五个平衡——学术与事

---

① 张红霞:《教育科学研究方法》,北京:教育科学出版社,2009年版,第417页。
② 潘懋元:《高等教育研究方法》,北京:高等教育出版社,2008年版,第224—225页。
③ 同上,第225页。
④ 同上,第225页。

功的平衡。① 该文认为"从后思索法"是马克思在《资本论》中分析商品拜物教的性质及其秘密时提出来的，并且这是马克思一贯主张的思维方法，是马克思历史认识论的核心。马克思提出——"对社会生活形式的思索，从而对它的科学分析，遵循着一条同实际运动完全相反的道路。这种思索是从事后开始的，是从已经完全确定的材料、发展的结果开始的"。② 此外，在其他论述中也体现对从后思索法（思路）的运用。例一："人体解剖对于猴体解剖是一把钥匙。反过来说，低等动物身上表露的高等动物的征兆，只有在高等动物本身已被认识之后才能理解。因此，资产阶级经济为古代经济等等提供了钥匙。"③ 例二："仅仅作为生产过程的历史形式的资产阶级经济，包含着超越自己的、对早先的历史生产方式加以说明之点。因此，要揭示资产阶级经济的规律，无须描述生产关系的真实历史。但是，把这些生产关系作为历史上已经形成的关系来正确地加以考察和推断，总是会得出这样一些原始的方程式，——就象例如自然科学的经验数据一样，——这些方程式会说明在这个制度以前存在的过去。这样，这些启示连同对现代的正确理解，也给我们提供了一把理解过去的钥匙……"④ 由此可见，从后思索法包含有"逆向溯因"等基本内容，它可以对那些无法在实验室模拟的、过去的"历史"（事件、人物、原因等）进行逆向溯因，从发展的结果开始认识其发展规律。"从后思索"就是从"发展过程的完成的结果"出发，通过对历史的"透视"和由结果到原因的反归来把握历史运动的内在逻辑。⑤ 有鉴于此，"从后思索法"不仅是一种研究方法，而且为高等教育史研究提供了新思路。

3. 历史研究方法的步骤及史料阐释

在高等教育研究领域，使用历史研究方法"有章可循"，需要遵循一定的步骤。正如潘懋元先生所指出，"一般而言，在高等教育领域，历史研究方法

---

① 王运来：《学术与事功平衡——郭秉文高等教育思想蠡测》，《南京师大学报（社会科学版）》，2011年第2期，第16—23页。
② 《马克思恩格斯全集·第49卷》，北京：人民出版社，1982年版，第191页。
③ 《马克思恩格斯选集·第2卷》，北京：人民出版社，1995年版，第23页。
④ 《马克思恩格斯全集·第46卷上册》，北京：人民出版社，1979年版，第458页。
⑤ 杨耕：《论马克思的"从后思索法"》，《学术月刊》，1992年第5期，第10—15页。

由以下几个步骤构成：一是历史研究问题的提出，所谓历史研究问题，是指所研究的课题不是一个简单的现实问题，而是一个具有深刻历史意义的命题，通过对该命题的研究能够发现高等教育发展中具有规律性的东西；二是寻找历史线索，搜索历史事实证据；三是对所搜集到的历史资料进行考证，剔除其中不当的历史资料，保留真实可靠的历史资料；四是对历史事件发生的背景进行研究，揭示其发生的历史必然性；五是揭示历史事件对今天高等教育的启示，从中获得借鉴"。①

比较重要的资料分析思维方式包括因果分析、部分和整体之间的阐释循环、回溯觉察之重组、直觉和想象四种。此处的"阐释循环"有两个主要的意思："一指的是文本的部分和整体之间反复循环论证，以此来提高对文本的理解的确切性。二指的是在阐释者的阐释意图与阐释对象（文本）之间的循环，寻求两者之间的契合。"② 从教育角度研究马君武还存在相对零散而不全面、不系统的状况，如果从资料分析的思维方式的角度来看，是由于部分和整体之间没有很好地实现"阐释循环"。根据"阐释循环"，本书在对马君武移植德国工科大学模式进行史料分析时，力争在整体与部分之间往返观照，不因顾及部分细节而忘记整体全貌，也不因陶醉于对整体景观的欣赏而忽略了细部的深描，以求"既见树木又见森林"。

此外，在历史研究中，研究者持什么样的立场、态度，如何理解和评价历史事件、历史人物对研究的客观性有重要影响。历史研究的首要任务是理解和解释，而不是基于先入为主的立场进行价值评价……理解和解释则要复杂得多，它需要研究者不断调整自己的立场，在与研究对象的不断接近中，显现历史事件和历史过程的复杂意蕴和内在逻辑。惟其如此，历史研究才能成为主体间的对话，而不致沦为一个主体（研究者）对于另一个主体（研究对象）的强制性安排。③

---

① 潘懋元：《高等教育研究方法》，北京：高等教育出版社，2008年版，第222页。
② 陈向明：《质的研究方法与社会科学研究》，北京：教育科学出版社，2000年版，第313页。
③ 王炳照：《中国教育史专题研究》，北京：北京师范大学出版社，2009年版，第446页。

（三）研究思路

本书在研究设计上受陈洪捷教授的《德国古典大学观及其对中国的影响》一书启发。该书是研究德国高等教育对中国影响的经典著作。此书以上篇"德国古典大学观：从理想到现实"和下篇"德国古典大学观对中国的影响——以蔡元培在北京大学的改革为例"，专门研究了德国古典大学观及其对中国的影响。其在研究的思路上，紧紧围绕着两项主要研究内容展开：（1）19世纪初所提出的德国大学观念（主要是古典大学观）对后来德国大学的发展究竟产生了何种影响；（2）德国古典大学观对中国产生何种影响。第一项内容着重探讨何谓德国古典大学观，其内部构成如何，古典大学观的内在价值取向对德国大学的影响等。第二项内容以蔡元培民国初年在北京大学的改革为例展开探讨："这既是对德国古典大学观所产生的国际影响的一项分析，也是对中国现代高等教育中外来影响的个案研究。"[①] 此实为以比较高等教育的视角研究大学模式的移植问题，这对本书的研究设计具有重要的启发意义。

德国柏林大学注重纯粹科学研究，其整体特点与德国古典大学观的核心概念"修养""科学""自由""寂寞"相一致。简言之，注重"学"的柏林大学奉行了德国古典大学观。德国工科大学侧重于应用科学研究，注重"术"，在培养人才、科学研究与社会服务方面，强调与社会现实的联系并付诸实际的行动。基于德国工科大学重术、善行等特点，本书对其多种特征进行概括和归纳，在理论上抽象为一种"范本"意义上的"模式"，即德国工科大学模式。以留德工学博士马君武的办学思想与实践为考察核心，以"从后思索"为考察思路，从留学归国校长进行大学模式移植的视角进行研究，重点回答其办学思想和实践在哪些方面与德国工科大学模式相同或相类似，并与受德国影响的中国其他大学进行比较。

研究工作以马君武的办学思想与办学实践为主要内容，以对德国工科大学模式的移植与刈剪为逻辑线索，从重术、善行、强国、富民等方面展开探讨。

第一章遵循马君武的求学、从政和从教经历的历程，从世界观与方法论、

[①] 陈洪捷：《德国古典大学观及其对中国的影响》，北京：北京大学出版社，2006年版，第4页。

民主自由与爱国思想、自然科学知识和实业思想四个方面厘清马君武的办学思想基础，并探究了他的办学实践，特别是参与广西大学筹建，与新桂系斡旋，据理力争恢复广西大学。在对马君武的著述以及关于马君武研究的重要论文进行比较完整的解读，相对准确地把握其思想特征的基础上，结合其办学实践，对马君武移植和刘剪德国工科大学的特征进行"提取"，所提取的核心特征为"重术""善行""强国"和"富民"。

第二、三、四、五章是本书的主体部分，主要从重术、善行、强国、富民四个方面对马君武的办学思想及其在广西大学的办学实践进行探讨。马君武以"术"为重，兼顾"学""术"，在办学实践中偏重于应用科学；提倡"大脑与两手并用"，倡导学生到各行业从事建设工作，并以此带领国民改变社会；提倡"忠勇为爱国之本"，主张体育与军事训练结合，积极发挥大学在强国和卫国中的作用；发挥大学改进乡村社会的作用，致力于改善民众生活，增进人类幸福。

第六章将马君武执掌的广西大学与受德国影响的其他大学进行比较，并对其办学成就等进行总结和探究。

（四）资料来源

笔者为本书所做的资料搜集和整理工作如下：（1）多次集中时间到广西桂林市图书馆（即原来的广西省立图书馆）搜集资料，关于马君武和广西大学的原始资料多数存于此。（2）搜集、阅读广西师范大学图书馆的马君武学术思想研讨会论文集、广西教育史等相关资料。（3）到广西壮族自治区档案馆查阅相关档案，到广西壮族自治区图书馆查阅关于广西的期刊报纸，如《桂林日报》等。（4）到广西大学相关单位查阅资料。广西大学图书馆有关于马君武的研究著作，校友会保存了大量校庆期间出版的系列丛书，档案馆则存有校友通讯等。（5）多次到上海图书馆检索资料，查看缩微胶卷。（6）拜访了马君武的后人马桂芬女士，她为本书的资料查找工作提供了不少线索。①

概括而言，广西大学化学系、土木工程学系等院系的原始成绩表，广西大学收容战区学生等数据，以及广西壮族自治区图书馆、广西师范大学图书

---

① 马桂芬女士为马君武之侄孙女。

馆、上海图书馆等保存的民国期间的《广西大学周刊》《新广西》《广西政府公报》《广西教育公报》《广西建设月刊》《广西统计月刊》《群言》《申报》《广西教育史料》《马君武先生演讲集》《马君武先生专号》《广西大学一览》《广西大学二五级毕业纪念册》《广西大学第一次运动会特刊》《广西大学理学院第一班特刊》《西大学生》《西大农讯》《理科年刊》《广西农事试验场概况》《黄旭初演讲集》等大量一手资料，为研究的开展奠定了坚实的史料基础。

通过收集和阅读相关档案资料、书籍、报刊等，笔者发现不少相关史料。这些史料涉及马君武与白崇禧的军训之争，李次民与刘公任追随马君武并改进图书馆和促进学术期刊发展，黄绍竑在广西大学筹建过程中的作用，广西大学的体育教育，广西大学施行爱国教育之争，广西大学毕业学生名录，广西大学改进乡村社会的措施等等各个方面。

第一章 思想来源与办学实践

第一节 马君武生平

马君武（1881—1940）广西桂林恭城人，原名道凝，号厚山。后改名同，复更名和，号君武，嗣以君武行。曾用过的笔名有：贵公、马贵公、马悔等。马君武曾留学日本，1907年、1913年两次留学德国，1915年在柏林工业大学获工学博士学位。他早年追随孙中山进行革命活动，加入同盟会，曾任孙中山非常大总统府秘书长、南京临时政府实业次长、广州军政府交通部长、广西省省长、北洋政府司法部总长（后改任教育部总长，但未到职），在上海大夏大学、北京工业大学、上海中国公学、广西大学等多所大学担任校长。马君武留学回国后由政坛到杏坛，有着丰富的管理经验和独特的教育思想。梳理马君武不平凡的经历，对了解马君武个人成长以及教育思想的形成显然是大有裨益，同时也是不可或缺的。

一、早年求学经历

马君武于1881年7月17日生于广西恭城衙署，父亲马衡臣是恭城县衙署幕僚，母亲诸淑贞，通文墨。四岁时，随父母迁居广西平南县衙署西北角，并开始了家塾启蒙，其父指定阅读《历朝鉴略》《龙文鞭影》两书。1886年随父母迁居桂林，1887年师从汤荫翘先生读书。1890年其父病故于广西马平县衙署幕僚任上。其后家境贫困。十岁后，读《聊斋志异》《水浒传》《三国演义》《雍正上谕》《东华录》《大清例律》《圣武记》等书，十二岁抄例案公文，十四岁能八股完篇。1899年考取广西体用学堂，尊唐景崧为恩师，专攻数学，并学英文，一度读经、史，醉心于宋、元、明学案，"服膺陆、王之学"。马君武在广西体用学堂读书期间以"学位圣贤""天下兴亡、匹夫有责"为自励，由于对慈禧太后镇压变法不满，在日记作业中评点朝政得失，被学堂提调以犯上违禁为由，出示惩戒，马君武远走桂林。马君武立救亡图存之志，由桂林到香港后远涉重洋到新加坡，向康有为执弟子礼。十九岁的他即开始参与政治运动，被康有为委以重任，准备在广西"伺机大举"，后来维新派的计划破产，未能成功。1900年马君武离开桂林，在广州丕文书院学习法文。1901年春到上海震旦学院读书，冬季得友人资助往日本留学，经汤觉顿介绍，住横滨大同学校，其间结识孙中山先生。

二、接受高等教育

1903年秋，马君武入日本东京帝国大学研究工业化学，开始接受高等教育，并于假期研习制作炸弹。自日本深造回国后，马君武任中国公学理化教授，并任同盟会上海分会主盟（会长）。1907年因避两江总督端方，赴德留学，入德国柏林工业大学学习冶金。1910年获工学学士学位。1911年返回上海。1912年任实业部次长等职。1913年冬再次赴德留学，学习农业化学。再度留德的马君武不仅钻研学问，还入波鸿化学工厂任工程师职，并协助管理工作，曾以旅行等形式考察了德国的地质等状况。1915年6月，在柏林工业大学获得工学博士学位。①

三、十年从政

1916年至1926年，是马君武十年从政的时期。马君武在首次留德归来后任实业次长，在任时间很短，由于总长张謇长居上海，他竭尽所能代理部务。他制订实业部内部编制，设秘书处及农政、工政、商政、矿政四司，司下分二至三科，主管全国农、工、商、矿、山林、渔猎及度量衡等项行政，并电请各省设立实业司（厅）。继又订立各种有关实业行政法规，划定政府和私人办理实业权界，奖护国内实业团体组织，筹备实业公报等。② 马君武第二次留

---

① 关于马君武留学日本的学校，可参见马君武著：《本校最近建设及科学语言》，见李高南、黄牡丽编：《马君武教育文集》，南宁：广西美术出版社，2008年版，第47页。
② 曾德珪选编：《马君武文选》，桂林：广西师范大学出版社，2000年版，第354页。

德归来后,任国会议员,曾两度出任广州护法军政府秘书长,任军政府署理交通总长,广西省省长,执政府司法总长等职。虽然在各职位的任期不长,但总体从政时间较长。他任国会议员期间,曾联络在沪国会议员,联名致电段祺瑞,主张恢复国会;在国会讨论中反对宪法草案第十九条定孔教为国教,发表了《反对以孔子之道为国教》的专题演说,又于《学艺》杂志第一号刊出《反对宪法草案第十九条第二项定孔教为国教之意见书》一文等。他从政期间担任交通总长、省长等职,虽有改善民生,实业报国之心,但终因军阀割据等诸多因素,未能施展其抱负。

四、奉献杏坛

1927年至1940年,是马君武退出政坛,专注于教育事业的时期。在此之前,他曾于1924年担任广东高师教授和上海大夏大学校长,1925年任北京工业大学校长,但都为时较短。1927年开始参与筹建广西大学,1928年任广西大学校长。1929年6月,因两广事变,广西大学被迫停顿,马君武前往上海。1930年任中国公学校长。1931年粤军退出梧州,广西大学恢复后,马君武继任校长。1936年广西当局制定《广西高等教育整理方案》,马君武被迫辞去校长职务,客居上海。1939年改国立,马君武任国立广西大学校长,1940年8月在任内病逝。[①] 总体说来,马君武经营广西大学时间较长,他以其独特的教育思想指引和领导这所大学从初建的简陋走向"声誉日隆",贡献颇大。他对全校师生员工采取严格要求与关怀奖励相结合的措施,使教师认真钻研、安心教学,爱护学生、关心学生;使学生努力做到艰苦勤奋、钻研科学,尊敬师长、诚恳待人;使员工在各自的岗位上密切配合教学,为教师学生办事尽职尽责,从而逐渐树立起广西大学的优良学风。马君武使广西大学在梧州时期就获得良好的声誉,成为中国南方重要的大学之一,也为其日后发展奠定了良好的基础。[②]

---

① 马君武1936年7月离职后由省主席黄旭初兼任广西大学校长(兼任时间两年),后由留日学者白鹏飞执掌(任期为一年)。1939年马君武重新出掌广西大学。一般认为1928年至1940年期间的广西大学,主要受马君武办学理念的影响。马君武为广西大学拟定的校训为"勤恳朴诚"。

② 编写组:《广西大学校史》(内部刊物),1988年,第22—23页。

第二节 教育思想的理论基础

一、世界观与方法论

进化论世界观是马君武教育思想的根基，其进化论世界观的确立深受达尔文和海克尔（又译赫克尔）等进化论学者的影响。

马君武极为推崇进化论，其中首推达尔文。达尔文于1831年以博物学家的身份对南美东海岸进行了长达五年的科学考察及地图绘制工作，用自己搜集到的大量例证去验证了关于生物进化的猜想，用事实对神创论进行反击。这是科学史上举足轻重的重大事件，马君武指出，"达尔文以天择说解释物种原始，为十九世纪最大发明之一"；其在科学界之价值，与哥白尼之行星绕日说及牛顿之吸力说相等，而对于人类社会国家影响之巨大，则远过之。①

马君武是最早将达尔文学说介绍到中国的学者之一。他非常仰慕《达尔文物种原始》（即《物种起源》），对译介工作极为重视，在自然观和社会历史观上都深受达尔文进化论思想的影响。他非常关注达尔文的进化论思想，在日本时就开始翻译其中部分章节，留学欧洲期间曾暂停译介，后在北京、广东等地均不忘继续翻译。由于马君武一方面非常关注达尔文的进化论思想，另一方面又极为认真地对待译介工作，他对原来部分翻译不满意，遂重新翻译。"重译此书，几费予一年之精力。所以不惮烦以为此者，盖以补少年时之过；且此书为全世界文明国之所尽翻译，吾国今既不能不为文明国，为国家体面之故，亦不可无此书译本。"② 达尔文的自然选择学说以适者生存，优胜劣汰为核心主张。马君武对集中反映达尔文进化论学说最精华部分的两篇以《达尔文物竞篇》和《达尔文天择篇》命名出版发行。他认为达尔文的进化论学说"直抉世界事物发达之源流"，物种是由低级到高级进化而来——"共此世界之事事物物，乃常进化的而非退化的也，乃常发达的而非停滞的也。自有此世界以来，由流质而变为定质，由草本禽兽而变为人类，万劫尘尘，莫

---

① 马君武：《〈达尔文物种原始〉序言》，见曾德珪选编：《马君武文选》，桂林：广西师范大学出版社，2000年版，第54—55页。

② 同上。

可详诘"。①马君武由此而认为达尔文"虽非唯物论者,然其学说实唯物论"。因为根据达尔文的观点,生物对环境的适应取决于两个方面:一是生物器官形态和功能的变化,二是生物行为方式的变化。对于人类社会而言,人类社会的进步除了受自身器官形态和功能的因素影响,还受到生产和文化进步的影响,其中生产工具的进步居于首位。同时,人的行为方式的变化、人类交往过程中形成的社会政治组织和伦理道德观念在人类对自然的适应中也发挥了重要的作用。②虽然马君武以此来断定达尔文的学说属于唯物论似乎有些牵强,但基本可以认为"其持'物质是第一性'之见"③;且他表示唯物论是启迪思想、开化国民的学说,"欲救黄种之厄,非大倡唯物论不可"④。

马君武认为人类社会与自然界一样,也是不断进化,发达不息的。虽然达尔文的生物进化论原本是解释自然现象的,但该学说对不少学者产生影响,并被加以比较、改造从而用其解释人类社会。有研究指出,达尔文的进化论原来只是一种解释自然现象的生物学理论,其后,斯宾塞、赫胥黎将其改造用于解释人类社会的历史现象。⑤马君武将人类社会与自然界进行类比,认为,"生物之进化也,以二事为断。一曰脑力之发达,二曰社会原理之发达,二者常互相连续焉"⑥。人类社会从低级到高级,从肇始之无脑力到有脑力,后有团体,有社会。这是赞同社会进化论学者斯宾塞将社会视为不断进化的

---

① 马君武:《社会主义之鼻祖德麻司摩尔》,见莫世祥编:《马君武集》,武汉:华中师范大学出版社,2011年版,第111页。
② 谢江平:《达尔文历史观的近唯物主义解释——进化论与唯物史观关系再思考》,《学术界》,2020年第7期,第117—124页。
③ 方婉丽:《浅析马君武的进化论世界观》,《桂林师范高等专科学校学报》,2010年第6期,第79—82页。
④ 马君武:《社会主义与进化论比较》,见莫世祥编:《马君武集》,武汉:华中师范大学出版社,2011年版,第85—86页。
⑤ 毛朝晖:《进化论与蔡元培之"废经"》,《高教发展与评估》,2021年第5期,第18—26页。
⑥ 马君武:《社会主义与进化论比较》,见莫世祥编:《马君武集》,武汉:华中师范大学出版社,2011年版,第85—86页。

有机体的观点,"社会者,发达不息之有机体也"①。马君武反对董仲舒"天不变,道亦不变"的观点,认为这往往为拒绝改革的人所引,认为"此诚野蛮人之言。谓之天文学者,必知天下不变之说之谬。稍知道德学者,必知道不变之说之谬。……盖无论此世界、他世界,一切事事物物,莫不进步者,莫不发达者,乃宜于物竞,乃宜于天择"②。在进化论的社会历史观上,他认可这样的历史分期:"一为东方古国发达之期;二为希腊发达之期;三为罗马发达之期;四为条顿人发达之期。"③ 那什么样的社会才是马君武心目中理想的社会呢?马君武根据进化论的"社会原理之发达",认为人群或族群要生存发达,必然需要不断改革社会的组织,以适宜的组织为保障。他以普鲁士改革社会组织,战胜奥、法诸国,成为欧洲霸国为例,以为"夫文明交通,人种乃发达而进化。且文明者,日积日进,而一日之可息"④;"凡一社会之组织,苟已合宜,则人民之智识必发达,能力必发达,热心必发达,其人民遂为常能战胜他族之人民"⑤。如前所述,人类受自身器官和功能完善的影响,而人类社会的进步也受生产和文化的制约,其中生产力是第一位的。人类行为方式也同样影响人类社会的进步。具体而言,包括人的行为方式的变化、人类交往过程中形成的社会政治组织和伦理道德观念等方面,这些都将影响人类对自然的适应。马君武结合社会组织对人类的影响来说明不同组织(政府)的特质,当时他大力宣传资产阶级的共和学说,认为专制政府是世界上最危险的政府,而资产阶级共和国的根基最为完固。

天下最危险之国,莫若专制国者。天下最安宁之国,莫若共和国者。

---

① 马君武:《社会主义与进化论比较》,见莫世祥编:《马君武集》,武汉:华中师范大学出版社,2011年版,第85页。
② 马君武:《论中国国民道德颓落之原因及其救治之法》,见莫世祥编:《马君武集》,武汉:华中师范大学出版社,2011年版,第123页。
③ 马君武:《唯心派巨子黑智儿之学说》,见莫世祥编:《马君武集》,武汉:华中师范大学出版社,2011年版,第105页。
④ 马君武:《创造文明之国民论》,见曾德珪选编:《马君武文选》,桂林:广西师范大学出版社,2000年版,第180页。
⑤ 同①,第90—91页。

共和国既有天然之秩序,其国民各以己意择业,国中之行政者皆代行民意也。故共和国之根基最完固,不可破坏,不可动摇。而专制之国,常借兵力以维其人之秩序。一旦力绌,则人民得起而覆之,异族可入而服之。故世界上最危险之政府,莫专制国之政府若;世界上最危险之人民,莫专制国之人民若。①

德国学者海克尔是一位著名的进化论学者。作为集科学家和哲学家于一身的耶拿大学教授,海克尔在当时德国学界具有重大影响。他提出的"物种起源史""原始生殖说"及"生物学发生根本定律"被认为是进一步丰富和发展了达尔文的进化论。② 马君武留德期间,海克尔教授还健在,他对海克尔早有耳闻。自1906年起,马君武在《新青年》第2卷的3、4、5号上发表海克尔《宇宙之谜》前三章的译本。后因陈独秀在《新青年》上为段祺瑞、梁启超对德作战辩护,马君武认为陈是故意媚段、梁,便中断与《新青年》约稿,翻译因此暂停。直到1919年后继续翻译工作,至1920年4月译毕,8月以《赫克尔一元哲学》为名由上海中华书局出版。对海克尔进化论著作进行译介,其主要目的是进行思想启蒙,开化国民思想。"是书综合近世自然科学之重要结果,以养成一种哲学之新系统,其势力之伟大,源流之广远,且过于达尔文之《物种原始》。世界各处皆有一元学会之设,欲以此代宗教,其势极盛。予译此书,予甚望吾国思想界之有大进化也。"③ 马君武希望通过进化论思想的传播,让国人自强,并建立强大的国家。这与当时爱国人士倡导的学习、接受西方较为先进的思想,从而改造国家、使国家发展强大的愿望是一致的。

马君武认为《赫克尔一元哲学》将进化论学说系统化,甚至超过达尔文《物种原始》,对海克尔批评宗教,反对迷信,以进化论和人类起源学说证明

---

① 马君武:《欧学之片影》,见莫世祥编:《马君武集》,武汉:华中师范大学出版社,2011年版,第120页。
② 欧阳军喜:《以科学与理性的名义:新文化运动中的海克尔及其学说在中国的传播》,《学术研究》,2011年第4期,第120—127页。
③ 马君武:《〈赫克尔之一元哲学〉译序》,见曾德珪选编:《马君武文选》,桂林:广西师范大学出版社,2000年版,第56—57页。

基督教"上帝造人"学说不成立的思想极为关注。海克尔认为，基督教"所主张之神论、世界论、人类论、生活论，皆与真理相反"①。当时的自然科学还处于为宗教服务的地位，根据海克尔的观点，基督教是反科学、反理性的，而自然科学的发展注定了基督教将会灭亡，因此他主张以一元论取代宗教。作为进化论主要创建者的达尔文曾经也是一名信徒，当达尔文的进化论思想逐渐形成之后，"他便发觉科学与宗教根本就是两种完全不同的世界观，之后他成为一名无神论者"②，也就是说，其理论从根源上否定"神创论"（世界由上帝创造）。1917年，马君武在国会中发表反对定孔教为国教的专题演讲，后发表《反对宪法草案第十九条第二项定孔教为国教之意见书》在《学艺》的第一号。在上海中国公学担任校长期间，马君武在演讲中坚持认为宗教不能干涉学校教育。有学者指出，海克尔的看法，直接成了新派人物反对"定孔教为国教"及"以孔子之道为修身大本"的理论依据。③ 这些学说被革命党人推介到各杂志上以传播科学思想，破除迷信。如胡汉民肯定和赞扬马君武的译著《赫克尔一元哲学》对打破世人迷信思想具有重要的作用——"能够实实在在打破世人的糊涂思想"④。

马君武在方法论上受穆勒（又译弥勒）逻辑学思想的影响颇深。穆勒认为逻辑是"由推理的科学以及基于这门科学技术上的技术所组成"，是求真的技术和科学。⑤ 由此看来，穆勒的逻辑学是技术和科学的统一。逻辑作为技术能提供"做什么"和"怎么做"的工具，帮助人们有效思维，更好地参与改造自然与社会的工作；逻辑学作为科学，能展现自身理论体系"是什么"和

---

① 马君武：《赫克尔之一元哲学》，《新青年》，1916年，第2卷第2号。
② 韩宇：《达尔文思想与生物进化论的辩正》，《生物学教学》，2018年第5期，第79—80页。
③ 欧阳军喜：《以科学与理性的名义：新文化运动中的海克尔及其学说在中国的传播》，《学术研究》，2011年第4期，第120—127页。
④ 胡汉民：《胡汉民复函》，见莫世祥编：《马君武集》，武汉：华中师范大学出版社，2011年版，第355—356页。
⑤ 宁莉娜：《穆勒逻辑思想与中国近代逻辑观》，《求是学刊》，2011年第3期，第49—52页。

"为什么"，揭示人类逻辑思维的本质和活动规律，更好地认知自然和社会。①马君武特别注重穆勒强调的"实证"，他说道"盖弥勒之论理学，重事实，尚证据，故与黑智儿（即黑格尔）之论理学异"，并且一切自然现象和人类现象、一切理论都有赖于论理学进行推理而包括在内。各种科学，"皆须以论理学分析之，查其原素之微，明其聚积之故，究其联合之因，考其组织之序，故论理学者，实凡百科学之科学也"。② 由于穆勒强调"实证"的逻辑学，在具体的逻辑方法上，他推崇归纳法。何为归纳法，穆勒说：

> 归纳法者，练习心才，而以推知为用。吾既真知几种特别之事，则一切事之与此几种事相似者，皆可类推，而真知之同类之物，其数个体如此，则其全个体必亦如此。同样之理，此一时如此，则任何时亦必如此，举一反三，闻一知十，此归纳法之用也。③

马君武以为对事物原因的探究，其中需要的理论必须有赖于试验。通过探究得知原因，即使结果是千变万化的，大不相同的，那么也是可以认识的。因此他对穆勒的逻辑学津津乐道——"积试验以为试验，积归纳以为归纳，则可以穷造化之神秘，探天人之奥蕴，于宇宙既往未来之事，豁然贯通，毫无所疑矣"④。这也是马君武在多年的办学实践中重视理工科教育，主张培养实用人才的重要思想渊源。

二、民主自由与爱国思想

马君武崇尚民主自由思想，并富有爱国思想。通过对他相关的译著和著述的梳理发现，其民主思想主要来源于卢梭、穆勒等；爱国思想则体现他对爱国主义者的赞颂。马君武在辛亥革命之前就关注民主问题，积极宣传西方

---

① 宁莉娜：《穆勒逻辑思想与中国近代逻辑观》，《求是学刊》，2011年第3期，第49—52页。
② 马君武：《约翰弥勒之学说》，见曾德珪选编：《马君武文选》，桂林：广西师范大学出版社，2000年版，第107页。
③ 同上，第112页。
④ 同上。

民主自由学说，在 1903 年出版译著《自由原理》（穆勒原著）。该书涉及"思想及议论自由""自由之用"等内容。他在译序中说道："近日自由之新名词已渡入中国，而其原理未明，遂多有鳃鳃然虑其有流弊者。欧文书善阐自由之原理者，莫如此书。故急译行之。"① 梁启超对马君武此译著传播自由学说大为赞赏：

> 《自由原理》一书，为弥氏中年之作，专发明政治上、宗教上自由原理。吾涉猎弥氏书十数种，谓其程度之适合于我祖国，可以为我民族药者，此篇为最。久欲绍介输入之，而苦无暇也。壬寅腊将尽，马子君武持其所译本见示，则惊喜忭跃。②

在民主政治上，马君武赞同主权在民。他推崇卢梭所倡导的"平等自由，天赋人权，国家是社会契约的产物，国家主权属于人民"的理论观点。即便没有将卢梭的全部学说进行翻译，马君武还是将反映卢梭民主思想的核心著作《民约论》（即《社会契约论》）译介到中国。马君武在译序中指出："主权在民之原理，推阐尽致者惟卢骚。"③ 马君武在《帝民说》中对中国旧政学家所谓"帝王为天子，为至尊；人民为庶民，为下民"的观点加以批驳。卢梭最有力的言论是"个人者，帝权之一部分也；帝权者，国家之一部分也"；"帝权非一私人，而以通国之个人组成之"。这事实表明了卢梭社会契约理论是批判中国旧政学家的观点的理论武器——帝权为个人之总体，个人为帝权之分子，故人民即帝王，帝王即人民，不可离也；以为国家之活力，当以人民之公意直接运动之，而图普社会之公益；帝民者，由人民而后有，人民所不可自放弃者也。④ 由此，马君武致力于民主政治的宣传和对专制体制的批

---

① 马君武：《〈自由原理〉译序》，见莫世祥编：《马君武集》，武汉：华中师范大学出版社，2011 年版，第 26—27 页。
② 同上。
③ 马君武：《〈卢骚民约论〉序》，见曾德珪选编：《马君武文选》，桂林：广西师范大学出版社，2000 年版，第 53 页。
④ 马君武：《帝民说》，见姜德铭编：《帝民说》，北京：中国戏剧出版社，2001 年版，第 274—277 页。

判,"输入其真理于方醒之中国者"。

早在辛亥革命之前,马君武就以多篇著述宣传爱国主义,如《世界第一爱国者法兰西共和国建造者甘必大传》《爱国之女儿》《菲律宾之爱国者》等。这些著述有一个显著的特征,即通过个人传记的形式,颂扬主人公的爱国情操。在马君武看来,爱国者分为三类:"有能言之爱国者,有能文之爱国者,有能行之爱国者。"① 1932年马君武游欧,并到柏林大学参观。他对柏林大学校长费希特(又译菲希德)的爱国演讲尤为钦佩,在办学中常将中国与德国当时的情形相比较,认为两国情况"遥相类似",都需要摈弃自私之心,养成"真"和"爱"。民国以来,南北军阀"一丘之貉",国人自私自利,中国的国情"和123年前的德国人自私自利,不顾国家存亡,是非常类似的"。② 费希特旨在通过演讲唤醒德意志人的爱国心,他说——

> 我之演讲,苟能于听讲者跳动之胸中,掷进一道火光,从此燃烧不已,而影响于其一生,则我所望于此辈者,非徒各人单独行动,与人不相闻问已焉,彼等应在共同基础上,集合共同宗旨之人而为一体,在此中心点上乃生惟一的,继续的,不断的爱国心火,逐渐蔓延,广及于祖国之四境……③

对于费希特的爱国举动,张君劢赞誉道:"菲氏能在敌兵压境之日,不屈于拿氏之威武,起而为鼓励国人之演讲,时之德人群推为爱国英雄。"④ 这位德意志爱国英雄告诫国民:欲医治国家的疾病,只有施行新教育;新教育要培养成完美的人,推动组成共同的全体,彼此同一的感觉,共同肩负起唯一的责任。马君武基于费希特的演讲,对德国的教育宗旨进行评价——

---

① 马君武:《菲律宾之爱国者》,见莫世祥编:《马君武集》,武汉:华中师范大学出版社,2011年版,第106页。
② 马君武:《柏林大学立校的真精神》,见盘珠祁编:《马君武先生演讲集》,梧州:广西大学,1934年,第37—44页。
③ [德]菲希德著,张君劢译:《菲希德对德意志国民演讲》,上海:上海国民经济研究所,1947年版,第85页。
④ 同上,译序。

在养成人民坚强的善意识，去除自私自利的心地，以作行为的准则；尤其要养成健全不拔的真精神，对祖国具有热忱，对朋友表现信心，不妨牺牲一己，以谋民族国家的福利，对国民应有"真"和"爱"，并且本着这一点精神，结合为公共团体，共同负起责任，以尽国民的义务。①

三、自然科学知识

马君武留学日本时攻读应用化学专业，回国后在中国公学任理化教授、教务长。当时中国公学设有理、化班，学生研究三角却苦于没有好课本。他利用半年时间翻译了《中等三角新教科书》。马君武学习应用化学，担任理化教授，翻译国外数理著作。

1907年，马君武乘海轮自上海经香港、西贡、新加坡，出红海，抵马赛，经法国，游英伦，转道比利时，抵达德国。他入柏林工业大学学习，先是习冶金，后从事农业科学（侧重农业化学）研究。柏林工业大学的前身皇家技术学院，成立于19世纪二三十年代，它主要以培养测绘、农田水利、建筑、矿冶等方面高级技术人才为特色，并推动科学的发展。从1860年至20世纪30年代，是技术型专业学院和高等工业学校正式升格为"工科大学"时期。②马君武分别于1907—1911年，1913—1916年留学德国，恰好处于这一时期。该时期的工科大学不仅注重专门知识教育，而且注重基础文化知识教育。在学校，他学习了矿冶等专门知识，同时，因学校开设"普通系或基础文化系"，其还接受自然科学和基础文化知识教育。当时的德国工科大学"在某些注重实际应用的技术科学领域，如化学、工业、农业技术和食品加工等，工科大学内设的研究所不仅发展迅速，而且数量也多于大学，反映了工科大学的研究以技术科学为中心的特点"③。

马君武在日本研习应用化学、于德国攻读冶金和农业化学均是应用科学，

---

① 马君武：《柏林大学立校的真精神》，见盘珠祁编：《马君武先生演讲集》，梧州：广西大学，1934年，第37—44页。
② 黄福涛：《外国高等教育史》，上海：上海教育出版社，2003年版，第165页。
③ 同上，第166页。

翻译了《自然哲学·热说》《中等三角新教科书》《矿物学》《实用植物学教科书》，并著有《中国农业改良之第一步——采用人造肥料说》《世界大发明家罗伯儿传（世界上最强炸药之发明者）》《世界大发明家卑斯麦亨利（速制钢之发明者）》等著作，还曾在日本研制炸药、在德国的农场担任工程师并协助管理工作，曾任两广硫酸厂厂长、广州石井兵工厂（负责生产无烟火药）总工程师等职。可见他具备深厚的自然科学功底，对应用化学、农业、矿冶等应用科学尤为感兴趣，并有一定的研发和制造经历。

四、实业思想

马君武毕生都关注国民生计问题，一度致力于发展实业，改善民生，以期望中国强大起来。马君武以为，文明国家在解决宪法问题以后，政府主要解决的问题是国民生计问题。[①] 他对西方的经济、工业、农业、商业、交通等著作进行翻译，如《国民生计政策》《工业政策》《交通政策》《商业政策》《失业人及贫民救济政策》等。他的实业思想受到进化论的影响——由是言之，以个人言，则据进化学最宜者存之理，各人须得相当之知识与能力，以免生存竞争之劣败。以社会言，政府当施行种种有益于国民之生计政策，以图全国民之能自保存。[②]

马君武认为"人类以及动植物在此世界上之生存竞争，皆为两种问题：即求得食物以为本身之保存，及求得配偶以谋种类之繁衍是也"[③]。前者指的是民食问题。对该问题的阐释包括三个方面：第一须知人类在世界上的位置，第二须知人类之所以需要食物之理，第三须知政府对民食问题所应肩负的责任。相对应地，即是"以地质学及进化论解释民食问题；以生理学解释民食问题；以生计学政治学解释民食问题"[④]。从整体上来看，马君武的实业思想是以民食问题为核心的。何为民食问题？民食问题，固政治生计学（日人译

[①] 袁斌业：《马君武经济文献翻译活动及其翻译报国思想介绍》，《商场现代化》，2009年第6期，第9页。
[②] 马君武：《民食问题》，见《马君武先生文集》，台北：中华印刷厂，1984年版，第83—89页。
[③] 同上。
[④] 同上。

为经济学）之一部分也。① 从他的主张来看，文明国家政府事业，多以国民生计政策为主，人民生计问题是"人民权力确立之后"的重点。政府对于民食问题的责任，主要内容包括："属于农业者""属于工业者""属于商业者""属于交通者""属于贫恤者"等。在其著作《论赋税》《论战争为人口增多生产缺乏之结果》《中国历代生计政策批评》等中，对发展实业，以及国民生计也有颇多论述。

马君武关注国民生计问题，对西方相关学说和中国历代的生计政策都有相当的研究，曾担任实业部次长、军政府署理交通总长、铁路总公司秘书长等，一度致力于发展中国实业，改善民生。其实业思想丰富，在理论上亦颇有建树，并付诸实践。

第三节　执掌京沪两地三校

一、出掌上海大夏大学

（一）扩建校舍与延聘名师

1924年6月，厦门大学闹学潮，部分学生离校并宣誓永不回校上课。这些学生请求已从厦门大学辞职的欧元怀等教授在上海另创大学。欧元怀等教授接受请求，并成立筹备处，将新创建的大学定名为"大夏大学"。学校于1924年9月22日正式开始上课，设有文、理、商、教育等科和预科班。为管理好学校，随后成立校董会，推王伯群为董事长。校董会聘请马君武为校长。马君武就职后，开始采取措施，扩建校舍与延聘名师。大夏大学初创时，以租得的小沙渡路的一座洋房为教室，劳勃生路民房为宿舍。这些校舍不仅简陋，而且光线昏暗，不利于师生开展教学与科研活动。学校曾于1925年春与上海商人接洽，欲租胶州路地址建筑新校舍，然而由于价格未谈妥，建设事宜也就没有进展。后由马君武用自己住宅的地契向兴业银行作抵押，才得以签约建筑，至秋季落成，屋底为办公室、图书馆、礼堂、实验室，二楼是教

---

① 马君武：《民食问题》，见《马君武先生文集》，台北：中华印刷厂，1984年版，第83—89页。

室，三楼是男生宿舍，以后又建筑女生宿舍，并租民房十余幢为教职员宿舍。① 马君武为大夏大学的校舍建设殚精竭虑，即使去职后，他还与欧元怀教授、王祉伟教授赴马来西亚募捐，以建筑新的校舍。马君武除了注重扩建校舍之外，还重视延聘名师。当时曾到大夏大学授课的著名学者有：何炳松、朱经农、吴泽霖、马叙伦、李权时等。著名作家郭沫若、戏剧家田汉，也曾在该校任教。

（二）科学研究与民主爱国并重

马君武既重视大夏大学的科学研究，又注重传播民主与爱国思想。在马君武看来，大夏大学是一个"纯粹研究学术的机关"，"是要造求人材，担负中国将来的事业"。② 鉴于学校作为纯粹研究学术的机关，马君武对于科学研究是非常重视的。他认为图书馆和实验室是促进科学研究的两大要素——他在《大夏周刊》大声疾呼："今后大夏大学的建设是谋图书馆和实验室的充实。"③ 由于马君武对大夏大学的贡献颇大，以及他对科学和试验的重视，"大夏为了纪念他的劳绩，就将校内的化学馆定名为'君武化学馆'"④。马君武除了领导和鼓励学生努力钻研自然科学以外，还对学生灌输民主和爱国思想，他离开大夏大学以后，还多次回校作学术演讲，用具体生动的例子分析当前形势，提高学生的思想认识和政治认识。⑤ 他作的演讲有《由新式养蜂经验想到新式国家的建设》《误国与救国》等。

（三）倡导"三苦精神"

担任大夏大学校长后，马君武随即发表讲话，倡导其办学的"三苦精神"。"三苦精神"即学生要苦读，教授要苦教，职员要苦干。

1. 学生要苦读。学生要以学问为重，认真求学，不能有缺课等事情发

---

① 欧正仁：《马君武传》，南宁：中国人民政治协商会议广西委员会，1982年版，第51页。

② 马君武：《师生共同努力谋求大夏大学的发达》，见李高南、黄牡丽编：《马君武教育文集》，南宁：广西美术出版社，2008年版，第9页。

③ 同①，第52页。

④ 同上。

⑤ 同上。

生。大夏大学所聘教授多为著名学者，若干教授曾执教于国立北京大学和国立东南大学等。他们对于各班学生讲课，大多不用课本，口授笔记。同学听课聚精会神，认真做笔记，或提出问题，请教授解答，或购参考书，请教授指示。要使学业增进，决不因教室狭小，设备简陋，上课读书，亦不用功。①

2. 教授要苦教。教授要以教育为重，认真教学，不计待遇之多寡。由于大夏大学处于草创时期，学校财政状况困难，学校给予各授课教授的费用不能与公立大学相提并论，也不能与创办多年的私立大学相比较。然而，大夏大学所聘请的教授属于上海的第一流教授，如经济学博士马叙伦等。诸位教授因受马校长之博学与苦学精神的影响，不嫌待遇之菲薄，仍安其职，乐于施教，实属难能可贵。②

3. 职员要苦干。职员要以校务为重，切实办理，不能因经费缺少即敷衍了事。当时大夏的职员包含校务执行委员会委员与教务、训育、总务各处的职员，彼辈对于小沙渡路暂时校舍的布置与胶州路新校舍的建筑，所需经费皆多方设法筹措，在可能范围内予以布置，予以建筑，决不因校中经费困难即听其简陋与不建筑，以至有碍校务的发展。③

在马君武的用心经营下，学校事业发展有了起色。马君武为建校所作的种种努力，终于使大夏大学在社会立住了脚，并且，这样一所受人另眼相看的新学校，由于拥有众多学者名流，又有良好的校风和学风而声威大震，学生迅速增至千余人，这在当时，已是一所少有的大学校了。④

二、主持北京工业大学

（一）受聘为北京工业大学校长

1925 年春，北京工业大学原代理校长辞职后，校长一职很久无人接任。虽然该校学生曾开大会，推荐马君武、吴稚晖、黄炎培三人继任校长，但是

---

① 卢绍稷：《追怀一位革命的大学校长》，见纪念筹备委员会编：《马君武先生百年诞辰纪念特刊》，台北：协铭印刷有限公司，1987 年版，第 59—60 页。
② 同上。
③ 同上。
④ 林耀华：《中国历代教育家传》，广州：科学普及出版社广州分社，1989 年版，第 495 页。

教育部迟迟没有对校长聘任作出决定。至4月3日，北京工业大学学生再赴教育部请愿。教育部于4日发布马君武为该校校长的消息。学生闻讯，表示热烈欢迎，并特派代表数人到马君武住宅请他即行到职。① 马君武到职后，对机械、电机、纺织和化学四个系的试验设备进行扩充，并聘请一批专家学者到校任教。马君武很重视工科学生的实际动手能力，购进试验设备后，他向学生提出理论和运用相结合的要求，以提高学生实际运用能力，并针对学生的实际情况，改进教学方法，提高教学质量。② 据曾就读于北京工业大学的邓静华回忆说，"马公到校后，久不冒烟之实习工厂，亦隆烟冉冉升空；严冬冷寂之教室与图书馆，亦得有煤生炉取暖，因是全校师生振奋不已"③。

马君武在北京工业大学担任校长期间，对穷苦学生很是同情和关心。他言传身教，对学生讲述《一个苦学生的自述》和《翻译之难》，以鼓励学生在艰苦的条件下钻研科学知识。他还常常帮助由于家庭贫困无法上学的学生。如电机系的一名广西学生因为广西境内军阀混战，交通梗阻与家庭中断联系，无法缴纳食宿费用。马君武在自己的工资项下拿出一些钱帮助该生解决困难，学生们知道此事后，甚为感动。

（二）"决不就任教育总长职"

1925年10月，段祺瑞政府在列强把持下召开关税特别会议。当时，广大人民则持关税自主的要求。段祺瑞政府的行为激起了中国人民的愤怒，以游行示威等形式反对奉系军阀和抵抗帝国主义的不平等条约。日本帝国主义的军舰闯入大沽口炮击国民军，事后，又纠集英、美、法、意等八国公使向段祺瑞政府发出最后通牒，同时，各国军舰云集大沽口，以武力相威胁。④ 1926年3月18日，北京各校学生和各界民众在天安门前召开大会，反对八国"最后通牒"，并组成请愿团到段祺瑞政府请愿。政府出动军警对请愿团进行镇

---

① 欧正仁：《马君武传》，南宁：中国人民政治协商会议广西委员会，1982年版，第54页。

② 林耀华：《中国历代教育家传》，广州：科学普及出版社广州分社，1989年版，第496页。

③ 邓静华：《怀念马校长君武先生》，见纪念筹备委员编：《马君武先生百年诞辰纪念特刊》，台北：协铭印刷有限公司，1987年版，第51页。

④ 同②。

第一章　思想来源与办学实践

压，当场开枪打死数十人，伤者两百多人，造成震惊中外的"三·一八"惨案。当天，北京工业大学有三名学生殉难。马君武闻讯，亲自奔走，及时运回学生尸体，并接受学生的意见召开追悼会，印发特刊，由学校拨出经费，妥善安葬殉难的爱国学生。他在追悼会上赞扬这三名学生是为国而死的学生，表示了对爱国烈士的沉痛哀悼。

"三·一八"惨案后，段祺瑞政府改任马君武为教育总长。北京工业大学学生担心马君武受政府利用，镇压学生，因此学生会代表去见马君武，提出："同学们坚决反对段祺瑞卖国独裁政府，很希望校长不要接任教育总长职，否则将以对待前代总长章士钊更为毒辣的手段来对付校长。"马君武听后，徐徐答道："同学们的意见很好，我决不就任教育总长职，且不受人利用，请放心。"① 马君武对段祺瑞政府颇为失望，决心远离官场，不为人所利用。他随即离开北京，前往上海。

三、主政上海中国公学

（一）受聘为中国公学总教习

1905年前后，日本有大量的中国留学生，其中的许多人有革命倾向，并通过发表言论不断地揭露清政府政治腐败，丧权辱国，倡言以革命形式推翻清政府。清政府向日本文部省提出管束留日学生的请求。为此，日本文部省于1905年11月颁布《取缔清国留学生规则》。中国留日学生在东京集会群起抗议。日本《朝日新闻》说："清国学生过于狭义解释省令，此亦清国人特有之放纵卑劣行为所致，他们的团结力量亦甚为薄弱。"② 陈天华为激励中国人，写下《绝命辞》后投海自杀。他警示和激励中国人道——"鄙人心痛此言，欲我同胞时时勿忘此语，力除此四字（指的是"放纵卑劣"），而做此四字反面：'坚忍奉公，力学爱国'。恐同胞之不见听而或忘之，故以身投东海，为诸君之纪念。诸君而如念及鄙人也，则毋忘鄙人今日所言。"③ 部分留日学生

---

① 欧正仁：《马君武传》，南宁：中国人民政治协商会议广西委员会，1982年版，第55页。

② 祁谷：《中国公学始末》，http：//www.archives.sh.cn/docs/201203/d_453047.html。

③ 张岱年：《猛回头——陈天华 邹容集》，沈阳：辽宁出版社，1994年版，第171页。

回国后各方奔走，募集经费，开始筹办中国公学。两江总督端方也答应每年捐助学校。中公最初不设校长，只有公选的干事，分管斋务、教务、庶务，后来才推举郑孝胥为校长，聘马君武为总教习（教务长）。① 马君武担任理化教授，他利用半年时间翻译了《中等三角新教科书》。当时的中国公学不仅是一个培育人才的学校，还是一个搞革命运动的机关。马君武是同盟会会员，"并任中国同盟会上海主盟"②。他在中国公学担任总教习和教授的同时，进行民主革命宣传。马君武倡言革命被端方侦知后，欲加缉捕，幸得两广总督岑春煊、广西巡抚张鸣岐等帮助，从而前往德国留学。

（二）出任中国公学校长

由于两广事变，广西大学于1929年6月停办。学校停办后，马君武再次前往上海，执教于大夏大学。1930年5月，应蔡元培等人的邀请，他出任中国公学校长。就职后，马君武致力于充实设备，建筑校舍，解决学校立案问题，整顿校务。

1. 充实设备，建筑校舍

马君武对理工科很是重视，积极扩充和发展，购买了许多物理和化学仪器，使学生能掌握具体的科学知识。③ 中国公学全校学生有700余人，但是学生宿舍两栋仅可容纳400至500人，其余学生不得不在校外租房，对于学校教学活动的展开极为不利。胡适与马君武两人商议，将中国公学分校并入炮台湾校舍，另建校舍，由冯泰兴建筑公司承包，并向正大银行借款74 000元为建筑费，以炮台湾地契为抵押，分三年偿还。马君武出任校长后，于1930年6月17日签订契约，新校舍于8月建好。由于解决了教室和宿舍问题，教授阵容又焕然一新，因此中国公学的学生增至1300人，成为中公的全盛时期。④

---

① 欧正仁：《马君武传》，南宁：中国人民政治协商会议广西委员会，1982年版，第56页。
② 曾德珪选编：《马君武文选》，桂林：广西师范大学出版社，2000年版，第352页。
③ 同①，第56—57页。
④ 中国公学：《中国公学大学部民国二十一年冬毕业纪念周刊》，第22页。转引自欧正仁：《马君武传》，南宁：中国人民政治协商会议广西委员会，1982年版，第57页。

2. 解决学校立案问题

中国公学属于私立学校,立案与否,关系到校务进行以及毕业生的前途。胡适担任校长期间,曾特别留意,并派出学校代表持函往南京教育部交涉。但是由于各种因素,都没有获得解决。马君武到任后,着手解决学校立案问题。当时,学生们还在猜测,马君武作为国民党元老,是否愿意放下架子,前往教育部一趟,为学校利益和学生前途争取立案。果然他到任不久,便亲自出马,往南京一行,仿佛不出一个月,教育部准予立案的公文就到了,使全体学生——尤其应届毕业生,闻讯高兴得很,衷心敬佩马校长"剑及履及"负责认真的精神。①

3. 整顿校务与中国公学风潮

马君武发现中国公学积弊甚深,着手整顿校务。"总务处会计科目的帐目差到一万数千元以上;教务处如一乱字纸篓,无论调查学生何事,非经过一点钟以上找不出来。去年秋季开课,选课、点名簿诸事,教务处七八个人忙了两个月尚办不清楚,等到点名单发到教职员手里,一个学期已经去掉一半了。我(马君武)于去年五月十九日到中国公学接校长事以后,便先整顿总务处,发现会计处亏空数目,其内容非常复杂,有的是总务处挪用,有的是会计主任、事务主任挪用,有的是教员挪用,最怪的是凡是学生在会计处放存之款,只出收条,永远在帐簿上查不出一字记帐,总务长丁某因此辞职,而中国公学的风潮,就从此起。"②

中国公学风潮在学生为学生会主席竞选一事争斗后扩大。由于部分经过政治训练的国民党学生挑起斗殴,并密报公安局,逮捕了两名学生。马君武闻讯,即具保将学生领回,并通知被追缉的同学回校妥加保护,还采取措施,将闹事主犯国民党学生李雄、严经照二人开除。学校学生分成"拥马"和"倒马"派,常纷争至冲突殴斗。国民党上海第八区执委会发出通电,肆意攻击马君武,谓其"包庇反动"等,通电列出马君武的五大"罪状":

---

① 罗佩光:《怀念马校长君武先生》,见纪念筹备委员会编:《马君武先生百年诞辰纪念特刊》,台北:协铭印刷有限公司,1987年版,第95—96页。

② 《中公校长马君武谈片》,《申报》,1931年1月27日。

一、不设党义课程，查该校课程，并无党义一课，经敝会所属第一分部屡次请求添设，竟置之不理，此其一。二、蔑视本党总理，该校虽有总理纪念周之虚设，惟事实上并不按周举行，即举行时，亦不遵照规定仪式，如唱党歌，向党国旗及总理遗像行礼，暨恭读总理遗嘱等项，均付阙如，实属蔑视总理，此其二。三、不悬挂党国旗……举行任何隆重仪式时，亦未见有张挂，不仅目无本党，亦且目无中国，此其三。四、包庇反动分子，该校为共产党在吴淞一带之大本营，国家主义派亦气焰万丈，咄咄逼人，马君武存心勾结，引为心腹……此其四。五、反对以党治国，马君武在该校兼教近代文化史，课授至近代政治制度一章时，竟公然宣称中国应行代议制，诋毁本党以党治国之主张，不遗余力，此其五。①

当时的国民党政府也声称要"查办"马君武："中国公学校长马君武袒护反动，由中央训练部决议查办。行政院已令教育部切实照训练部所拟办理具报。"② 马君武"被中华学艺社推举为出席日本学术协会代表，马氏因于昨日乘日轮长崎丸东渡，所有中公校务，由总务长王宏实教务长凌舒谟负责处理"。也就在马君武离开上海，东渡日本参与学术会议的当晚，中国公学校董会通过议案："（1）马君武干犯党怒，致起学校纠纷，着即免职。（2）选于右任继任校长。"③ 马君武就这样被免职了。

马君武出任中国公学校长时间虽短，但他作出的贡献不小。中公学生在1931年1月下旬写给于右任的信中说：

马校长党中前辈，先生故交，道德学问先生知之最稔，不待生等为之推重，唯马先生到中公后之成绩，则不能不为先生一言也。自马先生就职以来，清查积账，以整理财政，建筑校舍，以扩充学额，修改办事章程，以改良学校行政，延聘良好教授，以增高学校声望，事实具在，

---

① 《八区党部反对马君武包庇反动》，《申报》，1930年10月26日。
② 《中国公学风潮》，《教育杂志》，1930年，第23卷第2号。
③ 《中公校董会免马君武职》，《申报》，1930年10月31日。

彰彰可查。校长薪金，每月二百元，其数在职员教员之下，学校事务，巨细必躬亲，勤苦在校役听差之上。举目全国各大学校长，其肯矢忠矢信，任劳任怨若马校长果有几人？①

可见，中国公学的学生对马君武为学校所作的努力是认可的，评价也是中肯的。另据过崑源回忆，在中国公学学潮期间，教育部要求马君武解除罗隆基等进步教授。但马君武坚决拒绝，对于党义课程等问题亦不让步，于是愤愤地回到上海。换言之，马君武被免职，不仅与处理部分经过政治训练的国民党学生有关，更重要的是与马君武拒绝教育部"要求"有着莫大的关系。由此可以说，整理校务致总务长丁某辞职和处理闹事学生是导火索，马君武是由于政治力量介入被免职的。

第四节 参与创办广西大学

清末民初，广西先后创办广西大学堂、广西优级师范学堂、广西法政学堂、广西高等学堂等高等教育机构。其中，1902年创办的广西大学堂为广西高等教育之肇始。据有关史料记载："光绪二十八年，广西创办大学堂于桂林文昌门外，名广西大学堂，为桂省举办高等教育之始矣。"② 除了经广西政法学堂更名的广西公立法政专门学校勉强维持到1929年，包括广西大学堂在内的高等教育机构由于时局动荡、经费匮乏等原因难以维系，大都存在时间不长。"民国十三年由工程讲习所改名的广西交通专门学校（民国十六年曾改名为广西省立工程专门学校）也维持了几年后于民国十八年停办……实际上民国以来广西没有办成一所正规的大学，高级人才主要依靠外省培养。"③ 新桂系时期创办的大学有：广西大学（1928年）、广西省立师范专科学校（1932年）、广西省立医学院（1933年）。其中，广西大学是在黄绍竑任广西省主席期间筹建并正式开办的。

---

① 《中国公学新任教务长董任坚就职》，《申报》，1931年1月31日。
② 李绍雄：《广西教育史料》，桂林：广西史地学社，1936年版，第67页。
③ 蒙荫昭、梁全进：《广西教育史》，南宁：广西人民出版社，1999年版，第378页。

一、广西大学筹建的争论

（一）办学层次的讨论

当时广西的有识之士对于在广西梧州创办一所什么层次的学校有不同看法。时任西江善后处处长的李济深认为应该在蝴蝶山上开办一所高级中学，并无创办大学的计划。因为他以为当时广西的教育系统不完善，教育水平低下，尚未有高等教育之需求。李济深对两广军政界的影响很大，而留美回来的硕士盘珠祁（1925年9月曾任广西教育厅厅长，与内务厅厅长粟威、财政厅厅长苏绍章、建设厅厅长甘浩泽等是新桂系主政广西以来最早的四个厅长）则力主办高等教育。黄绍竑也主张在广西办一所大学，并且成立筹备委员会，自任委员长。不过，在广西大学正式开办时，考虑到省内高中毕业生人数较少，且水平较低，故"在西大成立时先开办三年制预科，招收初中毕业或高一插班生，为以后发展本科，保证学生入学水平打好基础"①。

（二）开办地点的争论

当时还有将大学开办在梧州或其他地方的讨论。有人认为将大学各院分设广西各地，即除了梧州之外的广西其他城市——"主张分设数院，如同当时的交通大学分设在北京、唐山、上海等地"②。不过，多数人不赞成分散多地办学的观点，持该观点者主要考虑到多地办学需要大量经费支出。盘珠祁综合办学经费和学校管理进行考量，认为"广西开办大学经费既不充裕，广西大学又没有历史上的关系，没有必要设立几个分校；而且分校隔离太远，管理不便"③。马君武则从校址的地理位置和交通状况来考虑，认为教授延聘、教学设备和图书仪器等运输都需要有利的位置和比较便利的交通。而当时的梧州是广西的水路咽喉，南下可到广州、香港，这两地还有到上海方向的轮船，往省内可到达南宁等地。黄绍竑也认为校址设在梧州可利用交通便利的优点——"取其交通便利，本省学生皆可顺流而下，外籍教授亦可溯西江而达"④。不过，在黄绍竑的回忆中还反映出其他的原因。

---

① 编写组：《广西大学校史》（内部刊物），1988年，第6页。
② 同上，第4页。
③ 同上。
④ 黄绍竑：《黄绍竑回忆录》，南宁：广西人民出版社，1991年版，第159—160页。

同时因为那里（即梧州）是我进兵梧州的登陆地点，可作为广西改革之纪念。十六年三月间，我亲自到梧州，举行奠基典礼。经之经营，不日成之。①

黄绍竑的回忆反映出三个方面的信息。第一，梧州是黄绍竑昔日作战之地，也是其"发家"之地。第二，在梧州创办广西大学是作为他任内改革广西的纪念。第三，他关心广西大学筹建工作，亲力亲为。广西大学之所以在梧州创办与黄绍竑同梧州的渊源有较大关系。黄绍竑系广西容县人，梧州市与该县均属于桂东南地区②，在地理距离上较近，且梧州是黄绍竑"发家"之地。这也为他把广西大学放在梧州举办奠定了心理基础。在梧州地区，黄绍竑也在当地豪绅的帮助下，利用梧州作为当时广西经济中心的优越条件，采用招商承办、征收捐税等办法，解决其粮饷军费等问题。③ 正是由于在梧州发家，黄绍竑到南宁与李宗仁等人会师，结束旧桂系时代，统一广西，开辟新桂系时代。从这个意义上来说，黄绍竑把广西大学设在梧州，可以作为他改革广西的纪念。黄绍竑关心广西大学，在广西大学的筹备过程中做出了重要的贡献。除了自任委员长，积极推动筹备工作外，他还在经费上给予支持。广西当局在初期将开办经费定为40万银元，但要建一所全新的大学实不敷用。于是，由盘珠祁代表筹委会赴广州与正在那里养病的省主席黄绍竑磋商，黄绍竑同意把开办费改为100万银元，并附以"倘若不足再加"的诺言。即便是黄绍竑离开桂系，到南京任内政部部长，他还为广西大学筹款，对广西大学关爱有加。

可见，在广西梧州市开办广西大学，既有当时军政要员的个人因素，也有经费和交通等方面的因素。第一，军政要员的心理因素。黄绍竑作为广西军政要员的"家乡"情怀，即梧州与其家乡较近，其在思想心理上倾向于把

---

① 黄绍竑：《黄绍竑回忆录》，南宁：广西人民出版社，1991年版，第159—160页。
② 本书的桂东南地区泛指广西东部和东南部一带。
③ 陈新建：《试论大革命时期新桂系的政治嬗变》，《广西师范大学学报（哲学社会科学版）》，2009年第1期，第123—128页。

广西大学办在梧州。第二，获得梧州当地豪绅的经费支持。黄绍竑在广西东南部发展起家，除了纪念意义之外，还因为梧州属于广西早期的重要商业城市，经济、商业较为发达，梧州当地豪绅支持有利于大学的开办与维持，即这是从开办大学与维持所需的经费支持来考虑的。第三，梧州的便利交通。当时的广西交通并不发达，水路是重要的交通形式。梧州为西江畔的城市，与广东交界，顺着水路可通达广州，进而前往香港等重要城市。这对广西大学设备购买、师资延聘等都能提供交通便利。综合上述因素，广西大学的开办地点最终定在广西梧州市。

（三）办学模式的争论

广西大学筹办时，中国大学已经逐渐接受美国模式的影响，中国教育界正在进行一场以仿效和嫁接美国教育模式为内容的教育运动，推行这场运动的是留美归国的知识分子，全国影响最大者为东南大学之父郭秉文对美国大学模式的引入。留美学者雷沛鸿曾提出模仿美国大学模式在广西创办一所大学的计划。

雷沛鸿（1888—1967），字宾南，广西南宁人，美国哈佛大学硕士。早年加入同盟会，曾参加广州黄花岗起义。先后在暨南大学、浙江大学、中山大学等高校任教。曾任广西同盟会机关报《南风报》（桂林）编辑、广西省公署教育科长、广东甲种工业学校校长、上海法政大学经济系主任、广西省政府委员兼教育厅厅长、国立广西大学校长。雷沛鸿创办广西普及国民基础教育研究院和西江学院，出掌广西教育科学研究所。中华人民共和国成立后，曾任广西壮族自治区委员会主任委员、自治区政协副主席、自治区侨联主席等职。雷沛鸿四度出任广西教育厅厅长，在广西施展他的教育改革抱负；他与黄炎培、陶行知、晏阳初、梁漱溟、俞庆棠被誉为当时国统区实行乡村教育运动最杰出的教育家。

雷沛鸿毕业于哈佛大学，对欧美教育，特别是对美国的教育较为熟悉。雷沛鸿受到欧美的教育理论、儒家教育观点、杜威和陶行知生活教育理论的影响，接受孙中山的思想，主张教育救国，但并不反对革命。[1] 雷沛鸿回国

---

[1] 谢文庆：《雷沛鸿教育思想研究综述》，《贵州师范大学学报（社会科学版）》，2012年第2期，第113—118页。

后，不仅在中央大学、浙江大学等高校任教职，积累了丰富的教育教学经验，对高等教育教学规律形成了理论认识和实践认知，而且还试图通过在广西任职将自己的一些教育思想转化为教育实践。其中，关于《筹设广西中山大学草案》是雷沛鸿在高等教育领域进行的尝试。1927年，政治会议广州分会讨论广西方针，并决定刷新吏治，废除厘金，振兴实业，整顿交通，扶助各级民众。其中，第五项扶助各级民众包括：（甲）增加教育经费设立广西大学；（乙）筹设各区农民银行；（丙）实行农民减租百分之二十五；（丁）筹设工人失业补救事业；（戊）切实保护商人营业；（己）改良士兵生活。[①] 时任教育厅长的雷沛鸿提出办一所综合性大学（广西中山大学）的草案。在设立大学的目的上，雷沛鸿认为通过改组广西省立工程专门学校、省立政法专门学校、省立第一高级中学，组建成一所大学，其目的是"研究学术，培植专门人才，提高民间文化及沟通中外文明而协助新中华民族文明之创造"[②]。他并宣称，这是大学在社会和国家中所肩负的使命，广西就应该尽快建设能承担此种使命的大学。为解决人员、经费等筹备难题，拟定四条准规：第一，在办学思想上，广西省政府和人民大众要群策群力共建广西中山大学；第二，在学科建设上，实行分科分年设立；第三，调整学制，将中学与大学衔接，以解决人才不足困难；第四，根据省财政状况，量力逐步增加办学经费。[③] 在院系设置上，则模仿美国综合性的研究型大学模式设置齐全的学院。草案所规划的学院设置包括：（一）自然科学院；（二）社会科学院；（三）文学院；（四）哲学院；（五）美术学院；（六）教育学院；（七）农学院；（八）工学院；（九）商学院；（十）医药学院。

从创办大学的宗旨，齐全的系科设置，"寓师范于大学"而设立教育学院等方面反映出雷沛鸿在广西创立一所具有美国大学模式特征的设想。虽然雷沛鸿作为留美学者，并担任广西教育厅厅长，在广西学术界和军政界都有相当的影响力。不过，他的设想在当时未能真正地付诸实践。这与广西当局对

[①] 《广西省训令第二二五号》，《广西教育公报》，1927年，第1卷第6期。
[②] 雷沛鸿：《筹设广西中山大学草案》，广西教育公报，1927年，第2卷第2期。
[③] 李娜：《雷沛鸿高等教育思想及其启示》，《高教论坛》，2022年第9期，第111—115页。

大学的定位是有关系的。按照雷沛鸿在草案里面所说，各学院设立"由筹备委员会决议后咨请广西省政府委员会复议通过再行呈报国民政府备案逐渐执行"，"改组之办法由委员会决议咨议广西省政府委员会复议通过后交由广西教育厅执行"等。但广西当局对雷沛鸿关于创设美国模式的大学并不感兴趣。当时的广西整体较为落后，加快经济建设是广西军政要员必然要重视的问题。加快经济建设，需要大量实用人才支持建设事业的开展，切切实实地在各行各业中引领建设工作。建设工作的开展可以巩固当时广西政府的声望，增强军事实力等。时任广西省主席黄绍竑对培养建设人才颇为重视，但对系科齐全，致力于高深学术研究的大学并无兴趣。这所大学是黄绍竑最关心的，他要让学校适合他自己的品位。① 黄绍竑在回忆中提到：

> 我觉得一省里面，没有一所大学，以领导促进文化的责任，总是一个缺憾。而且广西学生要进大学，非到广东或北平、上海不可，也就太不经济太不体面了。所以我不顾他们的议论，而径行决定，先成立广西大学筹备委员会，我自任委员长，教育、财政、建设各厅长，及省内外的桂籍有名望的人士为委员。②

所谓适合他的品位，虽然不排除大学对开化广西文明的作用，但主要是计划创办一所培养建设人才的大学。他对学术思想、高深学问和美术艺术等不感兴趣。至于说"太不经济太不体面"，除了考虑到学生到省外读书不容易，为了让更多的人能上大学之外，更主要的是可以为本省培养建设人才提供便利，并且，广西当局会感到"体面"。黄绍竑等广西领导人以为应该主要抓军事建设，打好政治统治根基，经济等各项建设是为增强军事实力和巩固统治服务的，教育即是为培养建设人才服务的。因此，"他没功夫开设艺术课

---

① [加]戴安娜·拉里著，陈仲丹译：《中国政坛上的桂系》，南京：江苏教育出版社，2010年版，第136页。
② 黄绍竑：《黄绍竑回忆录》，南宁：广西人民出版社，1991年版，第159—160页。

程，也不会开设"①。加拿大学者拉里对黄绍竑主政期间的各项建设就曾评价道："他对那些表面化的、引人关注的计划特别在意，目的是吸引外界的注意，而不是为了基础的改革。教育体系非常虚弱却办了所大学……"② 虽然大学在新桂系领导人的心目中也是"面子"问题，但主要还是为增强广西当局的实力。从这个意义上来说，广西当局主要领导人从"务实"的角度出发，试图通过实用人才的培养来推动广西建设。

关于在广西创办一所大学的讨论，最终结果是为本省建设人才培养作铺垫，开办一所"提高省内文化，培植专门人才"的大学。《广西教育史料》记载了当时的情形——

> 是年冬（指1927年冬），省政府主席委员黄绍竑提出"推定筹备广西大学委员会及各部主任暨特派员案"于第四十四次省会议讨论结果，决议推定黄绍竑为委员长，马君武、盘珠祁、雷沛鸿、邓植仪、陈柱、岑德彰、刘宝琛、苏民、黄华表、凌鸿勋为委员，并推定马君武兼筹备广西大学教务部主任，苏民为总务部主任（后因苏民长住南宁，未能往梧州任事，改由岑德彰为总务部主任，岑来梧仅十余日即返上海，遂未继出），黄华表兼建筑设备两部主任，陈柱兼国内特派员，雷沛鸿兼南洋及欧洲特派员，盘珠祁兼美洲特派员，其筹备专款，除第一高中所存二十万元，及十六年度大学筹备费四十万元外，并追加筹备经费四十万元。共一百万元，定翌年八月底以前，设备完竣，案既通过，旋于十二月一日成立广西大学筹备委员会。二十日正午，在梧州蝴蝶山校址举行奠基典礼。十七年十月十时广西大学正式开学。由省政府聘马君武为校长，盘珠祁为副校长。马校长即于是日宣誓就职。盘副校长因游欧美未归（于十八年四日返回后始就职），至教务长事务长两职则于开学先后，迄

---

① 邝笑庵：《建设化的广西》，《国闻周报》，1928年，第5卷第45期。转引自[加]戴安娜·拉里著，陈仲丹译：《中国政坛上的桂系》，南京：江苏教育出版社，2010年版，第136页。

② [加]戴安娜·拉里著，陈仲丹译：《中国政坛上的桂系》，南京：江苏教育出版社，2010年版，第139页。

由马名海、白鹏飞两教授分别充任。该校宗旨系在养成广西实科之人材,故当开办之初,先设农工矿理等四科。①

总体而言,广西多方人士在开办大学的认识上基本上达成共识。首先,广西的有识之士意识到大学培养人才对社会发展的重要性,向广西军政要员力陈开办大学的各种理由。其次,广西当局主要领导人则从打好经济基础,稳固新桂系政权的目的出发,通过"培植人才"进行各项建设事业,因此推动广西大学的筹建。

二、广西大学停办与复校之争

(一)广西大学停办与复校②

如前所说,20世纪20年代的广西仍很落后,需要开展建设,建设则需要大量的人才。通过教育培养人才,进行建设是当时广西各界的共识,不过是否需要高等教育培养人才却还存在争论。这场争论集中于1931年发生的关于该校恢复与停办的斗争中。

1931年5月,粤军退出梧州。5月8日广西政治委员会议决定恢复广西大学,邀请马君武、盘珠祁回梧州主持校政。当时马君武在中国公学任校长,盘珠祁在香港。邀请电文如下:

> 吴淞中国公学转马君武先生般含道二十一号盘斗寅先生勋鉴查两广合作业经实现梧州口内即可接收广西大学自应迅行恢复以完成教育当经本委员会通过并请两位先生命驾回桂主持一切一面设法向庚款委员会力争分配庚款权利以为广西大学残破后整理一切之用务恳惠然归来俾得早日实现非特本会之企盼亦全省人士之所渴望者也何日启程伫候电复广西政治委员会叩齐

---

① 李绍雄:《广西教育史料》,桂林:广西史地学社,1936年版,第68—71页。
② 本目内容中的电文均引自编写组:《广西大学校史》(内部刊物),1988年,第8—13页。

马君武与盘珠祁接到电报后,在香港磋商,决定在上海和广西登报招生,并物色教授,为复校开课做准备。在梧州,广西大学留校人员也开始修整校舍,清点图书、仪器、设备。正当广西大学恢复工作积极进行准备开课之际,广西当局却决议停办广西大学,据 8 月 20 日给广西大学的电文称:

> 广西大学马校长盘副校长鉴第四高级中学崔校长览自送南宁总司令部勋鉴财政厅教育厅览顷接国民政府李委员宗仁文电开查广西大学所办预科其实与高中部无异似应暂行停办改为省二中高中部并将该校地点移作高中部校址将来高中学生毕业多时再恢复大学以节糜费而收实效如何希酌办等因当经提付本府委员会第七次会议决议通过在案除马盘校长经聘任本省顾问外仰各知照仍希查照并仰崔校长遵照前往将一切事宜接收具报旭初叩主席黄皓。

广西大学在接到广西当局电后,立即回电省府请收回成命,并电李宗仁、白崇禧请省府收回停办成命。广西大学呈省府的电文是:

> 南宁省政府钧鉴皓电敬悉君武珠祁前奉电召回省恢复广西大学当即遵照回校筹划进行迄经电请拨款修葺校舍补够校具并遵照钧府电示经费限度力求节省拟造预算书呈请察核在案同时一面在沪聘请教授一面布告招考学生现在所聘各科教授已陆续来校收生方面除在沪已考取本省学生预科 60 名理科本科 40 名外省内则分梧邕桂柳四处招考定期于本月 24 日同时试验现仅梧州一处报名投考者已达 600 人似乎此情形若突将西大停办不特君武珠祁等个人信用全失即钧府亦何以示信于国人况西大恢复不独为本省父老子弟之所渴望即全国人士对于吾省此举亦认为革命政府建设精神之表现君武珠祁等之所以不揣冒昧毅然奉召回省亦信仰钧府求治之真诚思效一臂之力兹奉前因曷胜骇异况维持西大与归并四中就经费而言所差无几权衡轻重得失实宜审慎变更君武珠祁等愚见万恳钧府收回成命既可免失省内父老子弟喁喁之望而钧府之威信亦可保持迫切陈词伏维鉴察示复不胜惶急待命之至君武珠祁叩架印

8月21日，广西大学按照原计划电邕、桂、柳各招生处，要各处继续办理招生。同时，将继续办理情形布告并登《民国日报》。

8月23日，广西大学接省府黄主席电复："西大暂停进行所聘教授及招生由崔校长聘任或收录。"

8月24日至26日，广西大学如期举行预科三、预科二、预科一3个年级入学试验。

8月28日，广西大学再电省府要求必须维持学校开办。电文是：

> 南宁省府钧鉴马电敬悉广西大学关系本省政府前途至为重大每月需款仅万余元为数无多且筹备就绪开学在即万无停办之理查本省高中因经费不充裕设备简陋程度低浅无可讳言大学附设预科原欲提高程度以为各高中之模范并专为升学本科而设效用不同并非縻费来示谓大学教授及学生由高中分别聘任收录则经费既不能省而必欲停办大学其意义何居只闻有扩充高中为大学者绝不闻有停办大学归并高中者况本校已收理科本科学生一班又将何以处置君武珠祁等再四考虑为全省子弟学业计及为政府与个人信用计无论如何大学必须维持停办之令万难遵照伏惟谅察君武珠祁叩俭印

8月29日，马君武、盘珠祁两位校长为广西大学复校一事同往广州去见第四集团军总司令李宗仁。是日，《民国日报》登载李宗仁否认令议停办广西大学之文电。随后，省政府复开第一次特别会议决议："西大只办本科，停办预科。"

8月30日，广西大学接省府电，知准办本科，停办预科。该电文是：

> 大学马校长盘副校长鉴第四高级中学崔校长鉴自送南宁总司令部鉴财政厅教育厅览西大停办一案现准马盘两校长叠电陈情并谓已在沪考收理科本科生40名请收成命等语复经提出本府委员会第一次特别会议决议广西大学停办预科只办本科广西大学所招之预科生概拨归第四高级中学广西大学校舍应暂借一部为第四高级中学之用但以足用为度广西大学及

第一章　思想来源与办学实践　　53

第四高级中学预算应另行拟呈核定各等特电达希查照并仰知照旭初叩主席黄艳午印

由主张停办广西大学的电文可知，其理由主要在于广西大学办的是预科层次，与高中没有差别；为节省经费。广西大学方面的电文则认为：恢复学校本来就是省府的命令，突然停办将致使省府失去信用，也将使马君武和盘珠祁个人信用全失；学校厉行节俭，每月的维持费用仅仅"万余元"；广西本省的高中经费不足，设备简陋，学生水平低浅，所设大学预科本欲提高学生水平，为其升学本科准备；校长马君武在上海聘请教授，并已陆续到达；学校在上海已招收理科本科生40名，广西省内南宁、梧州、桂林、柳州各处已经开始办理招生。

（二）广西大学停办与复校的原因

在这场广西大学停办与恢复的斗争中，反对继续开办者的理由有三点——

第一，广西不需要高等教育，只需要到中等教育即可。

第二，高等教育是贵族教育。

第三，梧州交通发达，方便到广州、上海等各地求学，不必继续开办广西大学。

马君武对上述三条理由逐一反驳，力主继续开办广西大学。

首先，马君武一方面肯定了举办中等教育，另外一方面也提出了办理高等教育是很有必要的——"设若没有好高等教育，那有好中等教育？所以我们以为要中等教育好，固然是对的，同时也要好高等教育。"[①] 在马君武看来，高等教育与中等教育并不是相互排斥的关系，并且高等教育能够为中等教育提供支撑，即好的高等教育促成好的中等教育。

关于第二条，马君武认为不论是从学问还是费用的角度，都不该停办广西大学。

---

① 马君武：《广西是不是需要高等教育》，见盘珠祁编：《马君武先生演讲集》，梧州：广西大学，1934年，第164页。

> 我们怎么知道高等教育就是贵族教育呢？若以学问为标准，则欧洲在六百多年以前，已有了大学，他们未曾因为打倒贵族，而把一些大学一一停办。我们广西一千二百万人，以后永远不要高等教育吗？孙总理说："革命的基础，在高深的学问"，所以我认为发这种议论的人，简直是违反总理遗教。若设以收费多寡而论，高等教育是贵族教育的标准，那末，我们广西大学现在所收之费用，比外省中小学所收之费还少。所以这种话，我们也不能承认，而且这种理由，都不足驳。①

马君武以瑞士、比利时、日本等国的大学设立情况对第三条理由进行驳斥。

> 现在我们试看瑞士、比利时：瑞士之大，不过像广西省的一府，而竟有十几个大学；比利时还没有广西一府大，不过有广西省中一二县大，亦有十几个大学。再我们看日本全国之大，也不过比广西省略略大些，现在日本除九个国立大学之外，私立大学不计其数。最近在大阪又设了一个大学，大阪离西京，设坐火车，不过一小时的路程，这末一来，那一般反对西大者，又不可解了。所以我们广西一千二百万人，不能承认梧州不要设立大学，而且我们广西，亦非设立一个大学不可。②

马君武以上述言论反驳关于广西大学停办的理由，反映了其对大学的重视程度：其一是高等教育对中等教育的作用；其二是高等教育为发达学问，利于广西子弟求学；其三是广西大学对于广西以及全省人民的重要性。马君武还与盘珠祁专程到广东向李宗仁申述意见，力争恢复广西大学，后李宗仁电广西大学应允学校方面与省府商办。由于广西大学与省府方面电报往来，

---

① 马君武：《广西是不是需要高等教育》，见盘珠祁编：《马君武先生演讲集》，梧州：广西大学，1934年，第163—168页。
② 同上。

第一章 思想来源与办学实践

"颇多隔阂，马校长又专程赴邕直接去接洽，政府始允许照旧办理西大"①。

广西省内民众对广西大学寄予厚望，希望政府能维持大学开办，为广西发展和提高民众科学素养提供支持。当时省内多个县的民众团体先后发出请政府收回停办广西大学成命的通电，如郁林、容县、兴业、贵县等。

郁林县各团体请政府收回停办广西大学成命通电，理由：恢复伊始不宜中途变更。容县各团体请政府收回停办广西大学成命并反对广西大学合并四高中通电，理由：预科与高中之性质不同所需经费相差无几。兴业县各团体请政府收回停办成命通电，主张：维持广西最高学府保存本省文化结晶。贵县各团体请政府收回停办广西大学成命通电，主张：西大本科预科均须开办。②

事实上，广西大学对于广西建设的作用更容易为广西当局所接受。早在广西大学开办之前，筹备委员会主任、省主席黄绍竑就包括教育在内的各项事业，表达了其主张。

> 现在公路已成五千里，路政交通，可算略备，此后当偏重农业，尤其注意于植桐，盖桐之利源甚大，况广西土地温和，最宜植桐，预计广西全省人口一千二百万，平均约二百万户口，若每户植桐三百株，每株出息约值五毫，则将来出息之数，当为全省收入之冠，且成本甚少，三百株之桐种值银二毫零，两三工人可种之，三年之后，数口之家，衣食可以无忧矣。或谓请领荒地手续甚难，谁不知每家之前后荒地，及池塘菜园各处，已足种三百株而有余，故土地实不成为问题。现政府决用强迫方法，限期种植，并由省府方面，通令实行，至货物由公路运输，亦同时解决，一俟农业发达，商务矿业工业，均将同时进展，故今后广西之政治，除商务工业及教育外，最要者厥为农业。③

---

① 钟杰生：《设立在梧州时的广西大学》，见中国人民政治协商会议广西委员会编：《广西文史资料（第12期）》（内部刊物），1982年，第174—181页。
② 编写组：《广西大学校史》（内部刊物），1988年，第12—13页。
③ 《黄主席季宽之重要讲话》，《新广西》，1928年，第2卷第20号。

黄绍竑的这番话除了与他的发家之地梧州作为广西当时最大商业城市有关，还与他欲通过教育培养人才促进工商业以及农业的发展谋划相关。"广西大学筹备委员会外观世变内察本省之需要，特明白规定本大学适于实用科学为基础，养成三民主义国家必需之建设人才为宗旨。于是遂先从事于设立农工矿理四科。"① 在广西大学成立之后，农学院师生对"桐"、工学院对"矿"的研究不少，似乎部分地为黄绍竑所期望的广西建设事业服务，不过他在广西的政治生涯于两广战争后即结束，前往南京任内政部长了。

既然当初是为了适应本省需要，为本省建设养成人才，为何有反对广西大学继续开办的声音呢？这主要由于两个方面的原因。首先，当地人们观念尚未开化，对高等教育的功能与作用认识不足。这实际上与广西长期以来偏僻与闭塞，教育不发达，人们对高等教育的重要性认识不够有关。其次，对高等教育存在偏见，认为高等教育面向少数人且脱离社会需要。有主张停办者认为原来广西过于注重高等教育，这是由于原来存在部分专科学校的原因，如当初参与决议广西大学停办的李任仁就持这种观点——当时广西生产落后，经济贫困，多数群众没有机会受教育，仅有少数人享有受高等教育的条件，而这种教育又是脱离社会需要和广西实际情况的需要以及革命的需要的。② 不过，广西当局对广西大学的重要性的认识还是比较清楚的。反对继续开办广西大学最主要的原因是财政困难。这一点在继黄绍竑之后任广西省主席的黄旭初那里得到证实。

> 前几月，曾发生一点波折，就是因为当时军事紧急，需款很繁，有几位以为大学可以稍缓一步，所以想把大学暂时停办，嗣后因大多数不赞成这个意思，所以当时也就将此意打消了。并不是说不需要大学，实在是因为财政困难所致。起初已请马盘两校长回来主持，加之马校长抱

---

① 黄绍竑：《对于广西大学之期望》，《新广西》（国庆纪念增刊），1928年，第2卷第17号。

② 李海楼：《我的父亲李任仁》（内部刊物），1997年，第76页。

定把西大弄成中华民国的模范学风。自然大家很欢迎。①

当时广西当局确实电请马君武与盘珠祁主持复校,"到了今年(即1931年)五月,我和盘校长接到省政府来电,促我们同来恢复广西大学"。② 这说明广西当局对大学培养人才,服务广西建设有比较清醒的认识。学校停办主要是因为广西大学受到了当时军事的影响。黄旭初所说的军事紧急,指的是两广战事,也就是1929年国民党新军阀粤系与桂系之间的战争。"当时,蒋介石命令何健由湘桂边、陈济棠由广东的肇庆、龙云由广西南部,三路合击桂系。粤桂战争以桂系失败告终。"③ 当时,"军队入驻校内,破坏校舍,弄得一塌糊涂,致学校不能开课,停课两年"。④ 战争一方面破坏学校,一方面劳民伤财,致使广西当局财政困难,集中财力救军饷之急,而有对"大学可以稍缓一步"之计。战争的破坏性对于本来就落后的广西而言更是雪上加霜。广西当局将有限的财政优先用于战争(军饷),举办和维持大学事宜则搁置。即便是战争过后,是否继续开办大学也成为广西当局需要考虑的问题。因为除了经费之外,当时各方对此也持有不同意见。

然而,无论是黄绍竑还是黄旭初任广西省主席,通过培养人才建设广西的观念已经基本为广西各界所认同。白崇禧亦强调广西应对"技术人才"予以重用,并提出,"凡用技术人才不必限于党籍并即转饬所属一体"⑤。广西丰富的矿藏、颇有发展的农林业等均需要大批人才去领导开采、建设。加以广西大学最近所揭示的教育宗旨,是以"适用于实用的科学为基础,以养成三民主义国家之建设人才为主旨",简单说来,就是要养成科学化实用化的学

---

① 黄旭初:《广西省主席黄旭初先生在本校的演说词》,《广西大学周刊》,1931年,第1卷第9期。

② 马君武:《广西是不是需要高等教育》,见盘珠祁编:《马君武先生演讲集》,梧州:广西大学,1934年,第163—168页。

③ 参见李高南、黄牡丽编:《马君武教育文集》,南宁:广西美术出版社,2008年版,第17页。

④ 钟杰生:《设立在梧州时的广西大学》,见中国人民政治协商会议广西委员会编:《广西文史资料(第12期)》(内部刊物),1982年,第174—181页。

⑤ 《广西省政府训令第九二五号》,《广西教育公报》,1927年,第1卷第11期。

风,以培植出新广西的建设人才。① 广西大学筹备委员、时任教育厅厅长黄华表道出了广西对实用人才的饥渴程度——

> 兄弟就教育厅职以后,人问今后教育方针,我答是"科学化,实用化"这六个字,我国固有的学术,有许多是不合科学,是不适用的,自然不合,我们现在的需要,我们所需要的,是实用的科学,因为我国甚么都落后,必定要把科学为基础,才可以救国。
>
> 科学有纯粹科学实用科学二种,本省所需要的,乃是实用科学,本省现在教育方针,是以实用科学为主旨,此后若在学校出来,便能以其所学,找得生活,将这民生问题,大家都能解决,十七年度教育旨趣,就是根据实用科学来设施的。
>
> ……广西大学所分之科学,与各处大学不同,各处大学有文科,而广西大学特无文科,只有农,工,矿,理四科……所以大学的宗旨,是以适用于实用之科学为基础……以启发本省的事业。②

从广西大学的停办与复校的争论可以得知,广西当局对于当时学校的支持(特别是经费)是非常重要的,这关系到学校的运营与维持。当时广西当局忙于战争,无暇顾及教育。但是广西当局对于教育,特别是高等教育培养实用人才的作用又有着清晰的认识和强烈的渴求。同时,广西大学的主要负责人马君武等人在军政界和教育界有相当的影响力,他们为学校的恢复开办而努力与广西当局开展沟通工作。广西多地民众对广西大学充满期待,在舆论上积极支持学校恢复办学。最终学校得以继续开办。

---

① 谢康:《广西今后学风的转变》,《新广西》,1928 年,第 2 卷第 12 号。
② 黄华表:《西北精神和教育建设》,《新广西》,1928 年,第 2 卷第 12 号。

第五节 移植与刈剪德国工科大学模式

一、发展轨迹与办学特色

（一）德国工业化与工科大学的形成

在世界高等教育史上，德国高等教育占有重要的位置。在德国高等教育发展的历史进程中，柏林大学的创建是必然要谈及的内容。同时，德国工科大学的发展对德国教育和经济发展而言，同样具有重要的意义。柏林大学在一批思想家的智慧和精神引领下得以创建，将科学研究确立为大学的职能，是研究型大学模式的杰出代表。但随着德国工业化的发展，社会对人才的要求和需要都发生了很大的变化，柏林大学等研究型大学办学模式面临新的挑战。事实上，以理想主义、新人文主义为观念基础的改革，"纯粹科学"在大学中占据绝对的主导地位，应用科学被忽视，有的研究甚至指出："技术被排斥在外。"[①] 这次改革在开始时获得极大的成功，但是在工业化发展到一定阶段后，德国高等教育出现就学人数减少，国家发展和社会建设面临人才短缺的问题。同时，德国的研究型大学以纯粹学术研究为主，高等教育尚未与经济社会有机结合，还无法满足德国经济社会发展的迫切需要。正如德国史研究专家邢来顺教授所指出的那样："各类新型大学的教育似乎仍缺乏一种直接服务于社会生产的功能，因为各大学坚持的所谓'纯'学术观念，将技术专业排除在外，结果使得大学教育无法满足社会生产中工业实际应用技术的需要。"[②] 研究型大学进行纯粹科学研究，忽视应用科学研究，难以满足国家工业化发展和社会建设的专业技术人才需求。这为德国工科大学登上德国高等教育的舞台提供了契机，使得工科大学成为德国高等教育的重要构成部分。

在德国工科大学成为名副其实的大学之前，法国的技术教育机构发展具有榜样作用。在世界教育史进程中，在法国建立的巴黎综合技术学校具有重

---

① 日本世界教育史研究会编，李永连、李秀英译：《六国技术教育史》，北京：教育科学出版社，1984年版，第223页。

② 邢来顺：《德国工业化经济——社会史》，武汉：湖北人民出版社，2003年版，第95页。

要的意义，这类教育机构为施行技术教育树立了榜样，对德国工科教育的发展具有一定的示范作用。正如有研究指出：1820年到1830年相继成立的工科大学的前身，不管有意无意都是效仿1794年创建的巴黎综合技术学校。① 19世纪初期，博伊特（C. P. W. Beuth，曾任普鲁士商工局局长）在工业学校的创建和发展中起到推动作用，他就工业人才培养问题向枢密顾问官休泰内斯提出建议，最值得注意的是，"建议在普鲁士的二十五个行政区内各设一所地方工业学校，并在这类学校之上设立中央工业学校，以形成工业学校网"②。在博伊特的领导下，此类学校在各辖区相继成立，并且这些学校的毕业生有资格升入柏林中央工业学校。之后，还有德鲁肯米勒（Dr. Druckenmuller）、诺特博姆（Nottebohm）等人对工业学校进行改革。虽然在改革中对提升学校水准等起到诸多积极作用，但是在后期对升学、技师培养，以及入学者的学历不齐等问题缺乏有力的解决措施，改革以失败告终。普鲁士的工业学校得以蓬勃发展，一方面是当时的社会发展有需求，即需要大量的技术人才和技术管理者（技术官僚），另一方面工商业管理部门的主要领导者对这类学校持有开放的心态，并通过措施来支持、扶持工业学校的发展。虽然工业学校因为保障措施等原因未能一帆风顺地发展，但也为后面工科教育机构的发展奠定了一定的基础。

普鲁士关于工业学校的改革失败后，一部分工业学校停办，另一部分则转为实科学校或高等专科学校。后者的部分学校通过"更加注重理论水平的应用科学教育"，提高师生水平等措施，争取成为大学。19世纪60年代以后，它们"逐渐获得了校长选举权、教官候补者提案权、教学和学习的自由权"，初步具备大学的条件。19世纪70年代后，开始由阿尔特霍夫（Friedrich Theodor Althoff，1839—1908）主持德国高等教育事务，在普鲁士及德意志帝国推行一种强调国家调控和管理的高等教育及科学管理制度，史称"阿尔特霍夫体制"（System Althoff）。该体制慷慨地支持以应用科学为主的技术大

---

① 日本世界教育史研究会编，李永连、李秀英译：《六国技术教育史》，北京：教育科学出版社，1984年版，第225页。

② 同上，第224页。

学，使原来低人一等的技术大学获得了博士学位授予权。① 1900年，经过对技术学院地位的长久时间的公开讨论，这些机构终于争取到授予工程学博士学位的权力。② 这标志着技术学院已经成为"名副其实的大学"。至此，德国在真正意义上发展了独立的工科大学，而不是将工科教育纳入大学中，仅仅成为大学的一个学部或部门。德国学者认为"这些大学成功地把它们的地位提高到同综合大学并驾齐驱"③。弗莱克斯纳对德国的这一做法进行了精辟的概括——"存在两种可能性：既可以将'工业大学'作为一个附加学部纳入大学之中，也可以建立与大学同一水平的独立机构。德国选择了后者。"④ 可见，德国工科大学的发展不是一蹴而就的，而是经历了较为漫长的历史，并且发展的道路不平坦、充满了"泥泞"。社会需求因素作为工科大学及其前身工业学校发展的外在推动力，不断地释放工程技术人才及相应管理人才的需求，工商管理部门主要领导人在思想观念上认识到技术教育机构的重要价值并通过政策措施来推动技术教育及机构的发展。同时，学校校长、工商管理部门主要领导人以及相关人士与高等教育管理部门进行沟通，争取工科大学获得应有的大学地位。

（二）德国工科大学的发展轨迹

柏林工业大学是1900年升格为大学的三所德国学校之一，其多位校长是德国工科大学改革的领导者、推动者，因而，柏林工业大学的发展历程可被看作德国工科大学发展轨迹的缩影。柏林工业大学的发展经历升格为高等专科学校、向高等学术机构过渡与升格为工科大学三个主要时期，德国工业大学的发展主要也是遵循这个总体的轨迹。

1. 升格为高等专科学校（1820—1850）

1820年—1850年，是普鲁士地方工业学校创立期，也是柏林工业学校

---

① 周丽华：《德国大学与国家的关系》，北京：北京师范大学出版社，2008年版，第105页。
② 贺国庆：《德国和美国大学发达史》，北京：人民教育出版社，1998年版，第78页。
③ [德]弗朗柯·伊斯克莱斯勒：《作为文化合作关键的技术教育：中德的经验》，见许美德、巴斯蒂编：《中外比较教育史》，上海：上海人民出版社，1990年版，第127页。
④ [美]亚伯拉罕·弗莱克斯纳著，徐辉、陈晓菲译：《现代大学论——美英德大学研究》，杭州：浙江教育出版社，2001年版，第289页。

（柏林工业大学前身）升格为高等专科学校时期。[①] 博伊特提议在普鲁士的二十五个行政区内各设一所地方工业学校，并设立中央工业学校。后来，普鲁士的工业学校在他的领导下相继建立起来，同时，他还担任柏林工业学校校长。该时期柏林工业学校等技术学校的主要特点是由手工业者学校逐渐向高等专科学校升格，因此，有才干的技术员、手工业者、工厂主是学校的人才培养目标。另外，柏林工业学校作为中央工业学校，为地方工业学校培养教师亦为学校的重要任务。当时对修业年限以及科目开设的规定为："修业年限为二年（自一八二七年改为三年）。开设的科目是中等教育程度的数理科目和若干技术科目。"[②]

2. 向高等学术机构过渡（1850—1860）

该时期由于德意志工业化不断发展，社会对人才的技术水平要求提高，德鲁肯米勒在商工大臣哈依德的授权下，制定相关规程，对地方工业学校进行改革，以达到提高学校的教育水准、适应工业化要求的目的。当时，德鲁肯米勒出任柏林工业学校校长，开始推进学校向高等学术机构过渡。根据改革规程和计划，学校在培养目标的设定上是面向私营工业中有开设和经营工厂能力的高级技师；在入学条件上规定了须取得地方工业学校、实科中学或高级中学的毕业证书，并要求"具有一年以上实际就业经验"。修业年限三年，最初一年半为学习公共课，如纯粹数学、物理、化学等，后一年半为机械科、化学科和建筑科三个专业课程，在专业课程中设有车间实习等强调实际操作的应用性课程。从培养目标和入学条件看，它"正在向高等学术机构过渡"[③]。

3. 升格为工科大学（1860—1945）

19世纪60年代以后，德意志的工业学校逐渐联合，并组成一个较为紧密的组织，这些学校与技师协会共同起草旨在促进工业学校发展的声明，声明题为"有关多科技术学校组织基本原则"。其中指出："多科技术学校是与技

[①] 日本世界教育史研究会编，李永连、李秀英译：《六国技术教育史》，北京：教育科学出版社，1984年版，第231页。

[②] 同上。

[③] 同上，第232页。

第一章　思想来源与办学实践

术有关的单科大学",并强调培养"目前正在传授有关技术或与其接近学科的教师"①。该时期的工业学校逐渐获得校长选举权、教官候补者提案权、教学和学习的自由权。柏林工业学校增设和充实教学科目,采用自由学习方法,废除点名等多项改革。学校下设机械、冶金、化学、造船四个系。在课程内容上,既包括技术课程,也和研究型大学一样,设置有关自然科学方面的内容,并在大学设置许多研究所。"这些研究所不仅从事有关自然科学理论的研究,同时更注重应用技术方面的研究。到 20 世纪初期,工科大学通过成立自然科学和技术研究所,实现了教学与科研的一体化。"② 德国工业学校已经开始逐渐注重理论性的应用科学研究,并形成了"以技术科学为中心"③ 的研究特征。柏林工业学校(技术学院)该时期的主要科研成果有:"三色摄影术、低压技术、照相用闪光灯、汽车制造的新技术、无线电报和机床运动学理论。其他成果还有电视技术的研制、汽车排气、电子显微镜等。"④ 在改称为工业学院后,与建筑学院合并,"升格为柏林工科大学"⑤。

(三)德国工科大学的办学特色

德国工科大学作为德国高等教育的重要构成部分,具有其自身的特点。从大学职能的角度来看,德国工科大学具有以下三个特色:注重应用型人才培养,以技术科学研究为中心,重视服务经济社会发展。

1. 注重应用型人才培养

德国工业大学源于普鲁士的工业学校以及后来的技术学院,起初都以技术人才和技术管理人才为主要培养目标,即致力于满足当时工业经济发展的需要。如前所述,德国工科大学的前身一开始有意无意地模仿法国技术学校进行技术类人才培养。在初期,德国工业学校主要以有才干的技术员、手工

---

① 黄福涛:《欧洲高等教育近代化——法、英、德高等教育制度的形成》,厦门:厦门大学出版社,1998 年版,第 149 页。

② 黄福涛:《外国高等教育史》,上海:上海教育出版社,2003 年版,第 165 页。

③ 同上,第 166 页。

④ 新华网:德国柏林工业大学,http://news.xinhuanet.com/ziliao/2008-01/09/content_7323062.htm,2012-06-13。

⑤ 日本世界教育史研究会编,李永连、李秀英译:《六国技术教育史》,北京:教育科学出版社,1984 年版,第 232 页。

业者、工厂主为人才培养目标。至高等学术机构阶段后，则将培养目标定位为：有开设和经营能力的高级技师。该校升格为工科大学后，强调既有良好的技术能力，又有一定的研究能力。总的来说，德国工科大学的人才培养具有显著的应用性特征，这也是工科大学区别于研究型大学的重要特点。

2. 以技术科学研究为中心

随着时间的推移和德国技术学校、技术学院的不断发展，它们对研究也逐渐重视，最终争取到了工程学博士授予权，成为名副其实的大学——德国工科大学。此类学校开展的研究与研究型大学所开展的研究不同，即德国工科大学是以技术科学研究为中心的。德国工科大学建立伊始仅仅是培养熟练技能的手工业者和有才干的技术员，当时的学校并无研究性质。到了19世纪60年代以后，学校师生才开始逐渐地注意到理论性的应用研究，黄福涛教授将之称为"技术科学研究"。这类学校通过增设自然科学方面的内容，设立自然科学和技术研究所，逐渐地形成以技术科学研究为中心的特征。弗莱克斯纳认为德国工科大学是"从事教学与研究"[1]的。换言之，德国工科大学不仅承担培养实用人才的职能，而且肩负科学研究的使命，但是其科学研究是偏于应用的，以"技术科学研究为中心"。

3. 重视服务经济社会发展

德国工科大学的前身技术学校、技术学院等在人才培养上是致力于技能人才、技术人才和技术管理人才等应用型人才的培养。这些应用型人才与当时德国的经济社会发展需求是密切关联的，甚至就是面向相应的企业、行业的。如博伊特建议在普鲁士的二十五个行政区内各设一所地方工业学校，其目的主要在于促进当地工业和商业的发展。如果说系科设置能够较好地体现学校的人才培养方向和科学研究领域，那么从德国工科大学及其前身所设置的系科来看，大多是密切联系社会并反映了经济社会发展的需要。技术学校/学院、工科大学的化学工程、机械工程、建筑工程、技师、机械、冶金、化学、造船等系科，以及相关的化学、化工、汽车技术、农业技术和食品加工等各类研究都与德国经济社会发展密切相关。

---

[1] ［美］亚伯拉罕·弗莱克斯纳著，徐辉、陈晓菲译：《现代大学论——美英德大学研究》，杭州：浙江教育出版社，2001年版，第289页。

（四）德国工科大学发展的经验

德国工科大学源于技术学校，而技术学校则有意或无意地仿效巴黎理工学校。在真正升格后，获博士学位授予权的德国工科大学已经完全"蜕变"为"名副其实的大学"。由此，德国工科大学既不同于技术学校，又比巴黎理工学校走得更远。德国工科大学发展的经验有如下四点。

1. 工业化的外在助推

德国工业化是德国工科大学诞生、发展的助推器，即外在的客观要求和强大的社会动力。德国工科大学及其前身是在工业化进程中逐渐发展的，并且根据国家工业化的程度和企业对人才的需求，进行了多次改革，以增强与工业化的适应性，满足社会对专业技术人才的要求。与此同时，德国工科大学及其前身发展到一定阶段之后，也开始关注应用性的研究，开展面向技术转化应用为主的技术科学研究，以更好地服务于企业、行业，满足经济社会发展的技术研究需求。

2. 工商官员的改革推进

教育的改革往往是需要富有远见的思想家、改革家来促成的。德国工科大学的发展，虽然不像柏林大学那样拥有思想家、身居要职的官员来推动，但也有一批有远见的德国工商官员积极为工科大学及其前身的发展进行谋划与改革。有远见的德国工商官员为满足国家工业迅速发展对技术人才的需求，倡议或通过制定全国性的规程、方案，设立、增设学校，改革学校，提高了学校的办学水平，促进技术学校向大学水准发展。工商官员对德国工科大学的改革推进，为大学的发展提供了政策保障、财力支持等。这是德国工科大学发展的必备条件。

3. 工科大学的"内在自觉"

如果说德国工业化的外在助推是德国工科大学发展的外在客观条件，那么工科大学不断地发展完善，对接外在需求，则是体现了工科大学遵循发展规律的一种"内在自觉"。德国工科大学在正式升格为大学之前，主要是传习"技艺"，在后来的发展过程中有意识地注重理论性的应用科学研究，并在师生水平等诸多方面努力向大学看齐，最终成为名副其实的大学。这体现学校组织遵循发展规律，通过拓展、完善学校职能，提升师生水平等，向更高水准的大学迈进。

4. 多方力量的商议妥协

教育作为准公共产品，涉及多方利益相关者的诉求。对于政府而言，举办某种类型的教育或某种层次的学校都需要配套政策、财力支持，也需要得到社会和公众的认可。同时，学校自身也需要利用政策及资源，积极拓展发展空间和提升发展层次。德国工科大学的前身多为技术学院，当时这些学院主要由各邦政府直接设立和管理，直接服务各邦；学院的教师和学生则"争取教学和学习的自由权"等权利。德国各邦的工商业因发展需要对专业技术人才的要求也不断改变和提高。经过德国工业学校、技术学院等长期的发展和各方长久讨论后，多方力量的商议妥协促进了独立设置的、名副其实的工科大学的诞生。

（五）德国工科大学在高等教育史中的影响

德国工科大学在高等教育史中的影响虽然不如以柏林大学为代表的研究型大学那样深远，但是其作为德国一种重要的大学类型对德国的经济社会发展产生了积极影响，对世界高等教育也产生了一定的影响。如果说柏林大学由于"洪堡原则"，成为新型大学的杰出代表，那么柏林工业大学等工科大学则是"默默"地为德国工业发展"奉献"力量。工科大学"改变与扩充了德国大学的外延，同时直接带动了新兴工业的产生与崛起，成为德国工业化的火车头。美国的麻省理工学院、英国的帝国理工大学、日本的东京工业大学等世界范围内再次学习德国大学模式的热潮如火如荼"[①]。但与向柏林大学办学模式学习相比，这股"热潮"显然并不是那么"热"，究其原因，主要包括三个方面。

其一是产生背景的差异：柏林大学的创建是战败于拿破仑之后，国家处于全面危机的时刻，它的建立对德意志人产生了重大的精神影响；工科大学则是在工业化进程中逐渐发展，"升格"而成，并没有给德意志人以巨大的思想冲击。

其二是创办者身份的差异：柏林大学的创建过程凝聚了一批杰出思想家

---

① 张新科：《蔡元培与马君武借鉴德国大学理念之比较》，《高等教育研究》，2008年第9期，第94—98页。

的智慧和精神，这批思想家本身就具有极为重要的影响力；工科大学的创办者或校长多为工商官员，主要以行政方式推进学校设立或改革，虽然不排除有改革思想的官员或校长，但他们在精神上的影响毕竟有限。

其三是两类大学特征的差异：柏林大学等新型大学注重纯粹科学研究，拓展了大学职能，将教学和科研相统一，也因此比工科大学更具传授知识和发展知识的优良传统和有利条件；工科大学在正式升格为大学之前，主要是传习"技艺"，在后来的发展过程中才逐渐注重理论性的应用科学研究，而由于应用科学研究直接"由技术转化为产品"，其影响主要体现在生产线上，并非在高等教育史等思想领域上。

二、核心特征：重术、善行、强国、富民

马君武移植与刈剪的德国工科大学模式具有一定的特征。陈洪捷教授指出，德国古典大学观的经典文献的论者们从不同的角度提出其观点，"相互有一致的地方，也多有抵牾之处"，然而，可以"参照马克斯·韦伯所提出的'理想类型'的方法来刻画德国古典大学观的特征"。[①] 经过理想化提取，德国古典大学观的核心概念是"修养""科学""自由""寂寞"。修养在德国古典大学观中占有核心地位，是德国古典大学观的基本出发点和归宿，它强调的是人的自身、整体性的发展；科学在德国古典大学观中的地位仅次于修养，是达到修养的媒介和必由之途；自由（更多指学术自由）是德国古典大学观的核心原则，修养必须以自由为条件；寂寞首先与精神的自由相联系，纷扰的社会生活会使人失去其精神的独立性。[②] 这对概括和"提取"经马君武移植和刈剪后的德国工科大学模式的特征具有重要启示意义。有鉴于此，笔者在对马君武的著述，特别是对其关于教育的文本进行比较完整的解读，相对准确地把握其思想特征的基础上，结合研究马君武的重要论文，对马君武移植和刈剪德国工科大学模式的核心特征进行"提取"。

首先，马君武的办学思想主要体现在其各类教育演讲和论述中，因此笔者根据相关主题分类。马君武关于教育的演讲和部分论述，主要来自 3 本文

---

① 陈洪捷：《德国古典大学观及其对中国的影响》，北京：北京大学出版社，2006 年版，第 49 页。

② 同上，第 52—63 页。

选（集）：盘珠祁编的《马君武先生演讲集》（1934年出版）；曾德珪选编的《马君武文选》（2000年出版）；李高南、黄牡丽编的《马君武教育文集》（2008年出版）。① 将马君武的演讲、论述的主题词进行分类，所得结果见表1-1。

表 1-1 马君武教育演讲主题词

类别	主题词
类别一	学术、文明、科学、科学知识、科学语言、社会科学、研究科学、自动学习
类别二	作工、建设、改造、改进、生产人才、锄头运动、新方法生产、农村经济
类别三	国家、使命、修养、自新、自强、道德、奋斗、抗战、忠勇、救亡、爱国、责任、复兴、民族性、救中国、抗残暴、真精神、民族复兴、民族文化、战争知识、战争精神

其次，关于马君武研究论文的主题词也体现了已有研究对其思想特征的认识，这些主题词包括科学、生产、爱国等，详见表1-2。

表 1-2 关于马君武研究的重要论文之主题词

类别	主题词
类别一	科学、技术、实用、应用
类别二	生产、工作、技能、建设
类别三	爱国、救国、战斗、军训及军事训练、强国

以下对表1-1和表1-2的三种类别的主题词进行说明。

类别一和类别二的主题词

马君武在《学术通论》中有言，"亚洲学术，包含中国印度，皆偏重精神方面。欧洲虽重物质，而亦不忘精神。美洲承袭欧洲学术，以应用于物质，以成今日之富强。"在马君武看来，当时应该中西并重，特别是要加强"物质文明"的研究，促进社会发展和国家富强。科学智识是20世纪的灵魂，其重

---

① 所选取马君武的演讲、论述包括：《马君武先生演讲集》中的全部；《马君武教育文集》中的全部演讲及1篇杂著《青年的责任与事业》；《马君武先生文选》中的全部演讲及关于教育的论述。已剔除重复收录的演讲、论述，可参见附录。

要性自不待言；但是现在已不是纯粹于原理的研究，更注重于实践。① 因此，他认为当时应该重视物质文明的研究，学校应该培养生产人才，让学生养成"作工"的习惯和训练"作工"的本领；以刻苦的学习和研究精神，采用新的技术和方法，促进"农村经济"等社会事业发展。

类别三的主题词

马君武认为，国土不断"陷落"，国家处于"亡国"的危难之中，大学要承担起强国卫国的使命。因此，学生要养成仁厚的德性，形成良好的人格修养，"互相敬爱"，"将来出到社会服务"。国难当头，要忠于朋友，忠于社会，忠于国家，养成相互合作，团结互助的爱国"真精神"，研习战争知识，训练战斗本领，抗击敌人，保护国家。

从整体上看，上述两个表的类别一和类别二的主题词可以说明马君武办学特征：其一是他的"学""术"观念，即"学""术"兼顾，但重"术"的思想；其二，他在办学实际中重视应用，倡导"善行"；其三，"重术"与"善行"，是为了更好地"改进乡村社会"，增进民众幸福，即"富民"。类别三的主题词则体现他关于增强战斗能力，保卫国家的主张，即"强国"。

因此，以下从重术、善行、强国、富民四个方面对经过"提取"的马君武移植和刈剪德国工科大学的特征进行论述。

（一）重术

德国工科大学虽兼顾"学理"，但以"术"为重。在德国古典大学观占据主导地位的研究型大学，科学研究有着至高无上的地位。德国研究型大学的"科学研究"是纯粹科学研究，即基础性的理论研究。与纯粹科学相对应的是应用科学。黄福涛教授在分析德国工科大学发展时指出，这些学校在19世纪70年代后开始逐渐注重理论性的应用科学研究，形成了以技术科学为中心的研究特征。德国研究型大学崇尚"科学"（指纯粹科学），德国工科大学则偏重于"术"（或称为技术科学）。

纯粹科学研究重在发现，即对事物已有的规律进行探索，并建立科学理

---

① 马君武：《中国的人心和文明在什么地方》，见盘珠祁编：《马君武先生演讲集》，梧州：广西大学，1934年，第71—79页。"智识"同"知识"。

论体系。这又常被称为进行知识发展和创新。由于科学理论不一定有实际用途，因此像洪堡等人主张在进行科学研究时不但不要为实际用途所影响，更不要受功用所禁锢。探索这种不一定具有实用特征的，纯粹的"高深知识"，往往需要探索者激发内在的动力，即好奇心、兴趣。柏林大学明确地将科学研究确立为大学的一项职能，崇尚不受社会干扰的纯粹科学研究。自由与寂寞成为大学的组织原则，大学实为象牙塔式的大学。19世纪中期至20世纪初期，柏林大学的各种研讨班有神学部的神学、圣经解释学；法学部的德意志法、犯罪学；哲学部的数学、语言学、日耳曼学、罗马语学、希腊语学、历史学、东方语学、高等数学研修、历史地理学等。[1] 这些研讨班大多以纯粹科学的研讨为主，体现了进行纯粹科学研究的特征。在柏林大学的创建者看来，虽然这些不受外在社会环境干扰的"高深知识"的探索过程可能很艰难，也较为缓慢，但是这种创造和探索性的活动最终将促进社会的发展。这正如洪堡所言："大学倘若实现其目标，同时也就实现了、而且是在更高的层次上实现了国家的目标。"[2]

技术追求的是发明，即创造出前所未有的事物。技术是改造自然的方法和手段，其目的是创造新的事物，以满足人类社会的需要。[3] 既然技术是改造自然的方法和手段，那么技术的研习必然与自然、社会产生联系。即便是在较早时期，人类为了生存，所使用的技艺也与自然、社会发生联系。随着人类生产规模越来越大，技术手段越来越复杂，从工具到装备，单凭个人的经验已经不够了，需要把经验总结上升为理论，所使用的师徒传授方法也远远不能满足要求了，由此产生了现代技术教育的萌芽。[4] 德国工科大学的前身为19世纪初期的工业学校，这些工业学校在19世纪70年代德国统一后，推进工业化进程，急需大量工程师的社会背景下得以迅速发展。其中，一批学校开始注重偏于理论的应用科学研究，逐渐形成以技术研究为中心的特征。德

---

[1] 详见黄福涛：《外国高等教育史》，上海：上海教育出版社，2003年版，第163页。
[2] 洪堡：《论柏林高等学术机构的内在和外在组织》，转引自陈洪捷：《德国古典大学观及其对中国的影响》，北京：北京大学出版社，2006年版，第35页。
[3] 朱高峰：《论科学与技术的区别——建设创新性国家中的一个重要问题》，《高等工程教育研究》，2010年第2期，第10—14页。
[4] 同上。

国工科大学在某些注重实际应用的技术科学领域，如化学、化工、农业技术和食品加工等，成立了相关的研究所。马君武认为国难当头，必须以科学挽救国家，要研习应用科学需先打好纯粹科学这个基础。他说："纯粹科学与各种科学都是关系很密切的，无论工科、农矿科都应用得着纯粹科学，我们想应用一种科学必须先把这种科学的本身弄清楚才行。"[1] 马君武作为一名毕业于柏林工业大学的工科博士，自然对纯粹科学和应用科学之间的关系有着深刻的认识。然而，马君武在办学实践中"提倡（应用）科学教育，强化技术应用"[2]，其目的在于发展工、农、矿等科，换言之，"术"才是他的目的。

（二）善行

德国研究型大学师生是"高深知识"的探索者，是以纯粹科学研究为"天职"的。德国工科大学则根据经济社会发展需要，培养具有生产技能的专门人才。这些专门人才借助在学校所学的技术知识和生产技能，到社会上去进行技术指导，或是从事各类机器的操作，直接进行生产活动。换言之，德国工科大学注重培养学生既具备一定的科学理论知识基础，又善于行动、操作，并且更为突出"善行"。

由于德国研究型大学崇尚的是学者不受社会干扰、远离社会，独立、自由地进行科学研究，所以大学的学者就是从事"高深知识"的传播、发展和创新的探索者。无论是德国研究型大学的教授还是学生，都是学者。从这个意义上说，他们是以学术研究为职业的，他们都在远离社会的象牙塔中"自由""寂寞"地从事研究。蔡元培借鉴德国古典大学观对北京大学进行改革，认为北京大学之前的官宦气氛浓厚，学校师生对于做官之瘾远胜于探求学问之心，因此提出，大学是为学术而设立，是"纯粹的学术机关"——"大学者，研究高深学问者也"[3]。他告诫学生道，"大学生当以研究学术为天职，不

---

[1] 马君武：《本校最近建设及科学语言》，见李高南、黄牡丽编：《马君武教育文集》，南宁：广西美术出版社，2008年版，第51页。

[2] 张新科：《蔡元培与马君武借鉴德国大学理念之比较》，《高等教育研究》，2008年第9期，第94—98页。

[3] 蔡子民：《大学校长蔡子民就职之演说》，《东方杂志》，1917年，第14卷第4号。

当以大学为升官发财之阶梯"①。由此可见，无论是柏林大学还是蔡元培时期的北京大学，受所奉行的德国古典大学观的影响，都主张师生排除社会的影响、干扰，专心致志地进行学术研究，以研究纯粹科学为"天职"。

德国工科大学为德国工业界和商业界培养大批从事实际工作的技术人员和工程师。这些技术员和工程师具备一定的理论，并且擅长各种机械的操作。德国工科大学在两次重要的发展时期都与德国的经济社会腾飞有关。第一次是19世纪70年代德国统一后，资本主义迅猛发展，社会迫切需要大批训练有素的专门人才。第二次是19世纪末20世纪初，"德国进入垄断帝国主义阶段后，在对外实行侵略扩张，对内严酷镇压工人运动的同时，采取各种措施，千方百计企图通过教育培养出既符合帝国统治者要求，又符合资本主义经济发展要求的具有专门生产技能的、会劳作又守法的新型劳动力"②。马君武留学德国柏林工业大学期间就重视"工作"，他到工场担任工程师进行研究，还助人管理农庄。马君武提倡生产教育、劳工教育，倡导学生从事建设事业的工作，认为有效的教育是大脑和两手并用的。因此，马君武"提倡生产教育、劳工教育"③，从而促使"大学生毕业后要身体力行到各行业一线去，要培养工作技能，并以此带领国民去改变社会"④。

（三）强国

普法战争中，普鲁士大败，并丧失了半数国土，费希特以为这是普鲁士"整个时代精神的堕落引起的，而这又归咎于现行教育的失败"，因此要唤醒国民的爱国精神，实现德意志民族的复兴。他主张"学校应该增进学生对知识的理解能力，大学则针对的是对知识的批评能力。因此大学应以哲学教育为主，应用学科则由专科学院传授"⑤。费希特"高度重视大学对拯救危难中

---

① 蔡孑民：《我在北京大学的经历》，见高平叔编：《蔡元培教育文选》，北京：人民教育出版社，1980年版，第223页。
② 张斌贤：《外国教育思想史》，北京：高等教育出版社，2007年版，第347页。
③ 马君武：《广西是不是需要高等教育》，见盘珠祁编：《马君武先生演讲集》，梧州：广西大学，1934年，第163—168页。
④ 全守杰、王运来：《德国大学模式在中国的理念分野与实践生成——基于"北蔡南马"的研究》，《现代大学教育》，2011年第3期，第52—57页。
⑤ 同②，第309页。

第一章 思想来源与办学实践　　73

的山河破碎的德意志，呼唤民族理性与勇气，传续、变革民族精神的作用"①。马君武关注《对德意志国民讲》，"其目的是'为我所用'，他所要表达的意思，无非是应当以费希特的理论为指导来复兴民族"②。马君武对于费希特关于"大学以哲学教育为主"的主张似乎并不感兴趣，而是对其爱国演讲倍加推崇，即直接作为爱国精神养成的典型。他认为教育要改变中国人长期以来"各扫门前雪"的习惯，培养一种团体生活的习惯和相互协作的能力。事实上，马君武一直都在致力于爱国民主的宣传和对专制体制的批判，并通过个人传记的形式，颂扬主人公的爱国情操，如《世界第一爱国者法兰西共和国建造者甘必大传》《爱国之女儿》《菲律宾之爱国者》等。这正如叶隽所指出，"强调爱国精神是马君武一以贯之的基本思路"③。马君武对"习惯"养成的重视，意在拯救危难中的中华民族。

马君武留学的德国是注重军国民教育的国家。德国施行服兵役制，可以在短期内迅速动员大量民众，获得大量士兵。大学里面实行军事教育，教授和学生都需要作为士兵接受训练。柏林工业大学更是设置防卫技术专业，培养为德意志第三帝国效忠的人才，这导致二战后柏林工业大学一度停办。人们认为单独地进行技术教育，缺乏必要的伦理教育是危险的。应该说，德国的学校在不同程度上都注重军国民教育，只不过由于工科大学的应用性特征，更为军人集团所重视，也更容易被利用。马君武留德期间，对德国征兵制有比较深刻的认识，并且也赞同这一制度。辛亥革命后，马君武建议中国政府仿效，"变通其法"，奠定"他日国民皆兵之基础"④。他也赞同德国大学里无论教授还是学生均需要接受军训的做法。马君武在广西大学主张学生锻炼强健的身体，训练战斗的本领，以抗击外敌，保护国家。马君武主张"体育与

---

① 张斌贤：《外国教育思想史》，北京：高等教育出版社，2007年版，第309页。
② 叶隽：《另一种西学——中国现代留德学人及其对德国文化的接受》，北京：北京大学出版社，2005年版，第107页。
③ 同上，第101页。
④ 马君武：《论新共和国当速行征兵制》，见《马君武先生文集》，台北：中华印刷厂，1984年版，第76页。

军事训练合一，强身健体，训练战斗能力，并培养爱国的品德"①，体现了他注重发挥学校强国和卫国的作用。

（四）富民

德国的研究型大学以对"高深学问"的探索，"在更高层次上实现"社会和国家的目标为目的。德国工科大学则通过技术研究和技术人才的培养促进经济社会的发展。柏林大学等研究型大学通过纯粹科学研究，"在更高的层次上"肩负学校对于社会和国家的责任。可见德国研究型大学偏重学理的纯粹科学研究在原则上远离一般社会民众，与当地经济社会发展并无多大的联系，甚至是根本不考虑这些联系。德国工科大学根据德国经济社会发展，培养了大批专门的技术人员和工程师，积极地回应社会对人才的需求。据德国工程学会会长彼得报告，1898年德国最有名的工业公司的105个事业所，有3281名技师，其中1124名（占34%）是工科大学毕业生。② 这些技术人员和工程师到工业界和商业界，特别是在农业技术、食品加工、机械、冶金、采矿、建筑等行业，为促进各项与民众紧密联系的行业生产和提升德国当地经济社会的水平作出了重要的贡献。也就在这个时期，德国的技术学院先后升格为工科大学，获得工学博士学位授予权，最终获得了与研究型大学同等的地位。

马君武多次阐明大学与"兴办""建设"各种与民众密切的事业的关系，并认为只有这样做才能增进民众"公共的幸福"，促进当地经济社会发展。如他在谈到技术改进对于农业的重要性时强调，"最迫切就是努力地用新方法把乡间的产业造起来"，从而充实"农村经济能力"③。这体现了他注重发挥工科大学"富民"的特点，进而改善人类社会需要，增进人类幸福的设想。综上，富民是马君武移植和刘剪的德国工科大学模式的特征之一。

---

① 全守杰、王运来：《德国大学模式在中国的理念分野与实践生成——基于"北蔡南马"的研究》，《现代大学教育》，2011年第3期，第52—57页。
② 日本世界教育史研究会编，李永连、李秀英译：《六国技术教育史》，北京：教育科学出版社，1984年版，第236页。
③ 马君武：《中国的人心和文明在什么地方》，见盘珠祁编：《马君武先生演讲集》，梧州：广西大学，1934年，第71—79页。

第二章 重术：以"术"为重的"学""术"兼顾

德国工科大学在工业学校时期主要以传授各类技艺为主，到了 1870 年以后，开始转向注重理论性的自然科学研究，并逐渐形成了以技术科学为中心的特征。在系科（专业）设置上以建筑、土木、机械、冶金、采矿、农业与食品等为主，并且在这些专业领域提高"学理"性，增设相关的研究所。马君武执掌的广西大学没有文科，以实用科学为特色，倡导和践行以"术"为重，"学""术"兼顾。

第一节 学术观

马君武的学术观包括学术的研究对象，中西学术关系，学术研究方法以及学术研究与环境之间的关系等。

一、学术研究对象：自然科学和社会科学兼顾

马君武认为，不同类型的大学在科学研究上各有侧重，但应包括社会科学与自然科学。其实，在马君武看来，学术指的是"民主自由思想和自然科学"[1]。这与蔡元培关于科学的分类不同。蔡把科学分为三类："物质科学、社会科学、精神科学"[2]，其中，物质科学相当于自然科学，精神科学指的是心

---

[1] 张伟：《略论蔡元培与马君武》，《广西教育学院学报》，2002 年第 1 期，第 115—119 页。

[2] 王悦芳：《蔡元培、郭秉文办学思想与实践的比较研究》，芜湖：安徽师范大学出版社，2012 年版，第 154 页。

理学、美学等。马君武认为学术研究的对象是自然科学和社会科学,他对师专"注重社会科学的探讨",广西大学"侧重自然科学——尤其是应用的自然科学的研习"表示赞同,同时他认为社会科学和自然科学都是学术研究的对象,大学应该兼顾二者。因为,"社会科学和自然科学毕竟并不是完全相反的两件东西"。①

首先,人虽然生活在自然中,但不能脱离社会而生活,要有社会的知识才能更好地适应社会,而科学的知识可以作为抵御自然的准备。"在这个大千的宇宙里,一切都相对地存在;'自然'和'社会'并不是对立的。所谓社会,其实就是'自然'的一部;而人类社会的存在,无时无刻不和自然有着密切的联系。"② 其次,自然科学和社会科学并非处在相反的途径上。社会科学的发达,必定依赖一定的自然科学。马君武反对文法科的不必学自然科学的观点,说道:"即使你将来要当文学家,现在学点科学也是好的。鲁迅和郭沫若不都是学医的吗?这并不妨碍他们成为文学家。"他还以法律举例说明自然科学对社会科学的作用是极为重要的。"如果我们严格说来,法律现在是不能算为一种'科学'的,因为法律上的智识若不织成系统,建立不出秩序起来,就不应该算为一种'科学'的。"③

马君武认为大学学术研究应该兼顾自然科学与社会科学,并需要对不同学科的两类课程安排做规划。他认为,大学生,尤其是专攻社会科学的学生不应该漠视自然科学。他们的观念以为自然科学和社会科学是毫不相关的,歧然分途;而且有许多青年感觉自然科学艰深难习,于是也转向而去作社会科学的研讨,然而倘若对自然科学毫无根底的,纵然在社会科学中想有所建树,也很难!④ 比如说,一个法律家在查验煤气中毒案时,没有科学常识,连"一氧化碳"这样普通的化合物都不知道,怎么知晓各种有机化合物的毒剂呢?因此,大学生既要具备抵御灾害和改造自然的自然科学知识,又要有适

---

① 马君武:《从社会科学的研究讲到农村经济破产的因素》,见李高南、黄牡丽编:《马君武教育文集》,南宁:广西美术出版社,2008年版,第50页。
② 同上。
③ 同上。
④ 同上,第51页。

应社会的社会知识，做到两者兼顾。不过两者兼顾需要大量的时间，特别是像广西大学这样以工科为主的大学，本身的自然科学学习已经占用了学生大量的学习时间和精力。因此，他对学生的自然科学和社会科学学习规划道：先是从事自然科学的理解和探讨；"农、工两科的同学到三四年级以后对于社会学一定要有相当认识，所以一般经济学、农业经济学或工业经济学的课程必须研究研究，不然就难于应付社会的需要和解决农村的问题"①。据广西大学毕业生回忆，在理工、农、医、矿的本科学习的学生班级里，国文课加入诗歌格律的内容，他们认为"这样的讲授可能出于马校长的主意。马校长是要我们学自然科学，但也要求我们懂得中国文学"②。

二、中西学术观："兼收并纳"

马君武极力推崇吸收欧洲学术，鼓励青年努力研究欧洲学术，从而促进中国学术兴盛，但并非主张摒弃中国学术传统。

马君武对中西学术或中西文化的态度可以在"反对以孔子之道为国教"的事件中得到体现。1912年3月，袁世凯任民国大总统，篡夺革命政权，建立北洋政府。北洋政府在思想和教育上掀起复古主义的逆流，一些清朝遗老积极筹建孔教会，鼓吹立孔教为国教。1913年宪法草案规定"国民教育以孔子之道为修身大本"③。对此，马君武认为："《书》经为古史，《春秋》乃孔子所作一部政治议论，宪法乃规定国家及人民之权、义，何得规定修身大本？故本员反对此种规定。"④ 反对以孔学为国教并非意味着马君武否定孔子学术思想，否定中国学术传统。他反对的理由是孔子并非为宗教家，而是教育家，是道德学者，是政治学者，同时也是失意的政客。因为根据西方的做法，只有设立宗教为国教的。因此，他反对"以孔子之道为修身大本"有三大理由：

---

① 马君武：《从社会科学的研究讲到农村经济破产的因素》，见李高南、黄牡丽编：《马君武教育文集》，南宁：广西美术出版社，2008年版，第52页。
② 方暇君：《马校长印象》，《广西大学校友通讯》（创刊号），1986年，第30页。
③ 陈学恂：《中国教育史研究》（现代分卷），上海：华东师范大学出版社，1994年版，第1页。
④ 马君武：《在宪法会议上反对以孔子之道为国教的发言》，见莫世祥编：《马君武集》，武汉：华中师范大学出版社，2011年版，第332页。

法律之理由，政治之理由，学术之理由。①

从法律的理由上看，法律是规定国内一切权利的，而教育方针是决定于教育会议，载明于教育部令，与法律无关系，更与宪法无关。即使是国民的教育，也不止修身一科，而单单将修身大本载于宪法，那将不伦不类。

从政治的理由上看，中国有汉、满、蒙等多个民族，并非每个民族都知孔、尊孔。"蒙藏本有宗教，而孔教徒必欲以修身大本，促其分离。破坏中华民国，必以此辈为罪魁祸首矣。"②

从学术的理由上看，孔子所处的时代学术没有什么拘束，言论自由，著书立说，"为中国学术全盛时代"，但是孔子也仅仅是当时百家争鸣中的一家。且孔子学说，自汉代以来，罢黜百家，受到专崇，此后"沿而不改，中国学术，遂日日退步。唐、宋降为诗赋，明、清降为八股。……若以一隅自囿，目光如豆，违世界进化之公理，守故见自封之旧习，除孔子外，不知世界更有何种学术，则国家将亡，孔子何有？修身何有？"③

马君武更是指出，中国自汉代以来，以孔子之道为修身大本，"受弊害最大者"有："一、读书与做官并为一事。二、排斥农、商业。三、主张君主专政。四、不认女人有社会之地位。"④

马君武之所以"反对以孔子之道为国教"，与他对中西学术的态度有莫大的关系。马君武认为，春秋时期的学术极为发达，究其原因，各国多注意广罗人才，因而人才辈出，学术浸浸。当时以孔子的学术"势力"最大，"独能支配于数千年之久"，其原因在于主张"以天统君，以君统万民"。"易言之，此即孔子所赖以恐吓君主之一种手段。然此种手段，亦尝行之于数千年之久。……但此种思想，在今日已根本上失其效力。"⑤

但吾人须知今日之中国学术，已非孔子之学术所能代表；盖当明代末叶，

---

① 马君武：《反对宪法草案第十九条第二项之意见书》，见莫世祥编：《马君武集》，武汉：华中师范大学出版社，2011年版，第332页。

② 同上，第334页。

③ 同上，第334页。

④ 同上，第334—335页。

⑤ 马君武：《学术盛衰与国家治乱之关系》，见李高南、黄牡丽编：《马君武教育文集》，南宁：广西美术出版社，2008年版，第3页。

西方天主教徒接踵而来中国，西方各种学术遂亦因是而逐渐输入，中西学术之接触，于此已蒙其渐，所谓孔学，自不足以概括中国学术矣。① 马君武认为，孔学之所以不能概括中国学术，是因为宋朝时，程颢、程颐、朱熹等人虽致力于研究孔学，亦有孔学中兴之时，然而已经加入了佛学成分，并非是孔学本来的面目。"虽然，明之王阳明，清之汉学家，在中国学术史上，固皆有其重要之地位；但其所以不能振兴中国学术于不弊者，则皆由八股文之为阶之历也。感谓今日中国既深受八股文之遗毒，所谓一切聪明才力之士。"曲士培在分析清代后期教育时也指出，"由科举八股取士，最后培养出来的文人，往往愚昧无知，孤陋寡闻"。②

那么，中国学术强盛的出路在哪里？

第一，借他山之石。马君武认为中国学术要强盛，就要"借他山之石""兼容并纳"。欧洲的学术自文艺复兴以来，很快就"蔚成体系"。既然中国在历史上曾经吸收佛学，那么也能吸收最近一百多年来欧洲的学术。所以，致力于欧洲学术研究，并吸收之，将促进中国学术兴盛。所以，青年应该肩负责任，翻译世界著名学术著作，促进中国学术。"如是，借他山之石，建设中国学术之基础，兼容并纳，发扬光大，则欧洲学术之吸收与中国新文化之建设，当不难收兼程并进异途同归之功。总之，吾人立国之基础，即在现代之学术；努力研究，努力移译，努力吸收之以养成新文化，此则一般青年所不可放弃之责任也。"③ 马君武本人就是这样"一般青年"的代表，他翻译诸多西方著作，如《自由原理》《实用主义植物学教科书》《矿物学》等。他曾有言："强者生存是世界公理。图强之真原因，为智识进步，科学文明。""而新

---

① 马君武：《学术盛衰与国家治乱之关系》，见李高南、黄牡丽编：《马君武教育文集》，南宁：广西美术出版社，2008年版，第4页。

② 曲士培：《中国大学教育发展史》，北京：北京大学出版社，2006年版，第166页。王运来教授认为，科举的历史功能包括：政治调节功能、教育推动功能、文化传播功能、历史借鉴功能。同时，也存在程式化的考试、凌驾学校之上、考试舞弊请托、不能公平取舍、控制卧碑中人、强化男尊女卑等诸多弊病。见王运来：《科举制度的四大历史功能初探》，《南京理工大学学报（哲学社会科学版）》，1996年第6期；王运来：《千年科举的是与非》，《南京日报》，2012年5月17日。

③ 同①，第5页。

文明输入，实吾国图存之最先着。"① "予以胡沙克之书（即《矿物学》），于结晶学之纂详，其他亦甚简备，特译之以贡献于吾国学界。"②

第二，对中国学术"加以研究"。马君武认为中国学术拥有其重要的地位，应当加强研究。"关于中国学术方面，如孔子之学术，何者为其所长，何者为其所短，亦当加以研究，取其长而以世界学术补其短，此则吾之所望也。"③（1）他对孔子本人进行肯定。孔子勤于治学，并且极为注重人才教育，学而不厌，教而不倦，因而孔子的弟子也最繁盛。孔子的政治主张对当时社会情形有促进作用。马君武认为孔子在学术界上的地位，略与希腊之苏格拉底、柏拉图、亚里士多德相等。所以，孔子是世界上古代众多大学术家之一。在教育中，他还以孔子为榜样勉励师生："孔子说诲人不倦，这是我们职员应当共勉的；孔子又说好学不厌，这是我们与全体学生应当共勉的。"④（2）中国的一些治学方法值得学习和研究。马君武认为孔子的学问范围很大，虽然被宋明诸儒缩小了范围，但依然有其专深之处。他十九岁读过一部中国书，受到许多益处，就是宋明诸儒语录。⑤ 而研究中国诸如孔子等学问，要学习治学方法。他得康有为指导读中国古书，做中国学问的方法，并认为得启发很多，深感死读书是不行的。（3）中国除了严格意义上的学术传统以外，还有其他的一些传统值得推崇和传承。他认为，中国人从前有很伟大的精神，比如说唐玄奘翻译佛经。他对中国语言充满期望，虽然当时有科学上的价值且用来写科学书籍的为德文、法文、英文三种科学语言，但"中国语言将来一定会成为科学语言的"⑥。在体育上中国也有优良的传统，"锻炼身体固有什么

---

① 马君武：《与高天梅书》，见莫世祥编：《马君武集》，武汉：华中师范大学出版社，2011年版，第237页。
② 马君武：《〈矿物学〉序》，见莫世祥编：《马君武集》，武汉：华中师范大学出版社，2011年版，第211—212页。
③ 马君武：《学术盛衰与国家治乱之关系》，见李高南、黄牡丽编：《马君武教育文集》，南宁：广西美术出版社，2008年版，第5页。
④ 马君武：《广西大学之使命》，《新广西》，1928年，第2卷第20号。
⑤ 马君武：《读书经验自述》，见李高南、黄牡丽编：《马君武教育文集》，南宁：广西美术出版社，2008年版，第12页。
⑥ 马君武：《本校最近建设及科学语言》，见李高南、黄牡丽编：《马君武教育文集》，南宁：广西美术出版社，2008年版，第48页。

德国式、法国式的体操，但在我们中国自己家里也有软硬的拳法，所谓太极拳等，我想实不亚于外国体操法"①。

第三，大学要肩负起中西学术研究的使命。马君武认为学术盛衰关乎国家兴衰，也与教育，尤其是大学教育有莫大的关系。

> 我们要知道教育与国运、民族兴衰和社会前途俱有莫大的关系。
> 一个国家的隆盛与衰微，一个民族的复兴与没落，一个社会的发展和退后，我们将以什么为判定，就是教育——尤其是大学教育。②

> 学校也是社会事业之一，社会要能有秩序而日于发达，学校当可也有进步。未有社会不发达而学校能够单独发达的。今我们处于中国国体变更的时代，时局艰难。自辛亥革命以来，社会中所有的事业，或不能成立，或成立而后复行失败。所以在中国历史上看起来，现在真是最困难的时代。兵祸已延长了十多年，军阀尤无觉悟，致使国民生计一天困苦一天！在这样的时期中间，任何事业，当然都不容易兴办。然而我们要忍耐，无论如何，总要把这已经兴办的教育机关支持下去，因为教育是国家不可少的东西。③

在马君武看来，"教育机关"指的是学校。他说，"学校是纯粹研究学术的机关，我们在学校里的人，都应该为着研究学术而尽力去维持"④。大学作为社会事业的一部分，社会进步有助于大学发展，没有社会的进步就没有大学的进步。大学通过人才培养和学术研究可以推动各项事业开展和进行，并

---

① 马君武：《读书经验自述》，见李高南、黄牡丽编：《马君武教育文集》，南宁：广西美术出版社，2008年版，第12页。
② 马君武：《谈大学的教育目标》，见李高南、黄牡丽编：《马君武教育文集》，南宁：广西美术出版社，2008年版，第63—64页。
③ 马君武：《师生共同努力谋大夏大学的发达》，见李高南、黄牡丽编：《马君武教育文集》，南宁：广西美术出版社，2008年版，第9—10页。
④ 马君武：《大夏大学的办学目的》，见李高南、黄牡丽编：《马君武教育文集》，南宁：广西美术出版社，2008年版，第7页。

达到振兴国家的目的。社会动乱期,办任何事业皆不容易,学校对于社会和国家有重大的意义,兴办学校这一学术机关,维护这样的学术机关,促进中西学术研究,推动救国目的的实现。

三、学术研究之法:以贡献社会为目的

马君武极为重视学术研究,对科学"情有独钟","他总以为提倡科学才可以强国"。他认为"学界昏暗,魔邪塞途,西方以科学强国精神,吾国以无科学亡国亡种"[①],强调一个社会能进步,除苦干、实干、硬干之外,千万不可瞎干,也就是说,最重要的是根据科学的基础,去从事国家的建设,才是正统、正确的。进行学术研究要从贡献社会,重视前人成果,专于研究三个方面着手。

第一,以贡献社会为进行学术研究的目的。马君武认为学术研究的最终目的是服务社会,振兴国家,即"发达学术,造求人才,以备将来担负中华民族重大责任的"[②]。一国的学术盛衰与国家的兴衰有着密切的关系,学术盛则国家兴,学术衰则国家乱。诚以学术之盛衰,关系于国家治乱,欲求治国之道,必先借重于学术;世界各国,无不如是,而治国亦然。[③]这犹如寒暑表,天气热则温度升高,冷则降低。因此,大学生要充满热忱,以科学家的精神去努力研究,以便服务社会,促进国家的兴旺发达。即学术研究的目的,不但为自己谋知,还要为大众谋福利,如果只知利己,那是科学家的耻辱。

第二,重视前人的学术研究成果,多花时间研究。进行学术研究,首先要了解相关的学术成就,然后才去发现新的知识,发明新的原理。马君武以哥白尼发现的"太阳中心"学说进行说明:"关于科学知识方面,比如我们读一小册的物理学教科书,我们休要看轻了它,认为它的价值就如同它的数量那么渺小,其实不然,殊不知它是经过了多少科学家去苦思、研究、试验工

[①] 马君武:《新学术与群治之关系》,见莫世祥编:《马君武集》,武汉:华中师范大学出版社,2011年版,第182页。

[②] 马君武:《师生共同努力谋大夏大学的发达》,见李高南、黄牡丽编:《马君武教育文集》,南宁:广西美术出版社,2008年版,第9页。

[③] 马君武:《学术盛衰与国家治乱之关系》,见李高南、黄牡丽编:《马君武教育文集》,南宁:广西美术出版社,2008年版,第5页。

作而后才能成功的……"①马君武认为学生应该以"上学科少"而"研究多"为原则进行学习研究,即"如果有一个小时讲授的工作,那么就应有几点钟的时间去温习参考的"②。在他看来,要主动消化吸收所学的科学知识,将所学的科学融会贯通,并强调说"世界上许多著名的大学都是根据这个原则"。

第三,专心研究,打好基础。强调学生应专心研究,反对学生跟风去做"新的发明",如今天以竹子做纤维,后天用松树、苦楝树制炸药,那仅仅是增多制造的原料而已。因而,做科学研究要"先把基本的学问做好,弄得它清清楚楚,一学期的在一学期内学好,一学年的在一学年内学好,然后再讲发现和发明……"马君武认为,"大学应兼顾纯粹科学与应用科学",纯粹科学是应用科学的基础,要学习应用科学就必须先打好纯粹科学这个基础。他说:"纯粹科学与各种科学都是关系很密切的,无论工科、农矿科都应用得着纯粹科学,我们想应用一种科学必须先把这种科学的本身弄清楚才行。"③

四、学术研究之环境:不宜"宗教化"和"政治化"

在马君武看来,中国社会上有两种破坏学校学术研究环境的"主义",一种是宗教问题,一种是党派问题。他认为学校不宜"宗教化",不宜"政治化"(党派化),因为这两者都是干涉、破坏学校这一"纯粹研究学术的机关"的。

(一)学校不宜"宗教化",但容许个人有信仰自由

关于教育与宗教的关系,马君武认为宗教不能干涉教育,因为宗教是科学进步的障碍。

"1922—1926年,中国爆发了一场'非基督教运动'及由此而引发的'收回教育权运动'。1922年,由李大钊任编辑主任的《少年中国》出版宗教问题

---

① 马君武:《科学知识的来源和改进广西的路向》,见李高南、黄牡丽编:《马君武教育文集》,南宁:广西美术出版社,2008年版,第40页。
② 同上,第41页。
③ 马君武:《本校最近建设及科学语言》,见李高南、黄牡丽编:《马君武教育文集》,南宁:广西美术出版社,2008年版,第51页。

专号，集中火力抨击宗教。"① 当时，《新青年》也就宗教问题展开了讨论。教会却无视中国人民的反抗情绪鼓吹成立"世界基督教学生运动"，并决定于1922年4月22日在清华学校召开世界基督教学生同盟大会第十一届年会。该消息传出后，首先遭到清华学校非教徒学生的反对。反对的学生发表《非基督教学生同盟宣言》称："世界基督教学生同盟为现代基督教及基督会的产物。"宣言得到全国支持，上海、广州等地通电支持清华学生。针对基督教的挑战，中国社会主义青年团组织成立非基督教学生同盟。"于是，一场对宗教的批判便发展为反对基督教的运动。随之，各地发生了捕捉牧师游街，占领教会机关，停办教会学校等事件。"②

1923年，基督教会出版《基督教在中国》，提出若干措施，拟对中国的基督教育进行改革。书中称"会把中国建设成一个基督化的国家"。这不仅激怒了中国人民，并被中国人民视为"对中国主权的更大威胁与挑战"。因此，《中华教育界》《新青年》等向其发难。

1924年4月英国圣公会在广州所办圣三一中学师生要求组织学生自治会，举行"5·9国耻纪念"，遭到该校校长拒绝。师生乃愤而罢课，点燃"收回教育权运动"的导火索。③

"广州学生会收回教育主权运动委员会"随即发表宣言，呼吁收回一切在华所办学校的主权，并提出四点最低要求："（一）所有外人在华所办之学校，须向中国政府注册与核准；（二）所有课程及编制，须受中国教育机关之支配及取缔；（三）凡外人在华所办之学校，不许其在课程上正式编入、正式教授及宣传宗教，同时也不许其强迫学生赴礼拜念圣经；（四）不许压迫学生，剥夺学生之集会、结社、言论、出版等自由。"④ 宣言在全国引起强烈反响，并得到各地的支持，收回教育权运动迅速发展到南京、上海、北京、武汉等地。7月3日至9日，中华教育改进社在东南大学召开第三届年会，多名教育人士

---

① 王运来：《诚真勤仁　光裕金陵——金陵大学校长陈裕光》，济南：山东教育出版社，2004年版，第99页。
② 同上。
③ 同上，第100页。
④ 张宪文：《金陵大学史》，南京：南京大学出版社，2002年版，第53页。

就收回教育权发表意见，马君武与陶行知、范源濂、章太炎、丁文江等在会上发言，最终通过相关提案。

马君武之所以反对宗教干涉教育，是由于他认为从科学进步和国家文明的角度来看，宗教是科学进步的一大仇敌，是人们思想的束缚。"文明国家最大之谬误，即在与文明仇敌之教会结合……而改良教育，使一般青年国民，尊重良知，破除迷信，乃为国家之根本问题也。"[1]"国人之思想，莫不为俗尚道德之所束缚，既为宗教之所迷，复为习惯之所限"，"其最侵入人之自由者，惟宗教而已"。[2] 鉴于此，他认为"在学校方面，不可不讲究道德问题，但极不宜参入宗教的气味"。但是不宜"宗教化"仅就学校的整体而言。针对个人，他非常明确提出学校坚持不干涉个人信仰自由的原则。"盖思想自由者，人类决不可无之权。各有思想，即各有信仰。信仰一事，断不可以强人以苟同。"[3] 个人有信仰自由，学校自应绝对容许他去信仰宗教，绝对不加干涉。[4] 马君武自身不崇信宗教，在家中亦坚持"不干涉"的态度。据其长子、农学家马保之回忆道："我的祖母信奉天主教，母亲信奉基督教，父亲则不崇信宗教，但是对宗教持'信仰自由'态度，从不干涉。"[5] 执掌大学的马君武，将大学作为"纯粹研究学术的机关"，并推崇以科学强国。他"盼国人从努力科学来挽救国家"[6]，强调以科学与文明来促进国家进步。因此，若要驱除宗教对社会进步的障碍，那么在大学中，必须要避免宗教对学校教育和学术研究的干扰。

---

[1] 马君武：《赫克尔之〈一元哲学〉》，见曾德珪选编：《马君武文选》，桂林：广西师范大学出版社，2000年版，第152页。

[2] 穆勒著，马君武译：《自由原理》，见莫世祥编：《马君武集》，武汉：华中师范大学出版社，2011年版，第33—36页。

[3] 同上。

[4] 马君武：《大夏大学的办学目的》，见李高南、黄牡丽编：《马君武教育文集》，南宁：广西美术出版社，2008年版，第7页。

[5] 马保之：《永远怀念我的父亲》，见桂林市政协文史资料委员会编：《回忆马君武》（内部刊物），2008年，第53页。

[6] 马君武：《盼国人努力科学以挽救国家》，见《马君武先生文集》，台北：中华印刷厂，1984年版，第295页。

(二）学校不是宣传党见的机关，但不妨各抱各的政见

马君武认为，学校应该允许学生具有信仰自由的权利，学生可以各抒己见，发表自己的政治见解，但是要谨防学校被利用而成为某些党派的宣传机关。

> 但在个人方面，也不应当拿着学校为宣传党见的机关；假使这样，学校就免不了要发生风潮了。各人信仰各人的，不论怎样激烈，都可以不至发生风潮；所以总不宜利用办学，引诱或强迫别人随从我的信仰。政治主张，要比宗教更加复杂得多，绝对不能一致；要想把所有的主张实现，当然有所不免要用宣传的手段；然以学校而带了宣传作用，与全校人员爱校的目的是有妨害的，所以对于学校本身的影响很大！①

马君武在上海中国公学和广西大学等校任校长时，都尽量避免学校成为党派的宣传机关。他对于中国公学部分经过国民党政治训练，争夺学生会权力，拉帮结派，引发斗殴的学生给予开除处理。广西当局在广西大学中实施的所谓严格的军事训练，其目的是实施所谓"三自三寓政策"，从而达到培养军政干部，控制学生自由民主思想的目的。对此，马君武校长持反对态度，他多次公开批评和嘲讽"三自三寓政策"②，反对军训干扰师生正常的学习和研究，控制学生思想。

第二节 以"术"为重

马君武在系科设置上以"术"科为主，注重添置各类实验设备促进应用科学研究，建立偏重应用的实验室、试验场和研究所，并开展学术交流。

---

① 马君武：《大夏大学的办学目的》，见李高南、黄牡丽编：《马君武教育文集》，南宁：广西美术出版社，2008年版，第7—8页。

② 编写组：《广西大学校史》（内部刊物），1988年，第35页。

一、系科设置与设备建设

（一）系科设置

广西大学1928年10月10日正式开学,1929年6月因粤军进入梧州,社会安定受到破坏,学校被迫停办。经过复校与反复校的斗争后,1931年9月广西大学复校开学。至1932年秋季,不再招收预科生。马君武曾说:"广西是经济贫苦、文化落后的省份,首先办实用科学。所设理、农、工三个学院,今年先招理学院的学生,明年起招收农科和工科的学生,以培养建设广西必需的人才。"① 经过调整和充实,广西大学逐渐建立起以术科为主的院系,面向理工、农林、矿冶等领域培养各类人才,开展相关的研究。

理学院:数理系（后又分数学系和物理系）、化学系、生物系。

农学院:农学系、林学系。

工学院:土木工程系、机械工程系、采矿专修科（后调整到矿学院）。

矿学院:矿冶系。

（二）设备建设

广西大学在成立之初,筹备委员会主任黄绍竑就指出,古代治学方法过于简要,没有实验作为基础。广西大学则要设立各类研究实验室,以便于开展研究。

> 中国古代治学之法中所言最为简要。约举之盖有五端:一曰博学;二曰审问;三曰慎思;四曰明辨;五曰笃行。凡此五端以之治学,不可谓不扼要与不中肯綮。但根本上仍有一缺点,即无实验室以为其基础是矣。惟其如是,故学问思辨无从着手,其结果只等于暗中摸索;至于力行亦无所根据,其结果只等于清谈,无补于事。诸生在入学之始,必先明白治学方法,然后他日不至徒劳无功。简约言之,广西大学为研究上之便利,设有农场,林场,工场,矿场,物理试验室,化学分析室。诸

---

① 编写组:《广西大学校史》（内部刊物）,1988年,第15—16页。

生在此治学，诸位教授领导之下，所得学问均将以实验方法为归宿。①

马君武校长认为，"没有充裕的图书资料，完善的仪器设备，就办不好理工科大学"②。完备的设备才可以"供给教授领导学生好好地去研究了"③，否则是办不好理工科大学的。他积极与政府商议，"建筑工厂，购买机器和材料，备工科二年级学生的试验和应用"④。广西大学称"本校对于学生各种实验、素来注重"。马君武到上海等地时，不忘购买仪器，而且"更加购多种"。马君武去欧洲考察时，不惜重金从德国买回一个电解槽和六十多个大小不同的白金坩埚，"一下子购买那么多的白金仪器，恐怕在全国大学里也是绝无仅有的"⑤。由于马君武一向重视各类仪器设备的增设，1933年前后，广西大学的各类设备颇具规模，兹简述如下。⑥

  理学院：试验仪器及电光等 95 000 元左右。
  1. 数理系：有各类试验器具等 1700 多件。
  2. 化学系：有 600 种左右的器具，重要仪器约 200 种，生物系标本约 2000 种。
  农学院：有作物标本室、昆虫标本室、园艺标本室、土壤研究室、土壤试验室，仪器等 19 000 余元，另设农场、林场等。
  工学院：设有木工厂、炼铁厂、铸模厂、水电厂。
  1. 土木工程系：测量仪器及材料试验室、水力试验室。其他各类仪

---

① 黄绍竑：《对于广西大学之期望》，《新广西》（国庆纪念增刊），1928 年，第 2 卷第 17 号。
② 编写组：《广西大学校史》（内部刊物），1988 年，第 29 页。
③ 马君武：《西大最近的设备》，见李高南、黄牡丽编：《马君武教育文集》，南宁：广西美术出版社，2008 年版，第 26 页。
④ 马君武：《谈谈本校的几个问题》，见李高南、黄牡丽编：《马君武教育文集》，南宁：广西美术出版社，2008 年版，第 39 页。
⑤ 黄荣汉：《马君武先生在西大》，见桂林市政协文史资料委员会编：《回忆马君武》（内部刊物），2001 年，第 31 页。
⑥ 各系试验器具等数量，根据各系所列器具进行统计，见《广西大学一览》（1933）。

器及数量为：经纬仪12，水平仪13，罗盘仪2，平板仪15，手水平仪10，标杆27，测尺20，气压表7，六分仪2，测水流仪2，镖2。

2. 机械工程系：机械厂皮带传动力机1台，三相滑环式交流电动机1台，丝杆车床2部，高速度双杆车床2部，单轮式车床1部，重式丝杆高速度车床1部，双杆高速度车床1部，高速度六角车床1部，双座龙门刨床1部，立式锁床1部，插床1部，万能床1部，万能工具磨床1部，双轮电动火石机1部，气焊机1部，大打磨台3张，炼铁锅炉2座。

3. 材料试验室：35吨水压式万能试验机1部，300吨建筑材料万能试验机1部，洋灰拉力试验机1架，金属扭力试验机1架，金属撞力试验机1架，金属硬度试验机1架。

由此可见，广西大学的仪器设备是比较完备的。董钟林（唐山大学毕业，后考取留英）认为，广西大学"测量仪器之完备为国内著名的大学如唐山大学、上海的交通大学所不及，惟北平的清华大学可以比拟"。其又称："教育部派往中国各处考察教育的侯鸿鉴先生未来西大以前，曾经到过黄河流域、长江流域、四川、云南等处，视察的结果亦认为西大设备完全，尤其是生物系为国内各大学所不及。"[①] 通过增设各类设备，广西大学为师生开展应用研究提供了必要的条件。

二、研究机构与学术交流

（一）建立研究机构和研究社团

1. 创建研究所（室）

德国大学重视研究所在科学研究中的作用，"19世纪20年代到70年代之间科学的新精神是通过德国大学的习明纳和研究所而体现的"[②]。19世纪70年代后，俾斯麦放弃自由放任的经济政策，开始加强对国家生活的介入，该

---

① 马君武：《大家应有自动学习和爱校的精神》，见李高南、黄牡丽编：《马君武教育文集》，南宁：广西美术出版社，2008年版，第59页。

② 习明纳（seminar）最早见于18世纪初弗兰克创办的师范学校中，格斯纳最先将其引入大学教学中，于1737年在哥廷根大学创办哲学习明纳。见贺国庆：《德国和美国大学发达史》，北京：人民教育出版社，1998年版，第58页。

时期主管教育的阿尔特霍夫十分"看重科学的实际作用,并以同样的眼光看待研究所",新创办了不少注重应用科学的研究所。如应用电工学、数学、化学和物理学研究所,它们是工程学和纯粹科学相结合的产物;另外还有新的农学研究所,则反映了科学与农业之间必不可少的关系。德国工科大学在该时期已经逐渐注重理论性的自然科学研究,并设置了诸如应用化学、电工、工业技术、食品技术等研究所。

田正平教授认为,中国高等教育机构设置研究所(院)始于蔡元培主持下的北京大学。蔡元培认为:"所谓大学者,非仅为多数学生按时授课,造成一毕业生之资格而已也,实为共同研究学术之机关。"[1] 在《大学令》中,第六、第七条规定道:"大学为研究学术之蕴奥,设大学院";"大学院入院资格,为各科毕业生,或经试验有同等学力者"。[2] 大学院供高年级学生入内研究,对于有新发明之学理或重要之著述的,将获得学位。在蔡元培的努力下,北京大学从1917年开始创办研究所。[3] 蔡元培时期的北大有文科研究所、理科研究所、法学研究所,后增设地质研究所等供师生进行研究。马君武留德期间,寄住在一个德国工程师家,在一个农场里面从事研究工作,对大学研究所的作用是了解和认可的。为了创办广西大学植物研究所,他"五顾茅庐"聘请国际植物学会副主席、中山大学植物学教授陈焕镛主持筹建工作。

植物研究所简况
所长　陈焕镛　广东新会人　国立中山大学农林植物研究所
技助　高锡朋　广东南海人　广州市
技助　梁向日
技助　钟继新
技助　苏宏汉

---

[1] 蔡孑民:《北京大学月刊发刊词》,见新潮社编:《蔡孑民先生言行录》,北京:新潮社,1920年版,第226—230页。

[2] 中国第二历史档案馆编:《中华民国史档案馆资料汇编·第三辑　教育》,南京:江苏古籍出版社,1991年版,第108—110页。

[3] 田正平:《留学生与中国教育近代化》,广州:广东教育出版社,1996年版,第421页。

马君武对植物研究所非常重视。以已收回的英国领事馆馆址为所址；每年经费定为30 000元。

此外，广西大学还设有材料试验室、水力实验室、农事试验场、水产研究室，后来成立经济研究所等。这些实验室和研究所主要是以应用研究为特色。

2. 成立学术研究团体

广西大学以自然科学研究为主，社会科学研究氛围不浓。通过组织读书会等学术社团，以培养学生关心国家大事和政治情况的习惯，推动学生社会科学的学习和研究。

组织读书会和研究会，推动社会科学的学习。如新兴社会科学读书会、文学研究会、拉丁化文学研究会、鲁迅研究会、话剧社等。

组织"宵征社"，后发展成为一个面向社会的文化和学术团体，改称"梧州宵征社"。该社"除积极开展对马克思列宁主义理论基础知识的学习和探索外，1935年夏间还独立出版发行了一综合性的社会文化知识读物，名'宵征月刊'，着重于有关唯物辩证法、历史唯物论、政治经济学、科学社会主义基础知识的介绍，国内外时事述评——特别是对各地抗日救国运动，各国反法西斯斗争的报道和宣传"[①]。

广西大学的各研究社团对开拓研究视野，增加识见，促进同辈学习者之间的交流，激发学生研究的积极性起到了积极的作用，学校形成良好的研究风气。

（二）开展学术交流

学术交流演讲活动可以促进沟通，开阔视野，增长见识。马君武自身就十分重视考察和学术交流。他从柏林工业大学毕业后，曾到德国南部阿尔卑斯山区进行了一次地质旅行，1919年曾到美国工厂作短期观摩；1932年赴欧洲考察教育、实业，并到德国柏林大学参观。[②] 1930年，马君武被中华学艺社推举为代表，赴日本参加学术协会会议。除在广西大学的演讲，马君武在

---

① 编写组：《广西大学校史》（内部刊物），1988年，第41页。
② 曾德珪选编：《马君武文选》，桂林：广西师范大学出版社，2000年版，第367页。

其他各地作的主要学术报告、演讲列下（仅限于学校、科学社团），见表2-1。

表2-1 马君武的主要学术报告、讲演

主题	地点	时间	备注
学术通论	上海虹口澄衷中学	1922年	
科学与宋儒	杭州	1923年	在中国科学社第八次年会的演讲
谈精神文明与物质文明	文治大学	1924年	
翻译之难	北京工业大学	1925年	
由新式养蜂经验想到新式国家的建设	大夏大学	1930年	
误国与救国	大夏大学	1931年	
民族文化与民族复兴	南宁军校	1933年	
谈理科学会组织的意义和研究科学	梧州	1934年	在暑期理科教员讲习班毕业对学员的演讲
知识、道德、身体	金陵大学	1935年	
盼国人努力科学以挽救国家	南宁	1935年	在中国科学社二十周年纪念大会致辞
建设广西与基础教育	桂林	1938年	在桂林县基础学校教职员暑期讲习会的演讲
《一元哲学》《非农村主义》《经济学史略》《武力统一与道路统一》等多个专题讲演	上海大学	1923年	马君武应于右任之邀，在上海大学发表演说，后又发表多个专题讲演

说明：此表根据《马君武文选》《马君武教育文集》等整理而成。

马君武支持广西大学开展演讲活动，除有专题性的国语、英文演讲比赛锻炼学生的学术表达和交流能力外，还有其他的各类演讲。校内教师除马君武外，还有盘珠祁、马名海、苏鑑轩等教授做演讲。校外名人来校演讲者，既有军政要员，又有学界名流。

到广西大学演讲（1928—1936年）的军政要员、学界名流列表如下（见表2-2）。

表2-2 莅临广西大学演讲的部分军政和学界名流

姓名	到校演讲时间	演讲人简况	备注
黄绍竑		广西省主席，国民政府内政部长	多次到校演讲，其中在广西大学开学典礼有《对于广西大学之期望》的演讲
李宗仁		第四集团军总司令	多次到校演讲
白崇禧		第四集团军副总司令	多次到校演讲
黄旭初		广西省主席	多次到校演讲
黄钟岳	1928年	广西当局要员	
黄同仇	1928年	广西梧州市市长	
何杞	1928年	广西梧州市党部代表	
邱昌渭	1933年	广西省府顾问、国民政府外交部秘书	哥伦比亚大学硕士、博士，1936年任广西当局委员、广西教育厅厅长
夏威	1933年	广西军界重要将领之一	
张君劢	1933年	学界名流	
张之江	1933年	西北军著名将领、中国国术主要倡导人	中央国术馆馆长
张心一	1933年	学者、金陵大学教授	康奈尔大学硕士
任鸿隽	1934年	中华文化基金委员会委员	
格罗士	1934年	远东新闻记者	
罗铎	1934年	省家畜保育所专家	博士
胡适	1935年	学界名流	
哈斯	1935年	国联特派驻华技术合作专员	

续表

姓名	到校演讲时间	演讲人简况	备注
卢作孚	1935 年	四川建设厅厅长	
雷沛鸿	1935 年	广西教育厅厅长，学者	哈佛大学硕士
葛瑞	1936 年	美国标路及好维路公司代表	放映教育影片
陶行知	1936 年	教育家	
李品仙		广西军界重要将领之一	具体到校演讲时间不详

说明：此表根据《广西大学一览》《广西大学周刊》以及各类回忆录整理而成。

由表 2-2 可知，到广西大学演讲的虽不乏学界名流，但多为政界、军界要员。邀请政界、军界要员和学术名流到学校进行演讲，对学生增长见识，开阔视野是大有裨益的。其中，广西政界和军界要员频繁到广西大学讲座，在内容上以广西建设为主，但在目的上带有宣传广西政府主张甚至是向学生灌输服从意识的倾向。时任广西省主席黄旭初就曾说过："高级长官随时可以到校演讲，在精神教育方面说，更有很多利益。"① 这种"精神教育"，更多的是达到以"严密的规律以范制学生"的目的。

此外，广西大学还与国内外大学进行形式多样的学术交流。

第一，派师生参与学术会议、参观考察或邀请专家学者来校考察交流。

广西大学派代表参加广州岭南大学第二届科学会议；马君武、盘珠祁等参与中华农学会年会；农学系学生梁明政等十三人组织农业参观团赴粤参观；国内多名科学家到校视察；农学系四十余人由教授张一农率领赴粤参观等。

第二，函索国内大学的学术刊物、标本等或赠予别校相关学术出版物。

为了便于全校师生阅读研究，广泛了解和收集著作文献以供参考和学术研究，广西大学致函国内大学索要图书和期刊。如向北平铁路大学致函道："贵校各种出版品内容丰富持论精确喜惠士林裨益学术至深旦钜兹拟蒐藏藉供众览谨恳惠赐各一部……"② 马君武专门致函中山大学索赠动植物标本，中山

---

① 黄旭初：《广西建设现状》，见黄旭初：《黄旭初演讲集》，出版信息不详，第 233 页。
② 《广西大学图书馆致本校函》，《铁路学院月刊》，1933 年，第 5 期。

大学生物系主任罗宗洛复函表示将已研究并确定学名的寄送予广西大学，数量较多。第一批计有：植物羊齿类 30 种计 30 件；爬虫类 36 种计 60 件；鸟类 61 种计 105 件；鼠类 5 种计 7 件。①

当时，有其他学校或国家向广西大学索要学术刊物，如巴西使馆、美国夏威夷大学等。据当时的记载称："日前本校接到美国檀香山之夏威夷大学（University of Hawaii）东方研究部中国语文系主任 T. Y. Char 先生来函索取各种出版物，以供参考，除当由图书馆寄赠各期周刊全份外，并由秘书处函复该校，以后允其随时照寄。"②

第三节　兼顾"学理"

如前所述，马君武认为广西大学虽然以农、工等应用学科为主，他同时也指出，"理科是各科的根本"③。由于应用科学以纯粹科学为基础，所以需要兼顾"学理"，增强"学术性"④。

一、创办期刊

德国的大学注重通过学术期刊进行学术研究和交流。如，诺威综合技术学校（汉诺威工业大学前身）校长卡曼休（K. Karmarsch）编辑的《汉诺威王国工业协会报告》是学校所有教员都参加的协会所刊行的技术杂志。该杂志是一个技术研究和交流的重要平台，在当时具有相当高的声誉。在马君武的支持下，广西大学也创办了多种刊物，他还为《广西大学周刊》等刊物题词。他聘任刘公任为《广西大学周刊》编辑。据当时的消息称："本校周刊编辑原由本校秘书张耀先生暂兼，嗣因张君事忙，难于兼顾，特由马校长另聘刘君公任担任，查刘君系湘人毕业于上海中国公学大学部，曾任沪上各大

---

① 《中山大学寄赠标本》，《广西大学周刊》，1932 年，第 1 卷第 14 期。
② 《夏威夷大学函索出版物》，《广西大学周刊》，1932 年，第 1 卷第 12 期。
③ 马君武：《生产人才的养成》，见盘珠祁编：《马君武先生演讲集》，梧州：广西大学，1934 年，第 166 页。
④ 此处的学术性主要指偏向理论性的纯粹科学研究，即学理性。

报社编辑,闻刘君已于月之十日抵校,拟休息一星期后即视事云。"①

刘公任担任编辑后,积极提高《广西大学周刊》的学术性。他认为,《广西大学周刊》可能由于初创的原因,学术性较弱。"检验这一卷的全部,有一个最大缺点,便是不能多量的刊载富有研究性质的文字。因此,仍没有完全脱去时下一般浅薄枯燥的校刊的旧套。这也许是初创时期所难免的现象,但编者终当分任其咎。我特深深表示歉意。"② 为改变之前的办刊弊病,充实内容,刘公任从两个方面着手改进《广西大学周刊》。

第一,关于校内学生的智能、学力、兴趣等方面的指导,各科各门的专门材料应该得到重视。

第二,希望社会加以评判,为这个知识饥荒最厉害的中国社会"做一点一滴的救济"。

经过改进后,《广西大学周刊》登载了不少学术性较强的论文,如《几何学的起源及发展》《叶绿素的研究》《造林救国之理由》《解析函数正族之判定定理》《改革兵制与培养专才》《整顿军备中工业之革兴》《天性的来源》等。此外,后来还专门开辟"科学消息"专栏,以传播世界最新的科学成果。

马君武支持学生创办自己的刊物——《西大学生》。该刊物专门设有"学术"和"献论"等研究性较强的栏目,且篇幅占半数以上。其中,研究性较强的论文有《怎样发展广西的桐业》《无烟火药》《植物制造食物及其消耗》《周期数之研究》《植物的生活和环境的关系》等。广西大学通过创办学生自己的刊物,为学生发表研究成果提供平台,激发了学生研究的积极性。

另有《广西大学农学会会刊》《广西大学理学院年刊》,并出版各种"专号""特刊",后来在马君武和盘珠祁的影响下创立《西大农讯》等。

广西大学创办的各类学术刊物,为师生研究成果的展示和交流提供机会,促进了良好研究氛围的形成。特别是学生的研究兴趣得到激发,如秦道坚在

---

① 《本校周刊编辑刘公任先生到校》,《广西大学周刊》,1932 年,第 1 卷第 8 期。刘公任与图书馆主任李次民都是马君武的追随者。在上海中国公学闹学潮期间,刘公任为拥马(君武)代表团的代表。可参见罗佩光:马君武在中国公学,见李高南、黄牡丽编:《马君武教育文集》,南宁:广西美术出版社,2008 年版,第 151 页。

② 刘公任:《编者附言》,《广西大学周刊》,1932 年,第 1 卷第 14 期。

大学三年级时就对稻草制造无烟火药颇有研究,曾撰文发表于中国科学社出版的科学月刊中,获广西政府奖励。

二、扩充图书馆

德国大学非常注重图书馆的作用,如哥廷根大学的图书馆由于藏书的数量及质量口碑极佳,"甚至有人将哥廷根教授们的学术成就归功于大学图书馆"[①]。德国大学对图书馆的重视还影响到美国。在德国的学术影响下,美国大学图书馆随着社会和大学的发展,也不断地获得改进。一方面是图书馆的政策更加自由,一方面是藏书数量的成倍增加。[②]马君武在德国留学多年,深受德国高等教育影响,对于大学图书馆建设是极为重视的。他得知康有为去世后,将其两万余册图书购买回广西大学。马君武出掌广西大学期间,聘请李次民为图书馆主任,对学校图书馆进行管理与建设。

李次民,广东人,广西大学图书馆主任。中国公学文学士,曾任中国公学图书馆副馆长,1931年8月到广西大学任职。

广西大学是在1931年9月15日复校重新开课的。广西大学在停办期间,马君武任上海中国公学校长,对李次民的情况比较熟悉和了解。马君武在1931年5月得到广西大学将要恢复的消息,即在上海物色教师。李在那时候被马君武"相中"。李次民是马君武的追随者,这可以从他对马君武在复校中的赞许看出来。他认为马君武不畏艰难,极力重整旗鼓,并于两个月内实现复校,为广西高等教育作出重要贡献,"从此我们广西教育史上又放出一枝异彩的光芒来了"[③]。李次民到广西大学后,积极推进图书馆的改进工作。

1. 重视现代学生与图书馆的关系

图书馆对人类具有重要的价值,"图书馆是知识的泉源,学术文化的宝库,人群的良友,人群的乐园,它在教育上的价值之大,固不待言"[④]。一般说来,文明先进的国家都有很多图书馆供民众阅读和研究。贫穷的地方,图

---

① 贺国庆:《德国和美国大学发达史》,北京:人民教育出版社,1998年版,第163页。
② 同上,第164页。
③ 李次民:《本校图书馆整理之经过及其计划》,《广西大学周刊》,1932年,第1卷第12期。
④ 李次民:《现代学生与图书馆之关系》,《广西大学周刊》,1932年,第2卷第1期。

书馆亦能满足民众的求知欲,进而达到普及民众的目的。李次民认为:"从前我们中国的学者,他们所讨论所研究的问题,除了戏文弄学以外,就是死死地记忆历史,故他们所费的心血而所得到的成绩和故纸,虽然汗牛充栋,也莫不是死的……至若对于什么科学的倡明,他们简直是莫名其妙。即使当时虽有一些发现,也不过认他是偶然的怪诞现象而已,那里知道其中的'自然定律','原理','原则'等等呢?"

因此,一个人求知识和学问,都不可避免地用着图书馆与实验室。李次民认为:"在图书馆的时候,预备造成人们底理想的学问,在实验室的时候,是造成人们底实现的学问。"

首先,图书馆为一切的研究学问提供基本的科学知识,这些基本知识是研究和实验的基础。基本的学问需要得到图书馆的支持,高深学问也不能脱离图书馆。

其次,实验也不能离开图书馆。李次民认为:"从事实验,不过是在图书馆内所求得之理想,去和事实试试吻合与否吧了。"

"至于求学之道,对于教员的指导固然万不能缺,但在研究各种问题方面,还是靠着自己自动去探讨才能把一个真实的问题解答出来。"[①] 大学图书馆有较多的自由阅览机会,并且藏书多,来回查阅便利,学生可以在"自动研究"时依赖其进行探索。这对学生研究学问是再好不过的机会。这样一来,若是要求得实际些的学问,对于图书馆内孜孜矻矻的工夫,万不能轻轻放过,姑无论其问题的大小,凡是能依着其功效去利用,这终于有成功的一日。这也是欧美各大思想家,如亚当·斯密、马尔萨斯、达尔文、赫胥黎等人,他们的成功之路。可见,"一切问题都是书本当中等着你们去找它,并非人们不劳而获地能贡献到自己的面前!"

2. 改进图书馆[②]

第一,由于广西大学一度停办,原来保存的图书比较凌乱,且多置于地

[①] 李次民:《本校图书馆整理之经过及其计划》,《广西大学周刊》,1932年,第1卷第12期。

[②] 关于广西大学图书馆的改进所涉及的相关措施,均引自李次民:《本校图书馆整理之经过及其计划》,《广西大学周刊》,1932年,第1卷第12、13期。

上。李次民到校后,将这些书安置在书架上,并重新布置各处室:办公室、西文书库、中文书库、西文杂志收藏处、中文杂志收藏处、阅览室、借书处。

第二,拟定各种表格,提高图书馆管理效率。拟订、制定的各类卡片、表格主要有:

(一) 卡片

1. 书名卡片
2. 著者卡片
3. 类别卡片
4. 译者卡片
5. 指明卡片

(二) 表格

1. 借书证
2. 借书单
3. 取书单
4. 借书签名片
5. 应还日期单
6. 书袋
7. 书标
8. 新到出版物登记表
9. 领借书证存单
10. 月刊登记表
11. 日刊登记表
12. 杂志登记表

第三,增设各种用具。

除原有书架、目录箱、阅书台凳等物外,还增置了一些设备:杂志书架、普通书架、英文打字机、活动号码机、日期图章、长方卡片箱、其他。

第四,增购图书杂志报章。

广西大学图书数量虽较多，"不亚于其他国内大学"，但是"按其性质方面则多专门之书籍"。为改变这种状况，李次民向马君武建议增购普通书籍。包括：商务印书馆的万有文库，二十四史，以及各种参考书籍；订购各种重要中外杂志报章，并请国内各团体机关相互交换赠阅。"西文杂志报纸，年来因金价高涨，所费此前已差别天渊，所以订购费用上不得不稍求节缩，月前既由校长核准订购英德法文杂志约五十种，合计省币已千有余元，待明年一月即可陆续寄到。"

第五，对中西图书进行分类。

将中西图书分类，填入卡片之内，西文书籍则用打字机打就卡片，每书所填卡片有五：分类、书名、著者、书架目录片、借阅存根片。

经过改进后的图书馆无疑积极促进了广西大学师生求知和研究。但是，李次民认为"本馆馆址地方尚小，阅览数人常有挤拥之现象，待日后迁入现在之膳厅内，当可有宽展之阅览室及参考室了"，"所以我力求校长另行建筑馆址，但因经济关系，一时尚难做到，只得请求校长拨原有之膳厅，以供本馆应用，此已蒙校长允准"。①

虽然当时经济困难，但是由于马君武素来注重图书对于师生学习和研究的作用，至1933年，广西大学图书馆的藏书总数已经颇具规模。图书馆藏有中外古今图书价值共40 609元，其中：中外图书4938册，价值19 780元；善本古籍24 007册，价值15 000元；中外文杂志6850册，价值5820元。另有中外报纸28种。②

马君武极为重视图书馆对于师生学术研究的作用，即使颇具规模，仍将继续扩充，"所藏图书虽不甚宏，亦可供本校员生之研究及参考。嗣后当仍视力所至，从事扩充，务达圆满之域，为本校研究学术之渊薮"。

---

① 李次民：《本校图书馆整理之经过及其计划》，《广西大学周刊》，第1卷第12、13期，1932年。
② 《图书馆概况》，见《广西大学一览》，梧州：广西大学，1933年，第221—222页。

第三章　善行："大脑与两手并用"

德国工科大学根据经济社会发展需要，培养具有生产技能的，适应德国工业化发展的新型的生产人才。这些专门人才不仅具有一定的科学知识，还有较强的操作能力，以便进行技术指导，或是从事各类机器的操作。马君武认为要培养"大脑与两手并用"的专门人才。"大脑"指要养成"集世界之知识造极新之国家"的人才；"两手"指的是劳动教育，即"作工"。

第一节　"集世界之知识"

"在廿世纪，智识的需要是很迫切的，假如我们不具备着科学的知识，没有灵活的头脑，那么是够不上在进步的工业社会里生活；而廿世纪之所以成为一个严重的转变时代，原因就在自然科学的锐进，至于欧洲文物的精华，可以说完全维系于此。"[①] 中国民众困苦，社会事业几乎无发展，马君武认为这是"千余年来无人读书之结果"，即以前的读书是"把现实生活统都抛开"。他认为随着中国人的努力，国家还是存在希望的，他说："但是不必灰心，最近二十年来中国科学界并不是毫没成就，光明的道路已经在面前等待吾人去走，倘能一致向这方向努力，六七十年后，也会把中国弄好。"[②] 因此，大学要培养"集世界之知识造极新之国家"（马君武勉励学生之语）的人才，只有通晓世界各国的知识，才可能推动社会进步，服务国家建设。如何才能实现

[①] 马君武：《怎样做个时代的青年》，《广西大学周刊》，1932 年，第 3 卷第 6 期。
[②] 马君武：《马君武先生演辞节录》，《金陵大学校刊》，1935 年，第 172 期。

此目标呢？马君武认为要造就"生产队伍的长官"，学生要养成勤奋读书的风气，教师要发挥传播知识和指导学生的作用。

一、造就"生产队伍的长官"

马君武道："我从前奉命办理广西大学，关于课程注重科学，尤其是应用科学，其目的在造就科学人才，使之成为生产队伍的长官，以谋发展农工业生产。"[1] 广西大学的课程设置反映了所培养的"生产队伍的长官"应具备的科学知识。以化学系及土木工程学系为例。[2]

化学系课程及学分

第一学年上学期

    国文（2），英文（3），普通物理（6），无机化学（4），微积分（4），定性分析（3），作工（1），体育（1），军事训练（1）

第一学年下学期

    国文（2），英文（3），普通物理（6），无机化学（4），微积分（4），定性分析（3），作工（1），体育（1），军事训练（1）

第二学年上学期

    定量分析（4），初等有机化学（3.5），热力学（3），无机化学（3），无机制造（3），体育（1），军事训练（1）

    选修科：德文（4）

第二学年下学期

    定量分析（3），初等有机化学（3），无机化学（2），体育（1），军事训练（1）

    选修科：试金术（2），德文（4）

第三学年上学期

    理论化学（5），有机化学（5），工业化学（4），党义（1），体育

---

[1] 马君武：《建设广西与基础教育》，见李高南、黄牡丽编：《马君武教育文集》，桂林：广西师范大学出版社，2016年版，第193页。

[2] 《本校理工学院学生历年修习学程成绩记载表（一）》，国立广西大学档案，全宗号L44，卷案号1-1423。

(1)，军事训练（1）

　　选修科：德文（3）

第三学年下学期

　　理论化学（5），工业化学（4），党义（1），体育（1），军事训练（1）

　　选修科：德文（3）

第四学年上学期

　　工业分析（3），国防化学（3），高等定量（3），军事训练（6），体育（1）

　　选修科：国防物理（3），电化学（3）

第四学年下学期

　　工业分析（2.5），国防化学（3），高等定量（3），军事训练（6），体育（1），化学研究（2），有机化学（5）

　　选修科：植物香油（3）

土木工程学系课程及学分

第一学年上学期

　　国文（2），英文（3），普通物理（4），普通化学（3），微积分（4），□□几何（2）①，初等测量（3），作工（1），体育（1），军事训练（1）

第一学年下学期

　　国文（2），英文（3），普通物理（4），普通化学（3），微积分（4），□□几何（2），初等测量（3），作工（1），体育（1），军事训练（1）

第二学年上学期

　　应用力学（5），水力学（3），工程地质（3），机械工程（3），高等测量（4.5），工厂实习（1.5），体育（1），军事训练（1）

　　选修科：德文（4）

第二学年下学期

　　建筑材料（3），铁路测量（3），大地测量（3），材料力学（5），工

---

① "□"表示史料缺失或未详部分，下同。

厂实习（1），体育（1），军事训练（1）

　　选修科：德文（3）

第三学年上学期

　　构造理论（4），混凝土理论（3），道路工程（3），污水工程（3），材料试验（1），电工学（3），党义（1），体育（1），军事训练（1）

　　选修科：德文（3）

第三学年下学期

　　党义（1），工业经济（2），道路设计（2），圬工及地基（3），构造设计（2），钢筋混凝土设计（2），给水工程（3），卫生设计（2），体育（1），军事训练（1）

　　选修科：德文（3）

第四学年上学期

　　构造设计（3），房屋设计（3），铁道设计（3），灌溉设计（2），河渠工程（3），水电工程（3），体育（1），军事训练（6）

第四学年下学期

　　闸坝工程（2），河渠工程（3），高等铁道工程（3），养路工程（3），铁道设计（2），房屋设计（2），体育（1），军事训练（6）

　　化学和土木工程两系的课程表明：第一，广西大学致力于培养具备应用科学知识的"生产队伍的长官"，其中不少课程与马君武所学专业或曾经的研究、工作经历有密切关系，如热力学、试金术、国防化学、材料、工程地质、铁道设计等。第二，无论是化学系还是土木工程学系，在低年级时都强调普通物理、普通化学、微积分等基础科学知识和能力的养成；在高年级时，重视国防化学、道路工程、灌溉设计、养路工程等偏于应用的科学知识和能力的训练。这体现了马君武倡导的先打好纯粹科学基础，再进行应用科学研究的主张。第三，化学系和土木工程系第一学年都设有作工课程，以养成学生喜好劳动的习惯和训练学生进行劳动和工作的能力。从整体上看，广西大学注重应用科学知识和能力的养成和训练，这与马君武主张面向广西培养各项建设事业的"生产队伍的长官"，领导工农业建设的思路是相吻合的。

二、养成勤奋的读书风气

（一）勤奋刻苦

学习首先要勤奋刻苦。勤奋刻苦为马君武在学习、工作中一直所信奉和坚持的。白崇禧认为，马君武"家道贫寒，然极聪明"①。马君武精通日、英、德文，法文亦佳，并有大量著述、译著等，天资聪颖且向来刻苦。这与他幼年成长经历有莫大的关系。马君武出生在广西桂林，其父亲是一个县衙的幕僚。其家境一般。马君武自幼好读书，四岁附馆发蒙，七岁开始学做对子。九岁那年，其父亲病故于马平县署，家道中落。课余与其妹助母缝衣边、插爆竹引线，以维持生计。②后马君武到阳朔县舅父家，在县衙任幕僚的舅父"乘间授以'刑钱'之学；或命其抄写例案公文，君武兴味索然"。后来被送回桂林，其母大怒，大施鞭楚，君武领受母教，自此"立志做人"，"拼命读书"。③在后来的读书生涯中，他都坚持刻苦读书的信条。他在广州学习时，到路灯下看书。到上海转赴日本，衣服始终一套，到日本投考，没有墨盒则以碗代替。他自己还回忆说，"平常卖文章过活，有时吃两个香蕉过一天，有时吃了两块饼也过一天，还有时候吃着一碗粥也过一天"④。在德国学习期间与商务印书馆的陆费逵商定出版译著，以稿酬维持留学费用；还助人管理农庄以得求学费用，"居乡间田庄，助人管理农庄，聊以自给衣食，且受益不少也"。⑤马君武在著《德华字典》时极为勤苦，得到德国人的称赞。"学科之暇，以著此书。其后入波鸿化学工场，任工程师职。每日工作八点钟，稍有余暇，即赓续旧作，至四年秋初而毕。作此书时，以一人之力，每至夜深始罢。当时之勤苦，德国友人每赞异之。"⑥

担任校长后，马君武主张学生求学应勤奋刻苦，学校安排自修时间，并

---

① 白崇禧：《白崇禧口述自传》，北京：中国大百科全书出版社，2009年版，第391页。
② 曾德珪选编：《马君武文选》，桂林：广西师范大学出版社，2000年版，第347页。
③ 同上，第347—348页。
④ 马君武：《读书经验自述》，见李高南、黄牡丽编：《马君武教育文集》，南宁：广西美术出版社，2008年版，第11页。
⑤ 马君武：《与朱屏子书》，见莫世祥编：《马君武集》，武汉：华中师范大学出版社，2011年版，第237页。
⑥ 马君武：《德华字典》，中华书局，1920年版，序。

在平常的演讲中倡导学生养成珍惜时间,刻苦用功的学习习惯。

"学生都很用功的,到了自修时间均在自修室内自修,绝没有过梧州玩耍的。希望新来的学生,把以前的学风继续下去,凡自己觉得以前的程度不行之处,应力行补救,不要过梧州去玩耍,如看影戏上茶馆等。"[①] 针对广西大学部分学生由于园艺会等原因影响学习,他强调学生应珍惜时间,"好好的准备用功","尽力功课"。

马君武还认为努力治学与勤恳的精神非常重要,即使天资聪颖的学生也不例外。他指出,部分学生可能由于中学时期没有打好基础或天资稍逊都没有关系,并勉励稍落伍者不要灰心,要尽自己的心力,"好好的向前走去,终有达到目的的一天"。"天资较好的同学工作如能勤敏,那么进步一定是很快的,希望依旧继续下去,勿流于骄傲。"

(二)随时随地读书,并且要专一

当时的两广,甚至汉口等地赌博之风盛行,人们读书学习的风气不佳。马君武认为20世纪初中国日趋没落,广西也入没落之途,人们不好读书而好赌博。

> 曾经有人这样的问我:"你会打纸牌吗?"我说:"不会。"他说:"桂林人不会打纸牌?"可见桂林人都会打纸牌。不但桂林如此,汉口、广东各处的赌风也同样的盛行。[②]

根据马君武在国外的学习见闻,外国人利用剩余的时间金钱来读书,而中国人却用之于赌博,令他痛心。他主张学生要随时随地读书,养成"自动学习的精神",随时随地都是研读的好机会。一般人所认为的"上课乃读书的时候,放假为休息的时候"之观念,根本是一种不甚正确的观念,他认为应

[①] 马君武:《广西是不是需要高等教育》,见盘珠祁编:《马君武先生演讲集》,梧州:广西大学,1934年,第163—168页。

[②] 马君武:《建设广西与基础教育》,见李高南、黄牡丽编:《马君武教育文集》,桂林:广西师范大学出版社,2016年版,第194页。

该打破它。①

读书要讲方法并且专一。马君武根据自身读书的经历认为，读书要有方法，死读书而无知识是不行的。在方法上，马君武认为，"读中国古书的方法，应先做一番整理的功夫，读起来可以便当许多，易收效果"。他还自谦地说，以前自己读的书，哲学也有，化学也有，冶金学也有，土木学也有，实在乱学一泡，觉得吃了大亏。由此他告诫说，"希望诸君读书的目的不可多，要以专心读一门学问的好。目的多了，可以结果弄得什么学问都不懂的"。②

（三）读书要中西贯通

马君武在十九岁（即离开广西体用学堂）之前所读的书大部分为中国书籍，十九岁以后所读之书大多系外国书籍。当时马君武认为中国关于算学等科学类书籍不多，这类书籍是西方国家才发达。不过，他并不因此而认为中国书籍无用，他说："在十九岁时读过一部中国书，受到许多益处，就是宋明诸儒语录。"马君武甚至认为该书对他一生产生了重大影响，并以为该书是"研究我国学问的宝丹"③。广西大学的图书馆有诸多中外文图书和期刊供师生阅读和研究，其中，"中外图书有四千九百三十八册，中外杂志六千八百五十册，中外报纸二十八种"④；师生所使用教材和参考书，大多取自国外，如生物系的 *The Great Soil Groups of the World and Their Development* 和 *Development of the Human Body*，农学院的 *Science of Meat and Biology of Food Animals* 等⑤。

综上可知，马君武自幼勤奋苦读，担任大学校长后提倡学生勤奋刻苦，读书要专一，并且要中西贯通。

---

① 马君武：《大家应有自动学习和爱校的精神》，见李高南、黄牡丽编：《马君武教育文集》，南宁：广西美术出版社，2008年版，第60页。
② 马君武：《读书经验自述》，见李高南、黄牡丽编：《马君武教育文集》，南宁：广西美术出版社，2008年版，第12页。
③ 同上。
④ 《图书馆概况》，《广西大学一览》，梧州：广西大学，1933年，第221—222页。
⑤ 《理学院概况和农学院概况》，《广西大学一览》，梧州：广西大学，1933年，第83—171页。

三、重视教师的作用

马君武注重发挥教师传播知识、指导学生的作用。

(一) "教育者一国之魂也"

学生读书学习，不仅要勤奋努力，还需要教师的点拨指导。教师广博的知识学问和丰富的经历，是青年学生一时难以具备的，因而教师在学生学习中的重要作用也是显而易见的。马君武非常重视教师的作用，认为教师在大学中处于关键地位。他把大学教育比作金字塔：底座愈坚实、愈高大，就能树起愈高的尖塔；大学的师资水平愈高，就能培养出愈拔尖的学生。不仅如此，而且"教育者一国之魂也"[①]。

首先，教师应该以读书做学问的精神维持大学，因此"在我们教职员方面，除了这个目的以外，再无别的目的的。情愿同学们也这样"。

其次，除了授课外，教师需要指导学生，注意学生的行动和学问，"指导学生养成良好的习惯"。《广西大学教员服务规则》中规定："教员除担任授课及办公外，有指导学生生活之责。"[②]

了解学生，关注学生，才能指导好学生。为此，广西大学规定教师要与学生进行谈话，这是"师生合作的表现"。

校教员/授规定与学生谈话时间

师生合作，系本校根本精神，故于十月卅一日教务会议议决：请各教员/授规定与学生谈话时间，兹各教员/授，除极少数外，业经定妥致送教务处，特汇齐列表公布如后：

[①] 马君武：《论中国国民道德颓落之原因及其救治之法》，见曾德珪选编：《马君武文选》，桂林：广西师范大学出版社，2000年版，第197页。

[②] 《广西大学教员服务规则》，《广西大学一览》，梧州：广西大学，1933年，第34页。

姓名	谈话时间	地点
马名海先生	星期一、三、五下午二时至五时	教务处
	星期二、四、六下午二时至五时	工科物理系教室
王永华先生	星期二、五下午三时至五时	鹤山洲第九宿舍
	星期六晚七时至十时	
原芜洲先生	星期一、二、三、四下午七时至九时	农科三楼
	星期五下午七时至八时	
钱声□先生	星期一、二下午一时至五时	工科楼下
	星期三下午二时至五时	
阮真先生	星期一、二、三、四、五下午五时至六时	农科楼下
熊襄龙先生	星期三下午一时至二时	农科二楼
王占常先生	星期一、三、五下午三时至五时	农科二楼
张志超先生	星期一、三、五下午四时至六时	鹤山洲第三宿舍
谭亦凡先生	星期一、二、三、四、五下午三时至五时	鹤山洲第四宿舍
陈兆骝先生	星期一、三、四、五下午三时至五时	农科三楼
崔□先生	星期一、二、三下午三时至五时半	农科二楼
林炳光先生	星期一下午三时至五时半	农科二楼
	星期二下午四时至五时半	
	星期三、四下午三时至五时半	
杭维翰先生	星期一、三、五下午二时至五时	农科楼下
郑建宜先生	星期一下午三时至五时	农科楼下
	星期三、五下午四时至五时	
梁伯衡先生	星期一、二、三、四、五下午六时至八时	农科二楼
杨家箴先生	星期一、五下午四时至六时	鹤山洲第四宿舍
邓静华先生	星期一、三、四、五下午三时半至五时半	农科二楼邓寓

续表

姓名	谈话时间	地点
过崑源先生	星期一、二、三、四、五下午三时至五时	农科三楼
王文俊先生	星期一、三、四、五下午三时半至五时半	农科楼下
梁治群先生	星期一、二、三、四、五下午四时至五时半	一宿舍一号

还有教员数位之谈话时间尚未送到故未刊出①

从已经公布的教员与学生谈话时间可以得知,除个别教员的规定谈话时间在两个时段以外,其他的均在三个时段以上,有的甚至从周一到周五均有安排固定时间与学生谈话,如梁治群先生。固定的谈话时间为学生学习提供了一个交流和解惑的机会,这对促进学生智育发展发挥积极作用。"师生合作,系本校根本精神"体现出马君武营造一种"师生共同生活"的氛围,教师指导学生,促进学生的设想——"一般的教授好像学生的家长,学生好像先生的子弟,所以希望各位先生于下课之后,还须照拂学生,不要像上海大学里的先生和学生一样,上课的时候见面,下课以后各不管,学生找不着先生,先生不见学生。并且希望先生们注意学生的行动和学问,先生有暇就去指导学生。"②

(二)延聘名师

为了保证知识传播的进行和对学生学习的指导,马君武延聘学有所长的教师。他罗致教授,对外省教师特加照顾,资送教师出国深造,筛选教师保证质量。

第一,礼贤下士,罗致有才华的教师。1935年,广西大学成立植物研究所,为了聘请国际植物学会副主席、中山大学植物学教授陈焕镛来兼所长,马君武竟"五顾茅庐",并且特地为他建了一所别墅。马君武在上海招揽教师,甚至亲自送聘书以示诚意。据邓静华(后任台湾淡江大学数学系主任兼

---

① 《校教员/授规定与学生谈话时间》,《广西大学周刊》,1931年,第1卷第5期。
② 马君武:《广西是不是需要高等教育》,见盘珠祁编:《马君武先生演讲集》,梧州:广西大学,1934年,第163—168页。

教务长，东吴大学数学系主任兼理学院院长，政治大学数学系主任等职）回忆，马君武亲自送聘书到其住处，"不时余之感动匪言可喻！"①

第二，特加照顾外省教师。广西人才匮乏，经济欠发达，马君武千方百计吸引和留住外省教师。外省教师在薪金待遇上更为优厚，他长子以及两位广西籍助教比同时聘请的外省助教要低40元一个月。另外，对外省籍教师在生活上给予适当照顾，使之安心教学。如在住房等方面礼让外省籍教师，将新建的"马公馆"让与广西大学教授住，自己却住在黄绍竑收回的原英国领事署内的旧房里。

第三，资送教师，培养人才。马君武主张以资送教师出国深造的形式培养中青年教师，以符合广西当地发展需要为宗旨，引导教师在林学等方面深造，并制定《广西大学资送教员出国研究规则》：

第一条　本大学为培养教材鼓励教学于必要时得资送本大学教员出国研究

第二条　资送出国研究教员以在本大学服务两年以上具有特殊成绩且属本省籍者为限

第三条　凡依本规则出国研究者须与本大学订立合同包括左列各项
（一）研究年限
（二）研究科目
（三）研究费用
（四）回国后须在本大学服务之年限
但上项合同须呈送省政府备案

第四条　凡依本规则出国研究者不履行合同时本大学得随时停付研究费并追还已付之研究费

第五条　凡依本规则出国研究者须觅保证人遇出国者不遵守第三条或不履行第四条时该项研究费应由保证人偿还

第六条　资送出国研究每年以一人至二人为限于各院教员中轮流选派之

---

① 邓静华：《怀念马校长君武先生》，见纪念筹备委员会编：《马君武先生百年诞辰纪念特刊》，台北：协铭印刷有限公司，1987年版，第52页。

但须开具该员资格履历服务成绩派赴何国所习何科并连同体格检查表最近四寸半身相片二张呈报省政府核定

第七条　资送经费在本校临时费项下支给但每年度前编造概算书时即将此项经费编入作为定款经过三个年度之后即照常编列不另增加

第八条　本规则自呈报核准案日施行①

第四，筛选教师，保证质量。当时广西大学实行教师校长聘任制度，每年皆对教师进行筛选，以保证师资队伍的质量。"每年6月，凡胜任教学工作的教师，都得到续聘；并照例一般增加薪金一级，个别教学优秀者得增薪两级；而对少数治学态度、教学质量和教学效果较差，又不努力改进提高的教师，则不予续聘。"②

马君武爱才惜才，并前往上海等地招揽教师。这些教师在某领域学有所长，其中不少具有留学经历。他们在知识传播和学生指导中起到了积极的作用，促进学生智育的发展。先后在广西大学各学院任教、有留洋经历的教师如下。③

工学院：

马君武，广西桂林人，广西大学校长，曾兼任工学院院长。德国柏林工业大学工学博士。曾任实业部次长、司法总长、署理交通总长、广西省省长、上海中国公学校长、上海大夏大学校长、北京工业大学校长等职。

苏鑑轩，广西容县人，广西大学土木工程系主任。美国威斯康星大学工程硕士。曾任广西省立第三师范学校校长、广西全省工程局局长、梧州商埠公务局处长、国立交通大学教授。

李衡，广东人，广西大学机械厂技佐。香港黄埔造船厂毕业。曾任香港太古船澳械器工作指导员、香港宇工新工厂经理、广东海军江固兵舰轮机长、

---

① 《广西大学资送教员出国研究规则》，《广西大学一览》，梧州：广西大学，1933年，第35—36页。

② 编写组：《广西大学校史》（内部刊物），1988年，第28页。

③ 据《广西大学一览》（1932），《广西大学一览》（1933）等整理，先后在广西大学任教是指曾经在该校任教，但并非说明这些教师于同一时期均在该校任教。

广州渭文机器教养院图则教员、汕头电灯厂机器管理、汕头枪弹厂工务管理。

李旭升，广西桂林人，广西大学工学院教授。美国康奈尔大学土木工程硕士。曾在国内各大学任教授及工程师共二十年。

沈锡琳，广西贵县人，广西大学工学院教授。美国普渡大学土木工程学士、康奈尔大学土木工程硕士、美国G.B.O.铁路实习工程师。

丘君奋，广东人，广西大学工学院教授，代理机械工程系主任。日本东北帝国大学工程专门部机械科毕业。曾任黄埔军官学校教官、广东省立工业专科学校教务主任、机械主任。

龙纯如，广西人，兼任广西大学教授。美国康奈尔大学电机科硕士。

农学院：

盘珠祁，别号斗寅，广西容县人，广西大学副校长兼农学院院长。美国威斯康星大学农学硕士。曾任江苏省立第一农校教务主任、国立北京农业大学教授兼教务主任、广西建设厅厅长、广西教育厅厅长。

徐陟，别号季丹，浙江人，广西大学农学院教授。法国巴黎国立农学院农艺研究科毕业，在巴黎大学研究两年。曾任浙江大学农学院教授。

叶贻哲，福建人，农学院教授兼林学系主任。德国国立爱柏斯瓦林科大学毕业。曾任国立北京农业大学森林系主任兼教授、中央大学森林系主任兼教授、浙江大学教授。

钱明，上海人，广西大学土壤学教授。美国华盛顿大学教育学士、俄勒冈大学科学硕士、印第安纳生化学处化验师、俄勒冈州农业试验场土壤学技副。曾任广西农务局技师、国民政府农矿部技正兼农产物检查所科长、化验所主任，国立劳动大学教授等职。

费鸿年，浙江人，广西大学生物系教授。日本东京帝国大学毕业。曾任广东大学、北平大学、武汉大学、中山大学教授兼生物系主任。

理学院：

马名海，别号仙峤，河北人，广西大学教务长，曾兼理学院院长。美国威斯康星大学数理学士、哥伦比亚大学硕士。曾任北京师范大学、北京工业大学、暨南大学、交通大学教授，东北交通大学教务长、上海大夏大学物理系主任。

林炳华，广东人，广西大学化学系主任兼教授。美国艾奥瓦州立大学化学工程学学士。曾任广东兵工厂工务处处长、工程师，广东大学教授、广东工业专门化学科主任。

邓静华，四川人，广西大学数学系教授。国立北京工业大学、法国南锡大学数理学士。曾任上海大同大学数学教授。

萧达文，广西容县人，广西大学化学教授。美国密歇根大学化学工程硕士。曾在岭南大学任教。

谢循贯，浙江人，广西大学理学院教授。日本东北帝国大学理学士。

张镇谦，浙江人，广西大学理学院教授兼算学系主任。法国算学硕士。曾任中央大学算学教授。

徐玉相，浙江人，广西大学理学院教授。日本东京帝国大学天文系卒业。曾在东京天文台做研究。

闻诗，别号仲伟，浙江人，广西大学理学院教授。法国南锡大学理学博士。曾任河南大学教授。

谢厚藩，湖南人，广西大学理学院教授。英国伯明翰大学理学学士。曾任东北大学、北洋大学教授。

章洪楣，别号梯青，浙江人，广西大学理学院教授。美国威斯康星大学化学硕士。曾任上海大同大学、复旦大学教授。

陈之霖，浙江人，广西大学理学院教授。日本帝国大学毕业，并在研究院三年。曾任浙江大学教授。

蔡承云，江苏人，广西大学理学院教授。美国华盛顿大学地质学硕士。

马心仪，山东人，广西大学理学院教授。美国得克萨斯州立大学学士、硕士、博士，并在该校任助教、研究员。曾在北平燕京大学、北京协和医校任教。

汤觉之，别号爵之，湖南人，广西大学理学院教授。美国迪堡大学生物学士、哥伦比亚大学生物硕士、哈佛大学生理学研究院研究员。曾任复旦大学、国立中央大学教授。

其他留洋教职员：

苏汝诠，广西藤县人，广西大学事务主任兼代教务长。法国南锡大学科学博士。曾任广西实业院长，劳动大学、中山大学教授兼主任。

郭师儒，别号养真，河北人，广西大学注册主任，后任训育员。日本明治大学毕业。曾任山东统税局科长。

翟念浦，广西来宾人，广西大学英文教授。北平清华学校毕业。美国阿利根大学理科硕士、芝加哥商品检验局技副。

张舜琴，广东人，广西大学预科英文教授。英国伦敦法律学校教师。曾任上海中国公学及光华大学教授。

韦荣，广东人，广西大学预科英文教授。美国哥伦比亚大学经济学硕士。曾任中央大学、劳动大学教授。

曾庭谦，别号蕴山，广东人，广西大学英文助教兼女生指导。香港大学电科工程学学士。

汪立中，别号昆生，广西桂林人，广西大学训育员。日本名古屋高等工业学校毕业。

卫本森，别号道生，广东人，广西大学德文教员。上海同济大学修业，德国方言学校毕业。曾任广东黄埔军校德文教员、中德学校德文教员。

Dr. Adabert Deckert，德国人，广西大学微分、方差、力学、向量分析、德文教授。德国满城工业大学毕业。曾任满城德国博物院物理系主任，德国Kiel海军大学等校教授。

除了诸多留洋教员之外，还有龙志泽、阮真等国文系教授。

龙志泽，别号伯纯，广西桂林人，广西大学国文系主任兼教授。前清举人、内阁中书。曾任北平女子大学、东北大学教授。

阮真，别号乐真，浙江人，广西大学国文教授。东南大学国文系毕业。曾任中山大学文科副教授、暨南大学教育学院兼师资科国文组教授。

由马君武聘请的教员情况可知——

第一，除了国文系之外，其他各院系皆有留洋经历。

第二，各职能部门也有不少具备出国学习经历的职员。

第三，上述留学归来教员人数中，以留美为最（15人），其余的分别是：日本7人，法国5人，德国3人，英国2人。另有2人曾在香港学习。

留学归来的教员不少具有硕士学位，有的具有博士学位，知识渊博；有教师则具有在国外大学任教、研究、管理的经历，眼界开阔，见多识广；较多教师在国内著名大学具有任教经历，或在政府部门从事管理工作，教学和管理经验丰富。这些读书、研究和管理经历对其教学产生一定的影响。首先，有国外任教经历的教师把国外的科学知识、学术理念带回来，并在教书育人活动中有意或无意地进行传播，这些知识和理念潜移默化地影响着他们的教学。其次，在国内其他大学的任教经历或政府部门的管理经历也同样对教师们的教学活动产生影响。综上，马君武通过罗致留洋归来的教员，聘任学有所长的教授，提升教书育人的水平，促进学生的智育成长。

第二节 "努力工作"

一、社会的"工作"风气

当时广西大量的矿藏未探明，土地"未经开耕者占全省三分之二"[1]。虽有较丰富的矿产资源和大量土地，但是没有得到充分的开发利用，全省的经济不景气，呈现贫困与破败的状况。甚至有人认为，"在广西省属内的社会经济概况，是很复杂的，它可以代表中国目前存在的社会经济的各部分，同时具备社会经济之史的进化上各阶级的形态"[2]。可见当时整个中国的社会经济状况确实亟待复苏、建设。

广西省主席黄绍竑也认为，广西文化堕落，民间生活困苦，这些与本省学风放纵是息息相关的。即广西当时的学风不佳，一是懒惰，二是所学与各项事业无联系。因而他希望——"诸生今日本自民间来，他日仍将往民间归去。……万一学成竟不能应用，不但老农老圃从而失笑，本省父老更将大失所望。故当在学校时，诸生必须于受学、研究之余，时时亲切老百姓之实际生活。"[3]

当时广西的知识分子对社会发展的讨论也已关注农业建设问题，如《群

---

[1] 萧达文：《广西建设之过去与将来》，《广西大学周刊》，1932年，第3卷第5期。
[2] 叶非英：《广西现状之考察》，《群言》，1930年，第7卷第2期。
[3] 黄绍竑：《对于广西大学之期望》，《新广西》（国庆纪念增刊），1928年，第2卷第17号。

言》杂志上有不少探讨农业问题的著述、译著。如《中国粮食问题》《实施生产教育的先决问题》《现代文明与农业政策》《回到民间去的感觉与经验》《复兴农村论》《广西的水利建设与农业复兴论》等。这些言论或从粮食生产或从水利建设等方面对农业的建设问题进行了研究,并呼吁各界人士重视这些问题,积极进行改进。可见,无论是广西当局还是知识分子都以为广西社会经济落后,亟须复兴、建设。

马君武对当时广西农村社会的认识可以反映在他的一次乡村见闻里。他到梧州附近村落走了一圈后,发现农民是"愚蠢的乡民",是"懒鬼"。他说道——

> 当我们由容苍路汽车下落,那个目的地的村庄,显然在望,但是四面荒山无路可通,那一亩亩的田畴,因为大家都想加宽田亩面积,所以畴间的路儿已缩到仅可容足,乡民"习而安之",我们不仅感觉"行路难",稍一不慎就有"跌落水田"的危险!好容易走到村里,泥烂路滑,粪所林立……他们对于学校的观念,以为这是洋学堂,里面没有四书五经念,送子弟进学与否,这是没有多大关系的。至于田间的工作,就多是妇女负担。她们除了耕作以外,还要缝纫、烹饭、管理家务;乡间的男子,除了在农忙时,看不过意去帮帮忙,每年做工作的时间,统计不过十天外,终日无所事事,睡啦,玩啦,赌博啦,没有了钱,把女人养出来的鸡,种出来的粮食,拿到墟场去换,荒山荒岭的工作,就没有谁去干,让它长起茅草……在目前,这些乡民的经济生活,其所种的田产,除完粮纳税,仅足供给一家的衣食,以旧昔祖传的笨拙方法生产,能混混过日子,已经如愿已足,还有什么余力去谈建设……①

虽然马君武看到的只是梧州附近乡村的破落景象,但是也基本反映了广西乡村的普遍情况。因为梧州是广西经济最发达的城市,以梧州为中心的桂东南地区是广西较为富裕的地区,富裕地区尚且如此,更何况其他地区?广

---

① 马君武:《中国的人心和文明在什么地方》,见盘珠祁编:《马君武先生演讲集》,梧州:广西大学,1934年,第71—79页。

西乡村的破败与乡村的风气有关。

第一，懒惰与好赌，无人去干活，没有谁去荒山荒岭进行生产。

第二，生产方式方法落后，乡民们没有改进生产方法，仅仅以旧有的方法进行生产，满足于自给自足。

第三，最为重要的是，乡民对于学校的认识尚未改变，即以为学校是洋学堂，不研习四书五经是没有用的。乡民们受考取功名，升官发财的观念影响颇深。此观念进一步影响到普通民众让子女读书，接受高等教育的意愿。固执地认为学校是洋学堂，读书无用者不会送子女上学，如此必将造成读书人少，社会所需的各种专门人才缺乏。落后的广西虽然矿藏丰富，荒地很多，但是，没有人勘探，也不知道哪里的荒地适合种植什么植物，即缺乏学有所长的人去做这些工作。

马君武对于青年学生与农工业的认识还与他在上海等地的见闻有关。

> 现在有些做父兄的送学生到学校里去读书，而结果养成了一般大少爷，譬如我在上海有一个邻居，本身很勤苦，家里有田约百亩，将他的一个儿子送到宝山师范去读书，毕业后，结果学得穿长衫、食鸦片，永远不到田里去……我看见了这种情形，觉的很可怕，广西的学生十有九来自田间，绝不要把他们养成一些洋秀才、大少爷。所以本校的学生，每星期要有几小时的工作。[1]

在马君武看来，上海等地培养的大学生是一个特殊的阶级，入学的子弟认为自己是学生，在社会上不作工，在家中也不为家务效力，帮助家人，自认为是一个"洋秀才、大少爷"。在他看来，普通农家不愿送子弟入学，担心他们进了学校，反而不能为家务出力。子弟入了学，也以为自己是一个特殊的阶级，在社会上可以不作工。这是一种让人觉得悲哀的观念。马君武由此而认为大学生要主动去改变"大学生是洋秀才、大少爷"的看法，承担起改进农业、工业的责任，做各行各业的建设者和领导者，即广西大学不能养成

---

[1] 马君武：《广西是不是需要高等教育》，见盘珠祁编：《马君武先生演讲集》，梧州：广西大学，1934年，第163—168页。

"洋秀才、大少爷",学生要锻炼,要工作。

二、培养学生"努力工作"

关于大学生是一个特殊的阶级,蔡元培持这样的观点:所谓的特殊阶级,指的是大学毕业生拿文凭去政府或教育厅要求安排职位,仅仅把大学当作"升官发财之阶梯"。他认为北京大学原来是官吏的养成所,学生将大学视为升官发财的阶梯,是一个"特殊的阶级"。蔡元培尝试将北京大学改革成为重视"高深学问"的象牙塔。而马君武基于对中国经济发展和广西现状的认识,认为学生所读之书与各项事业无关,不能改变人们懒惰不工作,不能领导各项社会事业建设,那只是"洋秀才、大少爷"。广西大学需要打破这种人才养成的传统,培养具有工作能力的建设者。为了改变大学生读书不作工,自认为是特殊阶级的状况,马君武倡导养成新的作工观念,实施"锄头运动"。

(一)开展"锄头运动"

第一,养成新观念。当时人们深受旧社会蔑视作工的影响,视作工为"卑鄙下贱"的事业,视读书为极高尚的事情,读书可以不要作工。马君武认为须把历史遗留下来的这种错误观念逐渐打破,从而养成新的、喜好作工的观念,有效的教育是大脑和两手并用的。因此,广西大学的宗旨,"完全是要培养实用人才……我们广西大学提倡生产教育、劳工教育"①。

第二,实施"锄头运动"。为了使学生具备工作的本领,养成新观念,广西大学施行"锄头运动"。马君武认为,"作工"可以说是"锄头运动",向来没有人注意过,在中国似乎是很新的。不过,他以日本、德意志等国民众从事生产或提倡义务作工为例,说明处于积弱的中国,大学生需要努力开展"锄头运动",以养成"刻苦耐劳实际作工"的精神。当时广西大学学生作工的时间为每周一次(3小时),内容上根据农林者和工程者进行划分,并且"作工由几位先生指导。暑期作工乃有报酬的劳动,可有效帮助贫困学生解决经济困难,使其能够完成学业"②。

---

① 马君武:《广西是不是需要高等教育》,见盘珠祁编:《马君武先生演讲集》,梧州:广西大学,1934年,第163—168页。
② 编写组:《广西大学校史》(内部刊物),1988年,第33—34页。

第三，关于作工的规定非常严格，不作工不得毕业和转学。即作工没有成绩，则不能毕业和转学；如果想要转学或毕业证书，则需补足日前所缺的作工。

第四，学校对作工积极，业绩突出的学生给予奖励。如，仅1931年作工成绩优异的学生得奖人数就多达几十人。当时公布称"布告事照二十年度下学期各级学生作工成绩优异者应照例分别给奖，兹将免学费者十二名，给奖品者十二名，给奖状者十二名公布于后，仰各生知照"：

> 计开免学费者本科一年级彭祖锡、预科三年级甲组谭少峯等十二人。
> 给奖品者本科一年级吕应熊、预科三年级甲组李焯岗等十二人。
> 给奖状者本科一年级廖之仲、预科三年级乙组吴业伟等十二人。①

(二) 锻炼和培养学生工作能力

为了更好地使学生养成才干，不至于拿着文凭去候着政府差事干，一改过去大学生在家做大少爷的风气，马君武让"大家拿着'才干'和'刻苦'"到乡村去发展经济，铺设铁路。因此除平常的作工之外，还倡导学生在暑假进行实习锻炼。如农学院的学生进行农场实习、土木工程系的进行测量实习，实习学生提交参观、实习等报告。当时的实习报告有《参观广东市头蔗糖制炼厂记》《天文测量报告》《暑期赴柳州农事试验场实习报告》《测量实习报告》《农学院林学系民二五级暑期赴邕榕路林场实习报告书》等。② 另外还有机械厂和硫酸厂供学生练习操作。校内工厂的练习操作和校外实习都有相关规定，以保证学生实习、训练的质量，并有相关教师进行指导。针对学生实习、训练制定的相关规则有：《广西大学土木工程系学生暑期测量实习规则》《广西大学农学院学生暑期农场实习规则》《广西大学机械工厂学生实习规则》等。

---

① 《作工成绩优异学生得奖》，《广西大学周刊》，1932年，第3卷第4期。
② 相关实习报告可参见广西大学学生自治会：《西大学生》，梧州：广西大学，1935年。

第四章 强国："忠勇为爱国之本"

马君武留德时目睹德国动员民众和学生的情景，赞成大学应该实行军事训练，提高学生的爱国精神和战斗本领。也就是说，他实际上是认可军国民教育的——"主张对学生和全体民众进行尚武精神教育和基本的军事训练，以利于抵御外辱，重振国威"①。到了20世纪30年代初期，有教育家针对当时国家面临的危机寻求"救国救民"途径。如晏阳初认为，一般人民最感困难的四个问题："一是愚，二是穷，三是弱，四是私。"解决这四种困难的方法是：第一，用文艺教育攻愚，培养知识力；第二，用生计教育攻穷，培养生产力；第三，用卫生教育攻弱，培养健康力；第四，用公民教育攻私，培养团结力，并声称这是"救国救民的唯一方法"②。马君武认为教育要培养科学的知识和工作的技能，大学要发挥强国卫国的作用，倡导"忠勇为爱国之本"。大学要发挥强国卫国的作用，首先要倡导养成团体的生活，即培养团结和协作的能力；其次是将体育与军事教育相结合，倡导养成健康的身体，主张以健康的体魄训练战斗的本领，从而达到卫国强国的目的。马君武"觉得本省当局励行军训的得宜。诸君都曾受过了几年的军训，现在国势已经如此危殆，各位更应该对于日前所学……对于国家的独立上，有所帮助！"③

---

① 董宝良、周洪宇：《中国近现代教育思潮与流派》，北京：人民教育出版社，1997年版，第238—239页。

② 晏阳初：《在平教专科学校开学典礼上的讲话》，见宋恩荣编：《晏阳初全集·第一卷》，长沙：湖南教育出版社，1989年版，第175页。

③ 马君武：《农夫的殿望》，见广西大学：《西大理学院第一班暨预科毕业纪念特刊》，梧州：广西大学，1935年版。

第一节 "养成团体的生活"

清政府被推翻后,开始了中华民国时期。马君武先后任实业部次长、广西省省长等职,立志为"共和国"事业做贡献,但是各种努力却不能奏效。马君武认为社会中所有的事业或不能成立,或仅仅昙花一现,而兵祸却延长不止,军阀之间争斗不止,根本毫无觉悟。1931年"九一八"事变后,中日战事爆发。在国家处于危难之时,部分人卖国求荣,贪赃枉法,欺骗民众。马君武主张改变这种状况,要从大学做起,因此倡导大学生"入学读书,求知识固是本分,但是尤要郑重的是人格修养,必须素来对朋友忠实,然后将来对社会对国家方能忠实"[①]。

一、养成团体的生活之目标

马君武认为中国贫弱最基本的一个原因在于"一般人贪污枉法、假公济私,欺骗国家民族"。他认为中国贪污枉法太多,中国与俄罗斯一起是世界上贪污著名的两个国家。"中国人对于道德,有的太低落了,贪赃枉法的事,是多极了。"[②] 其次,现在有知识之人,往往敢于卖国,敢于欺民,就是素来无道德修养所致。[③] 马君武对于民国成立以后自私自利的现象进行举例,以说明这是导致中国病状的"根深蒂固的病原"——

> 自民国成立以来,一般执政的都是"一丘之貉"。袁世凯来,利用现有的势力,作皇帝梦;到北洋派,以优越的地位来抓钱,图一己的享受,一个督军、省长动辄搜刮几千万几百万。蒋介石、宋子文来了,作恶手段更高明,终日斤斤于功名利禄的获得与保全,而忘却自己的职责所在!甚至汪精卫亦只是"只知道革命,不知道亡国",竟然全不计较"国亡以

[①] 马君武:《广西大学之使命》,《新广西》,1928年,第2卷第20号。
[②] 马君武:《民族胜利三要素——道德、知识、身体》,见李高南、黄牡丽编:《马君武教育文集》,南宁:广西美术出版社,2008年版,第67—69页。
[③] 同①。

后，命将何革？"①

马君武还指出，中国人有"自家打理自家"的传统，实则无协作精神，整个国家不过是一盘散沙。就学校而言，国内大学存在学生欺骗老师，老师欺骗学生的风气。学校里面学生之间不团结，有争斗的情况。在广西大学，由于广西民情彪悍，新建的大学也无历史传统，学生中存在协作精神缺乏，修养欠缺的情形，具体的表现有：一是对学校伙食不满，打饭出闷气；二是对于学校公物的损坏；三是懒惰的作风，不到指定的地点倒水；四是部分学生不守秩序，洗澡后从窗户跳出；五是部分男生讥讽女生，不尊重女生等。

针对中国的社会境况和广西大学所出现的人格修养欠佳的情况，马君武提出教育要重视道德和人格修养，养成团体的生活习惯。他认为张君劢《立国之道》一书可以作为人格修养的参考方针。张君劢曾积极倡导改造国民生活，并提出六条标准——（一）把"明哲保身"改变为"杀身成仁"；（二）把"勇于私斗"改变为"勇于公战"；（三）把"巧于趋避"改变为"见义勇为"；（四）把"退有后言"改变为"面责廷诤"；（五）把"恩怨之私"改变为"是非之公"；（六）把"通融办理"改变为"严守法律"。马君武在此基础上补充了两条：（一）由"顾惜家变"改变为"爱护国家"；（二）由"贪图私利"改变为"重视公益"。

马君武之所以借鉴张君劢《立国之道》中倡导改造国民生活的标准，一方面由于他们留日期间就已相互认识，并成为朋友。另一方面，更重要的是出于两人对德国战事动员的认识。一战期间，马君武在德国留学，并且在大炮的"隆隆声"中从事研究和进行翻译，对德国的战事动员有着深刻的认识。他任广西大学校长期间，常以动员的形式激励学生努力学习、工作和研究，以挽救处于危难之中的民族和国家，"动员二字之意义是诸君知道的，凡是征兵国家，遇有军事，下令叫常备兵出动，这叫动员"②。1914年在德国柏林大学研习政治学的张君劢与多数留德学生全身以返，归国避难不同，觉得是遇

---

① 马君武：《柏林大学立校的真精神》，见盘珠祁编：《马君武先生演讲集》，梧州：广西大学，1934年，第37—44页。

② 马君武：《广西大学之使命》，《新广西》，1928年，第2卷第20号。

到了"千载难逢的良机"。张君劢开始对各国战事的胜败前途感兴趣,并购买许多地图和图书,热心于战事进展的研究,对经济学、国际法却冷淡下来。他自己将英国强制兵役法未获通过与德国人以当兵为荣做比较;并"目击欧战初期之情形"等。① 他总结胜方的经验,剖析失败方的教训,进而对参战各国的政治、经济、军事、文化进行较系统的研究。② 这些研究结论成为"立国之道"的立论基础。

马君武认为:"在百余年前德国的景况正与我国今日的实情遥相类似,但是德人居然以教育方法为复兴的工具,泰然行之有效。"③ 马君武借鉴费希特的演讲《对德意志国民讲》,用以表达他对团体生活养成的主张:"我们民族如要复兴,便要照菲希德的话去做,养成真和爱祖国的新精神,屏绝自私自利的心,那么不难想到我们应走的前路。"④ 在教育主张上,马君武认为要改变贪赃枉法,卖国欺民,自私自利,缺乏团结协作的状况,学校教育要负起责任。即大学造成新的国民,学生应该是有真爱的,有协作精神的,有团体生活精神的。所以造成新的国民,倡导真爱和新精神,具体包括:仁厚的气度、忠实的品德、守法礼让的精神和爱护的精神。

(1)仁厚的气度

在学校没有养成仁厚的德性,在社会必然是"斗争"、掠夺、祸害的。学生将来是要出社会服务的,养成仁厚的气度格外重要。其一,对待师长要"尊敬"。其二,对待同学要"亲爱","现在的同学便是将来在社会上做事的同伴"⑤,不应有嘲笑、轻浮、刻薄的态度,不要学市井无赖、奸商老贼,专讨便宜,使人难受。

(2)忠实的品德

---

① 张君劢:《我从社会科学跳到哲学之经过》,见程文熙编:《中西印哲学文集》,台北:学生书局,1981年版,第65—66页。

② 刘义林、罗庆丰:《张君劢评传》,南昌:百花洲文艺出版社,2010年版,第26页。

③ 马君武:《柏林大学立校的真精神》,见盘珠祁编:《马君武先生演讲集》,梧州:广西大学,1934年,第37—44页。

④ 同上。

⑤ 马君武:《本校近期及下期的工作》,见李高南、黄牡丽编:《马君武教育文集》,南宁:广西美术出版社,2008年版,第25页。

马君武"提倡忠实,无论对己,对国家对社会都是一样"。其一是对同学、朋友忠实;其二是对社会、国家忠实。在两者关系上,要素来对朋友忠实,然后才能对社会对国家忠实。

(3) 守法礼让的精神

学生要养成守法的习惯和礼让的精神,即"君子之风"。马君武认为应通过运动会以及各种运动比赛训练学生"团体生活竞争",但那不是个人出风头的地方,而是要作有规则的竞争,服从正确的裁判,借以养成守法礼让的君子之风。"因为在体育比赛,同政党竞选一样,胜者固然可喜,败者亦须严守规律。那才算虽败犹荣,这种道德,是国际通行的道德,是君子的风度,是民治政体的根基。中华民国果欲图存,而□文明民族之林,这种道德,非学起来不可的,切勿谓体育运动会仅仅教我们体育啊!"①

(4) 爱护的精神

爱护的精神,即"与学校发生一种恋恋不舍之情,不忍离开母校"。在校时该如何爱护学校?马君武以德国的大学实验器具"无论贵贱皆由学生自行购备"为例,说明广西大学的仪器全部由学校供给,仅收实验费两三元,从而号召学生珍惜机会,爱护学校。他说:"在校的时候,应珍重校产,爱惜校物,努力学业,共同设法促进学校前途的发展……在这不景气的状态中,大家对于学校一切器物更应竭力加以爱护,这也就是本校学生所应具有的精神。②

二、养成团体的生活之保障

蔡元培认为传统的学校教育中以规则限制学生,约束学生行为的方法与"共和国"培养国民的精神是相背离的。"我们既自认是人,尊重自己的人格,且尊重他人的人格,本无须他人代庖。""因为凡人有种奇异心理,就是在一方面吃了亏,要在他方面去报复。""学生既是被治的,将来出去办学校,当

---

① 马名海:《发刊词(三)》,见广西大学:《广西大学第一次运动会特刊》,梧州,广西大学,1933年。

② 马君武:《大家应有自动学习和爱校的精神》,见李高南、黄牡丽编:《马君武教育文集》,南宁:广西美术出版社,2008年版,第59页。

教习,一定也要治人,这正是流毒无穷了。"①

民初教育总长范源濂继蔡元培后,提出"保有健全之人格,预储备独立自营之实力"的主张。"对于学生亲之如良友,爱之如子弟,本身作则,以陶冶其品性,养成其独立自营之能力";"诸生在校,当以致力学业,锻炼身心为务";让学生感受到"有耕织操作终岁勤苦之人,而我得饱暖求学,则应感谢家庭及社会,有监护教导之人,而我得安坐受业,则应感谢管理员与教师";"自由以法律为范围者也,学校规则必应遵守之";"平等非无秩序之谓也,学校秩序必应尊重之"。②

马君武对蔡元培关于学生人格养成是赞同的,亦认可范源濂关于"保有健全之人格","对于学生亲之如良友,爱之如子弟"的主张。"一般的教授好像学生的家长,学生好像先生的弟子。""学生们年纪很轻,初初离开家庭,或感不便,但知道学校就是青年的第二家庭,我们要将广西大学化为家庭一样,因为诸生的父老很信赖我们,将子弟托付我们,我们对于学生就要如自己亲爱的子弟一样。"③ 他寄望于教师注意学生的行为举止,并指导学生,实现"师生共同生活"。

(一)组织保障

1. 成立学生自治会

虽然"因为近年广西在人事方面的非常努力,所以无论在军政上、建设上、教育上都充分地表现出很好的成绩,因此在全国有模范省的美誉","如果和文明国家比较起来,相差的程度当然太远,还是十分的落伍,于事实上自不能不需要'快马加鞭'的努力"。④ 马君武对广西的发展并未满意,对国内大学的情形也持批判的态度。

---

① 蔡元培:《在北京高等师范学校自治会演说词》,见高平叔编:《蔡元培教育论著选》,北京:人民教育出版社,1991年版,第289—290页。
② 《教育部训令三则》,见陈学恂编:《中国近代教育史教学参考资料》(中册),北京:人民教育出版社,1987年版,第177—178页。
③ 马君武:《广西大学之使命》,《新广西》,1928年,第2卷第20号。
④ 马君武:《从西大的特质说到自治会组织的意义》,见盘珠祁编:《马君武先生演讲集》,梧州:广西大学,1934年,第175—182页。

倘若照现在国内办理大学的情形，前途实在悲观。从一般说，学生无不具三大特色：一是放荡，没有纪律，不定规矩，没有尊长，决不服从。二是懒惰，学生欺骗老师，老师欺骗学生，相习成风，先生高兴就教学，不喜欢便不上课。学生呢？就普通说，注册后可以回家去闲游，或到社会上去做事，一到考试，问问同学，抄抄讲义就算完事！一是虚狡，照道理讲，学生入校求学的目的在求真实本领，做实际的救国工作。①

马君武认为这样的大学情形是不能救国的，只有以好国民的努力，能自治，能团结才能把中国建设起来。

照现在国内大学的情形，可以说对于国家的责任是"只亡不救"，所以要使国民尽一分子的力量，去救中国，在教育上应该有"新的方法"，以陶冶"新的精神"，出去社会以后算有真实本领，能够刻苦工作，并且能够抵抗外人对我的侵略，这就是从前曾经对诸君说过，我们实施教育的目的。……不过新中国的造成，并不是由几个不忠实的委员胡乱措施所能为力，是需有一般好国民的努力，他们能够自治，能够团结，这样然后才会把中国建设起来。②

但是，"社会上好国民，自然是从学校中好学生而来"。所以在学校应该养成学生的自我管理能力和进行团体生活的能力。

所以学生应该要有组织，能自治，能团结，不过组织实现以后，就要真能够遵守规则，互相信赖，举出你们信仰而觉悟的同学，出来负责办事，好好地得到领导，走到"光明之路"，真是名副其实，一切不要干涉，本着自治的精神，自己管理自己。是这样，然后可以管理别人！同

---

① 马君武：《从西大的特质说到自治会组织的意义》，见盘珠祁编：《马君武先生演讲集》，梧州：广西大学，1934年，第175—182页。
② 同上。

归于好,这是组织自治的一个意义!①

马君武认为,除了学生进行自我管理之外,养成学生团体生活的能力有着更为深远的意义,即学生负有救国使命,要把整个中国建设起来。但是,"目前各处最缺乏的就是'组织',因此你无论到什么地方去看,都可以见到'一盘散沙'的现象"②。在马君武看来,到处缺乏组织的国家其发达是难有真正希望的。要把整个国家建设起来,必须要有能自治和团结的国民。学校则应该通过组织来养成这样的国民。

> 所以一般负有救国使命的学生,大家在学校时,就应该养成组织的能力和自治的习惯,然后回到本乡本土以后,负责将向来散漫的村乡组织起来,一县的事业,兴办起来。如果一乡一县弄得很有头绪,一省才有办法!因为乡村是一县一省的组织细胞,细胞不健全,没有新陈代谢的生活作用,那么整个的组织,自然不能够健全而有生机!而且个人是广西一个更小的细胞,一个人当在做学生的时代,就应该组织有自治团体,平素有训练养成自治的习惯以互助合作,这是组织自治会一个更为深长的意义。③

当时的教员苏鑑轩教授对马君武关于通过学生自治会培养学生自治、团结能力,促使政治、工业等上轨道,实现国家发达希望的主张是赞同的,并且在演讲中极力推崇。

> 因为凡是一个机关必须组织良好,一切才能够上轨道。有秩序,然后努力工作,才有良好的成绩,譬如政治有了良好的组织,政治才能够上轨道,有成绩;工业有良好的组织,工业才能够上轨道,有发达的希

---

① 马君武:《从西大的特质说到自治会组织的意义》,见盘珠祁编:《马君武先生演讲集》,梧州:广西大学,1934年,第175—182页。
② 同上。
③ 同上。

望。我们中国向来是很少有良好的组织的,自政府以至于人民,总是散漫得很,表面上觉得是很自由,其实不是自由,是组织散漫,在组织良好的国家,表面上虽觉得有多少不甚方便的地方,其实是他们的组织严密,纪律分明,并不是不自由,我们中国人是在无良好的组织之下散漫惯了……①

马君武与苏鑑轩等主张选举出来的学生代表,即为学生会的立法机关,章程、计划交由立法机关决议;开会可以各抒己见,但对言之有理的应"心服";多数人通过的决议案即便与自己主张不同,总应拥护;通过的决议应努力去办理,"不可置之不理"。学生会在学校中处于辅助地位:"切实与学校的办事人合作起来,学校里头凡有未臻妥善的地方,学生有何意见,总应该向学校陈述。"②

2. 成立斋务委员会

马君武认为,为更好地训练学生自治,让学生管理自己,要成立以学生生活管理为主的斋务委员会。该委员会"为给学生以自治训练起见","辅助学校职员共负维持宿舍秩序之责"。

宿舍斋务委员会及室长规则

第一条 本规则以训练学生自治为宗旨由训育主任主持之

第二条 每座宿舍设一斋务委员会由各该宿舍训育员及斋务委员六人组织之以训育员为主席

第三条 每室设室长一人每层楼设斋务委员二人

第四条 室长由同室学生推举之斋务委员分别由各层楼内室长票选之

第五条 斋务委员及室长任期以一学期为限

第六条 室长之职权如下

(一) 维持本室秩序

---

① 苏鑑轩:《十一月九日苏鑑轩教授在纪念周的演说词》,《广西大学周刊》,1931年,第1卷第5期。

② 同上。

（二）注意本室清洁

　　（三）协同斋务委员办理宿舍事务

第七条　斋务委员会之职权如下

　　（一）负责维持本宿舍内秩序及洁治

　　（二）检举违背宿舍规则

　　（三）监督斋仆工作

　　（四）接受室长建议

　　（五）建议关于宿舍内应与应革事宜于校长[1]

（二）人员保障

养成学生团体的生活的修养和能力，主要由学校训育负责实施。广西大学的训育起初由马君武与盘珠祁负责，后成立训育委员会，由龙伯纯和沈锡琳两位教授负责。

曾任训育员的有：

陈福薰，浙江人，训育员兼教务员。国立北京工业大学毕业。曾任大夏大学及中国公学教授。

汪立中，广西桂林人。日本名古屋高等工业学校毕业。曾任广西省立第四女子中学校教务主任、广西省视学、广西省党部筹备委员。

莫逎焆，广西邕宁人。北平工业大学化学科毕业。曾任省立一中及十中校长、八中教员。

郭师儒，河北人。日本明治大学毕业。曾任山东统税局科长，热察绥巡阅使署谘议。

汪家玖，广西桂林人。广东省立女子师范学校毕业。曾任广西省立第四女子中学校长、桂林女子艺术学校校长、柳江道立女子师范学校教员。

此外，广西大学还组织学校和班一级的同学会，由不同的同学负责教育、总务、学术等各项工作。这让学生能有机会在各项实际工作中锻炼自己，以此增强相互协作的能力。如理学院第一班同学会：

---

[1]《宿舍斋务委员会及室长规则》，《广西大学周刊》，1932年，第1卷第12期。

总务部长　武怀仁
　　秘书股长　周明达
　　交际股长　韩蒙轩
　　庶务股长　彭祖锡
　　研究部长　蒋朝清
　　学术股长　唐国正
　　编辑股长　秦道坚
　　编辑干事　蒋朝沅、蒋朝江、唐国正、陈立卿
　　出版股长　邬述彤
　　游艺股长　黎宗辅
　　教育股长　周玉庭
　　理财股长　黄瑶①

养成团体的生活是马君武办学思想的重要内容，这与当时广西大学初建，广西社会风气与全国处于危机的情形是相适应的。这不仅教育学生注重人格修养，团结协作，而且在更长远的意义上是为了社会，为了增强国家实力。

第二节　"训练战斗的本领"

马君武认为，在国家危难之际，必须要有健康的体魄，富有战斗精神，训练战斗的本领，才能增强国家实力，抵御外敌侵略，从而达到保卫国家的目的。因此，他主张通过将体育与军事教育相结合，训练战斗的本领，以抗敌救国。

一、体育设施与实施

在广西大学成立之初，马君武就说："应当注意身体的锻炼，必须有强壮的身体，然后能载强健的精神。"② 可见，健康的体魄是学习的基础，没有健

---

① 广西大学理学院：《广西大学理学院第一班特刊》，梧州：广西大学，1933年。
② 马君武：《广西大学之使命》，《新广西》，1928年，第2卷第20号。

康的身体何谈进行知识的学习和精神的养成？正所谓"身体是革命的本钱"，不仅如此，还应当是人的一切的本钱。同理，体育与军事教育的关系中，只有通过体育锻炼强健的身体，才能养成吃苦耐劳的战士，即，"吾国近来施行军训，乃为目前之急务。惟徒实行军训，而不注重体育，断不能养成前线耐劳敏捷之战士"①。锻炼成强健的身体，为知识学习，科学研究，发展人的精神生活提供载体，同时也是保卫国家所需。马君武自身亦强调加强体育锻炼，他说，"要知道企谋身体健康，乃我人生活最要紧的事情"②。他自己每月定期测量体重。

（一）创建体育机构，配备专职教师，添置体育设备

自从有了体育，便有体育管理。就体育管理工作所包括的内容而言，包括对设施设备的购买与维护、组织体育活动等。对于一所大学来说，要完成这些工作，需要配备一定的组织机构。马君武通过明确体育工作的领导体制，创建体育实施机构，配备专职教师，从而推动广西大学的体育实施。广西大学在梧州期间，设有体育室，直接由校长领导。"体育室设主任一人，由吴圣明担任，体育助理二人。后来学校实施军训，成立了训练处，体育室改属训练处领导，处长下设体育主任，先由万籁声担任，体育助理三人。万去职后，由黄识负责，黄调柳州农学院后，由黎干负责。"③ 1939年广西大学改为国立，马君武再次任校长。当时学校成立训导处，下设有体育卫生组，由黄识负责体育教育事宜，当时有体育讲师一人，体育教员二人，女体育教员一人。

添置体育设施设备是体育管理所涵盖的重要工作，也是开展体育运动必要的条件。马君武重视体育场地建设和体育设备的添置。在梧州期间，学校建成不久，就有"土质四百米田径足球场一个，篮球场八个，排球场四个，水泥地铁丝网圈围正式网球场两个，在抚河建有深、浅水水上游泳场各一个，

---

① 吴圣明：《体育与教育之关系》，见广西大学：《广西大学第一次运动会特刊》，梧州：广西大学，1933年。
② 马君武：《读书经验自述》，见李高南、黄牡丽编：《马君武教育文集》，南宁：广西美术出版社，2008年版，第12页。
③ 黄识：《广西大学的体育》，《广西体育史料》，年份不详，第2期。

并有高跳台和跳板设备"①，还有单杠若干，沙坑一个。学校购置了学生身体检查全套仪器设备，并规定学生每年定期进行体质检查一次。在桂林时期（含将军桥和良丰），有四百米土质田径足球场一个，陆上和水上游泳池各一个，以及网球场、篮球场、排球场等多个。广西大学较为丰富、多样的体育场地与设备为学生提供可选择的体育锻炼，有助于学生增强身体素质，促进运动技能训练和养成锻炼习惯，促进学生社会规范的养成，养成科学健康的生活方式。

（二）体育实施

为了保证学生具有健康的体魄，广西大学的体育从两个方面实施。

1. 预防保护和医治

注重预防保护，做好流行病的预防。如布种牛痘预防时疫——"近来时疫流行危险堪虞本校为防患未然计特由校医布种牛痘以免传染昨已由两校长发出第五十七号布告命各生于本月二十日以前向各班长处签名更由各班长□交校医以便依次布种。"②

校内设有校医室和疗养室。校医梁治群为学生诊断治病。据称，梁先生"医术高明，医德好"③。学校有学生治病章程供学生了解遇病时该如何向校医请求诊治。

> 本校为保障学生健康起见特于去冬增购大批药品并设疗养配药室刻已布置就绪即可应用兹将新定之校医室及疗养室简章转志如次
>
> （一）门诊：为便利学生诊病起见诊室仍设于第一宿舍第一号房如须特别检验或诊治者得于疗养室举行
>
> （二）诊时：每日下午三时半起至四时半止星期及例假停诊
>
> （三）出诊：如遇特别急症必须将详细情形陈知斋务员再由斋务员电话通知校医以便携带救急药物前往

---

① 黄识：《广西大学的体育》，《广西体育史料》，年份不详，第 2 期。
② 《布种牛痘预防时疫》，《广西大学周刊》，1932 年，第 1 卷第 10 期。
③ 《梧州老街史话》，http://hongdou.gxnews.com.cn/printthread.php?t=2218581&page=1&pp=20，2012-04-10。

（四）凡有传染病或重病之学生由校医指定迁入疗养室或医院

（五）疗养室及配药室暂设鹤山洲第六宿舍（体格检查室）

（六）普通配药时间定于下午四时至五时

（七）药费按照药之成本收回原价①

2. 课外锻炼

广西大学成立时由于体育设备尚未完备，仅规定全校男女学生除课外运动外每星期上正课两小时，早操半小时。复校后，设备逐渐添置起来，学校体育恢复。为了改进和组织学生课外锻炼，学校成立群育委员会。组织群育委员会的情形如下：

本校为改进学生日常生活课外作业起见特拟组织群育委员会指导一切业于本月十五日开筹备会并议决聘请铁明先生等七人为委员已由校长函聘矣兹将该日议决案附录于后

一，名称定名为群育委员会

二，委员人数暂定七人由校长函聘

三，群育委员会铁明过崑源黄晓沧曾庭谦吴圣明龙伯纯叶述武等先生七人委员会主席为铁明先生

四，任务为指导学生日常生活课外作业及教务以外一切事项

五，委员会组织章程由各委员起草后送呈校长核定之②

群育委员会成立之后，拟定了各项比赛办法，推动广西大学课余活动的开展，让学生积极参与各项运动比赛，以达到锻炼的目的。如1932年拟定的各项运动比赛办法如下。

一，本会各项球类运动比赛概定每星期日举行之

二，举行田径赛运动大会定卜二月卅一日起最多不得超过三日

---

① 《新定学生治病章程》，《广西大学周刊》，1932年，第2卷第2期。

② 《组织群育委员会》，《广西大学周刊》，1932年，第3卷第5期。

三，网球及田径赛运动由各生自由参加篮排足球及田径赛之替换跑其组织法照级组织之共分五组如左

　　1. 本二班　2. 本一班　3. 预三班　4. 预二甲乙丙班　5. 预二丁戊己班

四，凡参加网球田径赛运动者须向该班班长报名汇交体育处但篮排足球及替换跑各组织成立须由队长直接向体育处报名

五，各种球类最少有二队以上参加时方得举行比赛

六，自本星期二（十一月一日）起到下星期四（十一月十日）止截报名

七，各种球类运动比赛次序如左

　　1. 网球　2. 篮球　3. 排球　4. 足球

八，比赛方法采用淘汰制法惟球类运动参加队数不多时或采用循环法

九，运动项目分男女两组分列如左

　　甲，男子组

　　1. 网球单双打两种　2. 篮球　3. 排球　4. 足球

　　5. 田径赛内分　一百米　二百米　四百米　八百米　一千五百米　一万米　低栏　高栏　四百米替换跑　八百米替换跑　一千六百米替换跑　跳高　跳远　三级跳远　持杆跳高　铁球　铁饼　标枪

　　乙，女子组

　　1. 网球单双打两种　2. 篮球　3. 排球　4. 田径赛内分五十米　一百米　二百米　低栏　立定跳远　急行跳远　跳高　铁球

十，凡参加田径赛运动者每人最多不得超过五种

十一，奖品请学校酌量奖给之①

在马君武的积极支持和推动下，广西大学经常进行院、系、级、班之间的球类比赛和定期的游泳、球类、田径比赛，学校的体育活动得到蓬勃发展。

---

① 《拟定各项运动比赛办法》，《广西大学周刊》，1932年，第3卷第8期。

"马君武对学校代表队各项的经济开支和队员的生活都很关心,如,洪水期间浮桥撤了,球队需到梧州市区比赛,马校长就用他专用的小汽艇接送运动员。他对运动员在比赛中取得的成绩很高兴,经常勉励运动员要胜不骄败不馁,再接再厉。"①

(三)体育精神传播

为了更好地传播普及体育,广西大学还出版《运动会特刊》。这对学生认识体育的意义,弘扬体育精神,起到积极作用。如《广西大学第一次运动会特刊》中,除马君武在运动会上演讲之外,有黄晓沧、吴圣明等人发表关于体育的专门论说。如:黄晓沧著的《前奏曲·竞赛》《殿军》,吴圣明著的《教育与体育之关系》,孤鹤著的《怎样过新年》,梁明政著的《从运动会谈到健康法》,梁廷晶著的《对于本校第一次运动会的感想》,覃仲三著的《体育与民族之关系》,梁玉璋著的《体育的社会化》等。马君武、盘珠祁、马名海等人作了发刊词。

其中,盘珠祁的主要观点是通过体育锻炼强健身体,以图强国。"运动大会,国家尚武之表征也。""吾国自改革以来,各学校皆有体育比赛会,固踵欧美之尚武教育,本校今年元旦,开第一次运动大会,亦所以发扬尚武教育之精神。"②

马名海认为,是否健康关系到道德的好坏问题,大规模的比赛更是可以培养团结的精神,最终养成"君子之风",并且这是民主政治的根基。就是说身体康健者,情绪往往乐观,道德易于向上;身体孱弱者,易陷于悲观,道德亦易于堕落。"凡大规模的竞赛,如运动会者,可以养成爱群的精神,竞争的道德。我国人为一盘散沙,这不但外人以此相嘲,我们自己也不能不承认的,我们不但缺乏国家思想,种族思想,即任何小的团体也弄不好,也不能团结。这样的民族,是不适于生存在二十世纪的!"因此,"运动会的比赛,是最好使人民练习守则底一个机会","那才算虽败犹荣,这种道德,是国际

---

① 黄识:《广西大学的体育》,《广西体育史料》,年份不详,第 2 期。
② 盘珠祁:《发刊词》(二),见广西大学:《广西大学第一次运动会特刊》,梧州:广西大学,1933 年。

通行的道德，是君子的风度，是民治政体的根基"。①

吴圣明阐述体育与智育、德育、群育及军训的关系，认为体育是教育的一个重要部分。近来国势之衰弱，国人恒以提倡教育为救国之上策；故欲国家之兴旺，非努力提倡教育，实无他法。考教育之目的：在求学生养成高深之学识，良好之道德，强健之体魄，合群之心理，审美之观念，此即所谓德智体群美诸育是也。②

不少师生还创作诗歌，传播体育精神。比如《前奏曲·竞赛》即是弘扬体育精神的作品代表。

> 向上飞奔，
> 努力前进——
> 明知循环的跑道无终，
> 飞奔呀仍不停的前进。
> 呵，这是伟大的人生，
> 呵，这是超群的英俊！
> 歌赞罢，这等的人生，
> 崇拜呀，那么的英俊！③

这首诗体现了广西大学运动会竞赛的勇气、竞赛的努力和奋斗的精神。当时，"在运动场，马校长把旗升高，大家为脱帽高呼着，爆竹声振起了我们的勇气"④。"健儿们，努力着……奋斗，这是奋斗的开始！"这些体育精神的传播营造了学生热爱体育的氛围，促成学生在体育方面的"良好的训练"。

---

① 马名海：《发刊词》（三），见广西大学：《广西大学第一次运动会特刊》，梧州：广西大学，1933年。
② 吴圣明：《体育与教育之关系》，见广西大学：《广西大学第一次运动会特刊》，梧州：广西大学，1933年。
③ 黄晓沧：《前奏曲·竞赛》，见广西大学：《广西大学第一次运动会特刊》，梧州：广西大学，1933年。
④ 孤鹤：《怎样过新年——新年运动会日记》，见广西大学：《广西大学第一次运动会特刊》，梧州：广西大学，1933年。

马君武对体育教育极为重视，以体育的实施保证学生的身体健康，效果显著。不少代表队或选手参加市或全国的体育比赛，并取得优异的成绩，如游泳队参加梧州市举办的游泳比赛和代表广西参加全国第六届运动会的游泳比赛。部分广西大学代表队或选手所获佳绩如下：

> 西大田径队，在梧州市一年一度举行的群众性的万米环城赛跑中，主要队员丘陵如、李卓然、蔡渴，连得几届前三名。在梧州市第三届田径运动会上，男、女共获得大小十个银鼎、银盾和银杯。男子长跑丘陵如、短跑陈强政都取得出色的成绩；西大校友会的代表队，也获得两个银鼎和银杯……篮球队在梧州市举行一年一次的男、女子"仲庵杯"篮球锦标赛中，男队是每届的冠军队，女队也夺得数届冠军……其中男女篮、排球技术水平较高。在参加桂林市各种锦标赛中，常得冠军。①

广西大学各项体育运动的开展和体育精神的传播，保证了学生全身各个系统的顺利运行和发展，使学生的人体形态、生理机能、运动能力保持一种良好健康的状态，从而以更加饱满的精神和充沛的精力去学习和研究。正如马君武所期待的那样："希望在运动的过程中大家锻炼养成强健的身体，去研究学问，将来为社会为国家做一番事业。"② 后来雷沛鸿担任广西大学校长，继承了马君武重视体育的传统，关注学生的身体健康。雷沛鸿除"加强体育工作领导外，并注重学校环境卫生，他本人每天早上就练八段锦和其他健身的拳术"③。

二、施行军事教育

（一）广西大学军事教育的实施

马君武在辛亥革命后即提出，"新共和国当速行征兵制"。他认为"共和国"的国民对国家有两项不可放弃的义务——纳税和征兵，并以德国的征兵

---

① 黄识：《广西大学的体育》，《广西体育史料》，年份不详，第2期。
② 马君武：《科学知识的来源和改进广西的路向》，见李高南、黄牡丽编：《马君武教育文集》，南宁：广西美术出版社，2008年版，第44页。
③ 同①。

制说明我国要在世界上保持独立的地位，必须实行征兵制度。"德意志所行征兵制，凡国人皆有服兵役之义务，其国人之数七千万，战时可得兵六百万。今吾国可变通其法，依所需兵之多寡，按若干户而征一人，为他日国民皆兵之基础。征兵制手续固较之募兵为稍繁，而共和国立国之根本在是，不然是筑室于沙上是耳。"① 国内不少知识分子关注学校军事教育问题，如蔡元培考虑到国家外受列强侵略，内有军阀的连年混战，认为学校军事教育是必要的，即施行"军国民主义"。因而，"军国民教育者，诚今日所不能不采也"。②

"九一八"事变后，整个国家处于危难之中。马君武曾多次在演说中号召大学生热爱国家，具备战斗本领，以达到挽救国家危亡的目的。他说："我就把向来的教育主张说出，要养成学生科学的智识、工作的技能和战斗的本领，以适应世界的潮流，挽救民族的危机。"这种主张后来大家都赞成实行，务求科学、工作、战斗三方面平均的发展，同时并进。③ 在当时的特殊形势下，马君武将体育和军训融合起来，以期通过大学生强健的身体来建设经济和发展社会，拥有过硬的战斗本领来保卫国家。他针对抗战形势，提出一个胜利的民族须要具备三个要素，即"道德、知识和身体"④。其中两个要素是与体育紧密相关，即道德和身体。其中，身体可以通过运动训练或军训来练成。在他看来，即使是有了爱国的热情和战斗精神，那还不能真正做到保家卫国，军事训练是非常有必要的。"有了战斗精神，就要有战斗知识和战斗本领。所以全民族服兵役，大学生也不能例外。"⑤ 广西大学的师生对军事教育极为重视，认为"从欧战后，各国见及国防之重要，相继施行军训，以谋国基之坚

---

① 马君武：《论新共和国当速行征兵制》，见《马君武先生文集》，台北：中华印刷厂，1984年版，第76页。
② 蔡元培：《国防的教育》，见沈善洪编：《蔡元培选集·上卷》，杭州：浙江教育出版社，1993年版，第697页。
③ 马君武：《谈谈本校的几个问题》，见李高南、黄牡丽编：《马君武教育文集》，南宁：广西美术出版社，2008年版，第38页。
④ 马君武在金陵大学演讲亦持此观点，见《马君武先生演辞节录》，《金陵大学校刊》，1935年，第172期。
⑤ 马君武：《战斗知识与战争精神》，见曾德珪选编：《马君武文选》，桂林：广西师范大学出版社，2000年版，第234页。

固。我国亦因屡受列强之侵略，帝国主义之压迫，军事训练，亦应时代而产生"[1]。

马君武担任大学校长，根据时势变化，主张施行军事教育。那么，什么是军事教育？他认为大学的军事教育是使学生养成"战斗的精神"，具备"战斗知识"和训练"战斗的本领"。当时的广西当局领导人之一白崇禧则指出，军事教育的目的即为了在战场上获得胜利，即"所谓'军事教育'，是养成提高战斗和遂行战斗诸种能力所实施之一种教育"[2]。广西省府制定《广西中等以上学校军事训练规程》，规定广西中等以上学校施行军事教育。第十五条"中等以上学校军训之要旨及课目"中，大学或专科学校部分的规定为——

一、要旨
学科　使学生明悉基本军事学之原则及运用尤应注重研究军事学与普通学关联之学理
术科　使学生熟习一切制式及战斗诸动作锻炼其体魄增进其技能并养成陆军初级军官佐之能力
二、课目
学科　战术学、军制学
　　　以上二种为军官佐必修科
　　　军队教育学、兵器学、筑城学、地形学、交通学、经理学、卫生学、马学、典范学
　　　以上九种为军官必修科官佐选修科但得适应所学科系之课目教授之
术科　制式教练、阵中勤务、战斗演习、夜间演习、步兵特种武器之教练、技术（国技、应用体操、劈刺、马术）

---

[1] 吴圣明：《体育与教育之关系》，见广西大学：《广西大学第一次运动会特刊》，梧州：广西大学，1933年。
[2] 白崇禧：《白崇禧口述自传》，北京：中国大百科全书出版社，2009年版，第317页。

实弹射击①

此外，由于有学科修业规定，因此军训还安排了教室以研究军事学理。如关于教室及自习室的规定有：

第 十 条　教室及自习室为研究学术之所务求静肃
第十一条　军事学之修习以洞悉学理活用原则为主其与术科关联者应求融会贯通期能实用
第十二条　凡上课及自习前应准备所用书籍文具依号音迅速至定处集合候值日生整队率领入室在普通教育期间得免集合但不得迟到
第十三条　上课时在教官（教授者之通称）未到前应各静坐本位自习不得任意嘈杂及涂画板桌下课时须候教官离室后方可依次退出不得相互拥挤有乱秩序
第十四条　教室设教室值日报告表（附式一）由值日生逐堂填送教官查阅
第十五条　教官讲授时学生须挺身端坐注意领受不得左顾右盼搀问耳语或任意书画偷阅他书
第十六条　教官为详明本课程之义意旁征学理或推举例证时学生应笔记之②

另外还有关于军事训练的若干规定，如"不得逾限交卷交卷后不得取回修改"等。

白崇禧极力推行学校实施军事教育，他说："到了二十二年，我主张在中、大学实施军训，对学生采取军事管理，每校有军事教官，学生必须读若干军事课程和出操，生活起居有固定的时间，不上课一定要向教官请假，一

---

① 《广西中等以上学校军事训练规程》，《广西大学一览》，梧州：广西大学，1933年，第60—68页。
② 《军训学生应守规则》，《广西大学学生便览：二十六年度》，梧州：广西大学，1937年，第17—36页。

切规定得很完备很严格。"①

当时梧州高中学生经常闹事，广西大学有学生不守纪律，以学校饭菜不好而打碗出闷气等情形。白崇禧认为这些情形表明大学或高中的学生纪律普遍不好。要纠正这些不良的风气，需要对学生采取军事管理。白崇禧就全省中等以上学校实行军训事宜召集校长们开会讨论，但是校长们有反对的声音，马君武代表校长们提出反对意见。"他们有反对的意思，推荐马先生起来代表发言，理由不外军训太呆板了，叫往哪里转就往哪里转；而且占了学生的时间，影响功课等。"② 白崇禧"听了即席起来说明军训的意义"：配合征兵制度的实施，"寓将于学"；军训利用打球的时间，不占学生的时间；军训不至于呆板。

军训不至于呆板，但是有助于学生形成遵守纪律的习惯，更重要的是养成服从意识。马君武对此也是认可的，他认为无论是大学教授、大学生和苦力丁，开始接受新兵训练时毫无分别，都"只要服从纪律"。

但是军训并非像白崇禧认为的"不占学生时间"。从广西大学军事训练课目和时间安排上来看，不仅课目众多，而且时间安排很紧。广西大学在成立之初，即"规定军事训练为必修科"③。1929年广西当局派军训官到广西大学开始规划实施军训，但是由于两广事变致使学校停办，军事训练也随之停顿。复校后，广西大学在《广西中等以上学校军事训练规程》框架下，对学校军事教育进行规划安排。其中，课目简况如下。

（1）学科（课目）

精神讲话、军事纲要、民团组织、海陆空军刑罚连坐法、陆军礼节、步兵操典摘要、步兵野外勤务摘要、野战筑城教范摘要、射击教范摘要、夜间教育摘要、通信教范摘要、筑营教范、军队卫生救急法、测绘术。

（2）术科

制式训练——敬礼演习、各班教练、连教练、捷克式轻机关枪教练、射

---

① 白崇禧：《白崇禧口述自传》，北京：中国大百科全书出版社，2009年版，第391—392页。
② 同上。
③ 《军事训练概况》，《广西大学一览》，梧州：广西大学，1933年，第211页。

击预行演习、阅兵及分列、步兵特种武器教练。

野外演习——距离测量、阵中勤务（传令、斥候、步哨、行营警戒、驻军警戒）、战斗演习、各个散兵、对抗演习、实弹射击、工作实施、简易测图、夜间演习、技术（零操、刺枪、图技）。

另设检查。

在时间安排上，全学年预定44周（每学期预定22周）。

（1）学科——每周通常3回，每回1小时。

（2）术科（场操及野外演习）——夜间演习在上学期每周共5回，下学期每周通常4回；其中，场操每回为1小时30分，野外演习、夜间演习及工作实施均为3小时，实弹射击6小时，每周的夜间演习在星期六晚间进行。

从军事训练的规划安排来看，在课目上既有让学生了解军事发展趋势、改正不良习惯的"精神讲话"，也有"以锻炼身体各部分筋肉坚强敏活及呼吸均匀耐劳为主"的"零操"，还有以精密瞄准沉着射击为主的"实弹射击"。可见军事教育之全面和具有实战特征，军事教育所安排的时间亦颇多，预定每周分不同科目进行不同内容的军事训练，并且不能缺课，"各周学术科回数因故障或休暇缺课时应予顺延务以学期终了前完成之"。

（二）军事教育与学校教育的冲突

有研究指出，"好些史料文章，在写马君武辞广西大学校长时，总是概略地讲：因为马先生反对军训"。① 马君武是不是真的反对军训，原因何在？这其实涉及白崇禧与马君武在军训目的认识上的分歧。

广西大学在施行军训初期，就已经颇为严格，对不受告诫的学生进行警告。

　　九月廿六晚点名时因各生多着木屐踏地声浪大高军训第四队队附以其有碍公安当即劝戒内有农学系一年级学生吴敏不受诰诫竟握拳作狙击势同时化学系二年级学生周明达鼓动风潮攘臂呼打秩席顿乱兹据董大队报告副校长后本校当局认该两学生实犯校规有伤校誉本校又值军训伊始

---

① 刘君：《马君武怒辞西大校长》，《桂林日报》，1985年1月13日。

对教官如此不敬此风实不可长本应从严处分令其退学姑念该两生系属初犯先予以警告昨既布告全体学生知照矣①

但是由于学校与军队有别，学生与军训教官发生了冲突。

有一次，集团军总司令李品仙去西大作抗日形势的报告，说日本是个小国，兵源有限；而我国地大物博人口众多，它以有限的兵力至多只能占领城市，广大农村仍将在我手里。因此，中国是不会亡国的，当李品仙讲完话时，学生中有人带头鼓了掌。汪玉珊待李走后，即训斥学生，说应由他带头示意，学生才能随着鼓掌，不能目无长官（实际是要由他率先捧场，讨好李品仙），这时学生中有人提出异议；汪玉珊更加恼怒，认为是违反了"服从是军人的天职"的明训，要把一些学生禁闭。"禁闭"也者，就是叫人坐小黑房（象洗澡间一样大小，叫禁闭室）。吃没菜的饭，形同对囚犯的一种处分。时间少则一天，多则十来天。这当然引起学生大哗。教务长赶忙用电话邀请张任民中将到校，通知汪玉珊前去接待，这才解开僵局。

再有一次，马君武见校警推一个学生去禁闭，一问情由，原来是这个学生刚洗完澡，水没干，没打好绑腿便走回寝室；路上遇到了汪玉珊，训斥一顿还不算，还要罚"禁闭"。马校长问明情况之后，觉得太过分，便交代校警将学生放了。汪玉珊知道了这事，就说校行政不应干预军训事务，马校长则说，我是校长，学校的一切事都该管。之后，汪玉珊打报告给李老总（宗仁）要求辞职以示抗议，而马校长也提出辞职。时在南京的李老总虽然叫吕竟存（省军管区副司令）对汪的辞职照准，对马校长则回电"慰留"；但马君武总认为在大学里搞军训利少弊多。他是个爱护学生的人，所以主张在西大要取消军训——也就是人云的"反对军训"……当权派白崇禧是当年要在大中学校搞军训的"创始人"，不肯放弃军训主张，马校长才愤而辞职。②

---

① 《两学生受警告》，《广西大学周刊》，1932年，第3卷第2期。
② 刘君：《马君武怒辞西大校长》，《桂林日报》，1985年1月13日。

从这两个学生与军训教官冲突的事件说明，马君武的辞职确实与此有关系。然而，马君武是否真的"主张在西大要取消军训——也就是人云的'反对军训'"呢？马君武是在1936年辞职的，但并非因为主张取消军训。根据他于1937年6月在《扫荡报》所著《战争知识和战争精神》一文对学校军训的主张看，他不至于要广西大学完全取消军训。他把学生和军事教官冲突的原因归纳为三种：

（一）中国虽将书院制改学校制已经有30多年，但是书院制行之既久，读书人脱不了浪漫放纵的积习。崇尚名士派，一旦以军法部勒，饮食起居，都要整齐严厉，便以为受苦不过。

（二）重文轻武的成见太深，以为读书人是治国治民的，或者是做工程师、教育家、农商业专家的，不服武人用军法来管理。

（三）与第二种原因有密切关系，以为我们是大学生，你们这些军官，程度不够，不配来管我们。①

据此，马君武认为，"果报不爽，大难临头，现在所受种种灾难，都是过去读书人落伍，浪漫放纵的自然结果"；"战争的知识要极新，战斗的精神要极强"，这样的民族才能不至于灭亡。所以要全民族服兵役，大学生也不能例外。② 马校长虽然崇尚学术自由，但对学生的军事教育仍非常重视。③ 可见，马君武仍然坚持主张学校应该实施军训的，只是要将军训限定在一个合理的界限内。

有研究是这么看待马君武与广西大学军训教官的冲突——

---

① 马君武：《战争知识和战争精神》，见曾德珪选编：《马君武文选》，桂林：广西师范大学出版社，2000年版，第233页。
② 同上，第233—235页。
③ 周伯乃：《桂水长清——马君武传》，台北：近代中国出版社，1989年版，第181页。

因为这是最初办理,在人事上、组织上,都还未上轨道,时常发生人事上的摩擦和组织上的纠纷。学生对军训,也还未有明确的认识,所以对军训不大愿接受。对军训人员也不大欢迎。记得在当时梧州西大,曾发生过一两次小小的风波,结果学生受了处分,按军训人员也受着调动。马校长竭力主持公道,学生不对,当然责罚学生;军训人员不对,也就毫不客气的纠正他们,责成他们,和请军政机关将他们撤,调。因为这样,外间便有些人说马校长偏护学生,薄待长官,甚而至于说到马校长不大赞成军训。①

这说明:(1)学生与军训教官的冲突是由于组织与人事上的摩擦;(2)马君武主持公道,对学生和教官都依规定对待;(3)社会上有马君武偏袒学生,薄待长官,甚至不大赞成军训的传言。

白崇禧认为学校军训是配合征兵制度的,最终"养成大量预备军官""养成大量的干部"。在马君武看来,养成战斗的本领与科学、工作、习惯是大学教育的四项内容,换言之,养成战斗的本领仅仅是大学教育内容的其中一个部分,毕竟学校与军队还是有区别的。作为大学校长的马君武爱护学生自是天然的行为,毕竟他深谙学校与军队之差别,他办的是学校,军训只是其中一部分教育内容,不是为养成军队预备长官。马君武认为,"学校里军训的系统,略有更改","大学到了最后一年,军操应免除,因为学生要做毕业论文,要试验研究,要参考书籍、搜集材料……要在科学方面从事归纳和自动的观察,以完成学习科学的使命"。② 学校教务会议也有提议"军事训练时间多拟由本会议建议减少并变更排列次序案,议决请马教务长与董大队长磋商办理"③。广西省当权者却认为军事教育的目的在于训练实行战斗的能力和取得战斗的胜利,大学的军事训练在于养成军队预备长官和大量的军队干部。马君武主张军事教育,不等于可以让军事教育完全充斥学校,毕竟马君武深刻

---

① 莫一庸:《马博士的军训观》,《逸史》(马君武先生纪念专号),1944年第12期。
② 马君武:《谈谈本校的几个问题》,见李高南、黄牡丽编:《马君武教育文集》,南宁:广西美术出版社,2008年版,第38—39页。
③ 《第一次教务会议录》,《广西大学周刊》,1932年,第3卷第2期。

地认识到，大学是学术和养成人才的机关。因此，训练战斗本领仅仅是其中一部分，马君武更关注的是学生以求学为本，养成战斗精神，具备战斗知识，也就是说，实施军训主要是激发学生的爱国热情，培养学生为国家服务的使命感。正是由于军事教育目的上的观念分歧，广西当局领导人借助他不大赞成军训的传言，从而暗示他"主动辞职"。

第三节 爱国教育的争论与施行

一、大学作为"文化学问的机关"何以救国

马君武认为，"一国的教育负有改进全国文化的使命"，且"我们受过教育的亦应练我们战斗的本领，去为国家和民族的生存而奋斗"。在马君武看来，教育要改变国人自私自利，对国家没有热忱的状况，因此要养成一种爱国的精神和行动，引领民众各界积极抗战救国，服务国家抗战大局。爱国教育，是以教育的力量来灌输国民一种爱护国家的观念与行动。①

马君武曾到德国柏林大学参观，认为柏林大学建立之时，"正是普鲁士的山河已呈破碎，所以这间大学的产生，是寓意着德意志建国和普鲁士的复兴！""回想起来这种历史的事迹，正与我们今日的中华民族情形遥相影映，我们民族如要复兴，便要照菲希德的话去做，养成真和爱祖国的新精神，屏绝自私自利的心，那么不难想到我们应走的前路。"② 马君武把国家比作一个生命，认为已经是到了垂危待毙、奄奄一息的程度。其原因在于国民自私自利，对国家没有热忱，不舍牺牲自己，民众毫无觉悟，"中毒已深入膏肓"。"所以要使国民尽其一份子的力量去救中国，在教育上应该有'新的方法'，以陶冶'新的精神'……"③

关于建议广西大学实施爱国教育的主张集中体现在谭亦凡教授献给学校抗日救国会的"以救亡、救穷定为教育目标"的意见书中。意见书主体内容

---

① 力吾：《今后广西实施教育方针的商榷》，《群言》，1934年，第2卷第1期。
② 马君武：《柏林大学立校的真精神》，见盘珠祁编：《马君武先生演讲集》，梧州：广西大学，1934年，第37—44页。
③ 同上。

如下。

（一）请本大学以救亡，救穷定为教育目标。要救亡、须自强，要救穷、须实用。本大学以此为教育目标，一切设施及办法，均须尽力趋向此二目标，凡有妨碍此二目标之事宜，都在摒弃之列，举例如下：

（A）训育方面

1. 令学生自觉国家垂亡，祸迫燃眉，举凡一切损精伤神，荒时费事，无补救亡救穷的勾当，务须严自戒绝，并劝同胞毋为。

2. 随时随事，猛着祖鞭，每人每天早晚必须反省自警默念——暴日来了，怎样抵抗?!——自己审问：我有何法足以抗日？我要怎样才可以救亡？我有抗日的体魄否？我有抗日的能力否？我找得抗日的条件否？

3. 服装，用品，誓不买日货，提倡俭朴，以用国货为荣。不穿西装，以免金钱外流，不着长衫，以去懦弱习气，骄淫奢侈之风，如跳舞，酒食征逐等，一概引以为耻。

4. 组织救亡团，团员以五人至于十人为基本单位，永远坚固不破，愿受军事训练，宣誓救亡，讲求抗日种种武器及防御等法术，以灭日救亡为终身大业。

5. 遇着毒蛇猛兽，应当怎样设法制死它，为人类除害，遇着土匪强盗，应当怎样剿除它，为地方造福，这是我们对待日本最适当的态度。

（B）学科方面

1. 国语一科，须收砥砺志气，雪耻报仇，激发，爱国心等文字为主要，至于销磨壮气的恋爱小说，委靡文学，与夫陈腐无用的国故，以及不切实用，无补救亡救穷之诗词歌赋等，一概摒除不用。

2. 外国语一科，须选外国忠忱爱国，报复世仇一类伟人的名言硕行为主要，并须以向外国宣布日本一切野蛮兽行及其政府与人民之丑恶事实，且引起外国人对我同情为主要作文题材。

3. 历史一科，须搜罗日本历来侵略我国的凶横惨恶状，以及我国所受损害，条分缕析，不厌详尽，绘图列表，触目惊心，以激国人天良。

4. 地理一科，须搜罗日本缺点何在？日本已由我国强夺物产有哪几项？现还缺乏之事物为何？日本弱点安在？怎样才可制日本之死命？怎样才可救中国之危亡？

5. 体育一科，必须以日本人体格及其坚苦耐劳精神为标准，体力不及日人，耻无抗日之资格。

6. 其他一切物质学科，均须以日人学力及其努力进取精神为标准，学识不及日人，耻无抗日之资格。

（二）请向全国抗日救国委员会建议：

1. 商家定货单上，印着下之声明。

"暴日亟亟侵略我中国，我誓不愿购办日货，本单所配货物，倘有日货请即戳去，若不戳去，待后查出，当全返还，一切损失，概由卖户负担，谨此声明。"

2. 窗户门首，家家永远粘贴下之标语：暴日惨无人道，横侵我国土，屠杀我同胞，本户誓不买卖日货。

3. 鼓吹工商界，提倡自办工厂，并请政府竭力扶助保护之，以发展新兴事业。

4. 抽取救国所得捐，按薪水多寡，依累进法抽取，存储可靠银行，留作日后救国战争之用。

5. 对各界自由储金救国，报告抗日委员会登记之，此种储款，未提用前，仍为储款人所有，但不得挪作别用，只准用于救国事业。①

此意见书表现出积极的抗日态度，在训育、学科方面提出改革建议，以便服务于抗日救国。在训育方面，主张学生反省自警，抵制日货，组织救亡团，"以灭日救亡为终身大业"等。在各个学科上，主张国语一科以雪耻报仇，激发爱国心等文字为主；外语一科须选外国忠忱爱国，报复世仇一类伟人的名言硕行为主要；历史科则搜集揭露日本侵华情形，地理搜罗日本之缺点，体育以日本为标准等。向全国抗日救国委员会的建议，有"抽取救国所得捐"等。

---

① 谭亦凡：《献给本校的当局》，《广西大学周刊》，1931年，第1卷第6期。

但如果以学校的教育目标论，意见书关于广西大学的改革建议，似乎有偏于狭隘之嫌。因此，另一派教授虽然也主张服务抗日，但坚持学校教育不能偏废智力教育和体力训练，其主张集中体现于《对于谭亦凡先生救国意见之商榷》一文。

> 谭先生对于救国的热诚，能以分举其救国方法，较之一般徒呼口号，贴标语，放空论的确实得多了。这是很足嘉佩的。但尚有一二不能使人了解其真意的。故我很恭敬的向谭先生质疑，和商榷他的意见。
>
> 谭先生的意见："请本大学以救亡救穷定为教育目标，要救亡，须自强；要救穷，须实用。"
>
> 教育为立国之本，文化所系。文化是否发达，国家是否富强，可以看他教育程度的高低决定。我们现在的大学目标，何一而非谋立国与兴邦之道呢？可见教育目标不一定要规定救亡救穷，然后"亡"和"穷"才能救。这只怨得大学教育没有办得完善，追不上欧西各国的大学，结果才无补"救亡""救穷"。反而观之欧西著名大学，当其设立的时候，只为宗教关系，并无"救亡""救穷"的目标，但后来欧洲的文化和科学的发达，皆从这些大学中产生，而成为近代的强盛国家。可见大学教育的目标，规定"救亡""救穷"与否，无甚关系。何况教育为文化机关，其目的较之救亡为深远，我们不能够因达到救亡的目的，就不要教育了。我们不能够以教育目标，限制教育的发展。[①]
> ……

《对于谭亦凡先生救国意见之商榷》一文对谭教授的激进主张展开讨论，坚持认为救国是国民的责任，然救国方法种类繁多，教育为文化机关，不能偏废智力和体育的训练，更"希望能训练艰苦耐劳的民族性，如此才能作持久的御侮"。由于智力和体育等也是学校教育目标的重要部分，因而"不能够以教育目标，限制教育的发展"。就大学自身的特性而言，确实不能将目标仅

---

① 谢价屏：《对于谭亦凡先生救国意见之商榷》，《广西大学周刊》，1931年，第1卷第7期。

仅定为救亡、救穷。事实上《对于谭亦凡先生救国意见之商榷》一文并非否定意见书，仅是担心过于激进。教授们在关于教育对救国的重要性上还是取得共识的。有教授就指出，以后救国的根本方法还是在于教育。

> 不过，我们看看以前的军阀，有很多是受过新教育的，我们不能说他们没有才干；他们的党徒，也是有很多受过新教育的，我们也不能说他们的党徒没有学问，我们国民党的领袖们，无有不受过新教育的，无一不是从革命队伍里出来的，我们更不能说他们没有救国的精神，救国的本领；然而二十年来我国的事，弄到此步田地，究竟是什么原故？我以为都是教育失败的原故。我们知道，教育的目的，是在培养个人的能力，使他将来能够应付各种的环境，使他利用他的能力去改进社会谋人类的幸福；社会现状的表现，就是教育的成绩的表现，我国二十年来的状况如此的糟糕，岂不是我国教育的失败吗？所以我以为以后救国的根本方法，还是在教育，还是要从教育下手。①

以教育这一"根本方法"救国，极为重要的一点是训练团体的生活，即去除自私之心，养成协作爱国之心。"各位若是此时对于团体生活的训练弄好了，将来出去社会去做事，本着这点经验，社会也会弄得好。推而言之，将来各位去担当国家的大事，国家也受你们很大的益处。所以我以为团体生活的训练，是极重要的。"② 马君武持"科学、工作、军训、习惯并重"的态度，并且他深谙教育之道，尤其大学教育与国家民族盛衰的关系。然而，要完全改变大学的教育目标，仅把办学宗旨定为救亡、救穷是违背大学为"文化学问的机关"这一特质的。马君武也知道学生"以求学问为本"，"所以要问学生真实的学问"。因此，他主张"使教育适合于国家、民族和社会的需求"，使学生忠于民族、忠于国家，为民众服务，要在身体、科学等各方面救国、兴国和强国。

---

① 黄公健：《十一月廿三日黄公健先生在纪念周的报告》，《广西大学周刊》，1931年，第1卷第8期。

② 同上。

为今之计，只有在上者努力改善，积极图强，以身作则，在下者不避劳苦，以卧薪尝胆，磨炼刻苦之精神，誓达泄耻目的，苟国耻一日不除，暴日势力一日在华存在，即吾人卫国之责任未尽。亦吾人之耻辱未除也。并且吾人须牢记在心，身体不如人不足以言救国，科学不如人不足以言兴国，物质上之供给不如人不足以言强国，学术思想不如人不足以言立国，然此数种，皆人力所能为，全赖吾民族一致奋起，共同努力，一月不足以泄耻，继之来月，一年不足，则继之来年，吾信国耻终有伸泄之一日，不然，全国人民仍沉沉昏昧之中，上者争势下者趋利，各怀目前私利，中国之亡实可计日以待，可不速然省悟乎。①

广西当局对于学校的救国运动持谨慎的态度，因为政府担心"乱了秩序"。"中国的青年，很爱活动，但其活动，多不守秩序，这差不多成了普遍的毛病。不过这种毛病之所以发生，是根据普通社会的病态而来；普通社会，没有什么组织，一般人的行动，因之多不守秩序，学生未入校之前，在社会上既未受过有秩序的社会教育，如果学校也无严密的规律以范制学生，则学生的活动，只是凭感情的冲动，亦往往不能守秩序。"② 广西教育厅致广西大学的公函称：

国民政府第二九一号训令开为令行事此次东北警耗传来各校学生奔走呼号共图御侮具见爱国热忱惟应付奇变须葆其沉毅果敢之精神而后能得最终之胜利嗣后各校学生从事爱国运动须以不荒废学业为原则用副总理以学问救国之遗训除明令公布外合将原令抄发令仰该省政府遵办令饬各主管教育行政机关转行各校学生一体遵照此令计抄发本府原令一件等因奉此合将原令抄发仰该厅长即便转饬所属一体遵照此令计抄发原令一件等因奉此除分令外相应抄录原令一件函达贵校希即布告学生一体遵照

---

① 《卷头语》，《广西大学周刊》，1932年，第3卷第1期。
② 黄旭初：《遵守规则努力读书和爱国运动》，见黄旭初：《黄旭初演讲集》，出版信息不详，第2页。

为荷此致①

广西大学内部关于是否将大学教育目标直接改为救亡、救穷的讨论，最终由于部分教授反对以及广西当局（含教育厅）的谨慎态度未将大学教育目标改为救亡、救穷。虽然如此，广西大学仍然加强爱国教育，以服务抗日救国大局。马君武主张在教育中养成学生团体生活的能力，培养学生对国家的热忱，并将爱国精神培养与抗日战争、社会民众结合，服务于抗战救国，致力于国家和民族复兴事业。间接的（精神）服务包括在学校的演讲、研究中弘扬和传播爱国精神。直接的（行动）服务包括通过捐款、示威等号召社会各界进行积极的抗日爱国运动。

二、爱国教育的施行

（一）在学校教育中实施爱国教育

1. 在演讲中弘扬和传播爱国精神

马君武以及广西大学各教师在学校的演讲、会议中对学生进行爱国精神的弘扬和传播，借以培养学生对国家的热忱。如马君武在演讲中对传播和培养爱国精神作了阐述——去除自私自利的心地，养成对国家的热忱，谋民族国家的福利，共同负起责任。这可以仿效德国的做法，"以大学作为基础，从事提倡，把这种真精神极力讲求普遍化，推广到整个民族"②。盘珠祁对学生们充满期盼——"我们应当努力实现两个主要希望：便是对外要推翻外人在华一切恶势力，对内要实行和平统一。"③

2. 通过对抗日战争进行分析和研究传播爱国精神

通过揭露日本侵华的罪行，声援积极抵抗侵略的中国军队，抨击不抵抗行为，号召全国民众爱国抗日。如《忠告政府当局和国民》《上海惨败的严重》《联俄制日的失策》《日俄战争与中国的关系》《日本对满洲问题之战争准备》《日人之性格剖析》等。

---

① 《广西教育厅致本校公函》，《广西大学周刊》，1931年，第1卷第7期。
② 马君武：《柏林大学立校的真精神》，见盘珠祁编：《马君武先生演讲集》，梧州：广西大学，1934年，第37—44页。
③ 盘珠祁：《盘副校长开会词》，《广西大学周刊》，1932年，第1卷第12期。

3. 鼓励阅读和研究抗日救国系列书目，培养学生爱国精神

鼓励阅读和研究抗日救国系列书目：《日本对中国之侵略》《日本人谋炸张作霖案》《台湾民众的悲哀》《高丽一瞥》《日本侵略满蒙之研究》《满铁外交论》《西原借款真相》《日本与朝鲜》《国货日货对照表》《台湾近世史》《近五年来日货输入分类比较表》《日本与日本人》《满洲现状》《东省刮目论》《帝国主义对华之大侵略》《日本对东三省之铁路侵略》《第二次世界大战问题》《从辽宁到日本》《五卅六一惨案记录》等，以此培养学生的爱国精神。

4. 在各类考试、试验中培养学生的爱国精神

广西大学注重在各类考试、试验中培养学生的爱国精神，如1932年度二年级插班生、预科三年级"国文试题"有"大学生对于救国所负之责任"；1932年度本科一年级"国文试题"有"中国今日应以科学救国，而各大学多偏重文科，学生之投考文科者亦多于理科，其原因何在？试申论之"；等等。

5. 通过军训激发学生爱国热情

广西大学施行军事训练，使学生养成战斗精神，具备战斗知识和战斗本领。通过军训激发学生的爱国热情，培养学生为国效力的使命感。

（二）服务救亡大局

广西大学师生通过实际行动加强抗日救国服务，如捐款援助，成立各种服务抗日的机构，招收插班生、借读生，特别是收容战区学生等。

1. 捐款援助

广西大学师生声援黑龙江对日作战，经讨论拟定捐款规定。在捐款规定中，教师方面每月薪金在50元以内者，听其自由捐助，51元至100元者捐10%，101元至200元者，捐15%，201元至300元者捐20%，301元至400元者捐25%，401元至500元者捐30%；学生方面每同学最低限度须捐1元，多者欢迎。广西大学以全体同学名义，发出"慰劳马占山全体将士通电"。[①] 1932年3月，广西大学师生捐款犒劳在沪作战将士。教职员捐款1140元，学生捐款367元，合计捐款1507元。

2. 成立各种抗日机构

---

① 《本校抗日消息》，《广西大学周刊》，1931年，第1卷第7期。

广西大学成立抗日救国会，组织义勇军、日货检查队（每日分两队到梧州市进行检查），联络梧州学生会并发动抗日示威运动。马君武向梧州市抗日救国分会提议成立劣货陈列馆，将日货搜集陈列。"将本市日货搜集陈列，成为梧州市劣货陈设馆，于馆内中分类陈设，以免以后商家或市民误买，有多余，然后公议处分。"① 1932年1月，马君武和盘珠祁核准指派胡翚林等四十五人采集日货作为标本，以资鉴别。胡翚林为第一分队正队长，钟济新为副队长；宁栋昆为第二分队队长，马星云为副队长，率领队员往梧州市采集日货。

3. 招收插班生、借读生，特别是收容战区学生

1931年至1932年收插班生共31人。1935年下学期、1936年上学期、1937年上学期农学院、理学院、工学院收插班生6人。1939年招收借读生增多，以农学院为例，仅上学期就达16人（详见表4-1）。②

表4-1 广西大学农学院收容战区学生表

姓名	籍贯	原就读学校
林崇林	江西	南京私立金陵大学农学院农艺系
徐铉	湖南	江苏私立南通学院农艺系
贺其树	江西	江苏私立南通学院农艺系
杨国镇	福建	江苏私立南通学院农艺系
覃□	湖南	江苏私立南通学院农艺系
张□	湖南	江苏私立南通学院农艺系
林肇荫	浙江	江苏私立南通学院农艺系
杨骏	湖南	江苏私立南通学院农艺系
王绍贻	江西	国立北平大学农学院农学系
陆玉崑	广东	国立中山大学理学院生物系

---

① 《马校长君武主张设立劣货陈列馆》，《广西大学周刊》，1932年，第1卷第6期。
② 《国立广西大学农学院二十八年度上学期借读生一览表》，国立广西大学档案，全宗号L44，卷案号1-1423。

续表

姓名	籍贯	原就读学校
刘志彬	广东	国立西北农学院
林光昌	云南	国立西北农学院
梁德森	广东	国立西北农学院
余瑞玉	福建	厦门大学
林鸿图	福建	河北农学院
初绽	吉林	河北省立农学院园艺系
陈间	湖南	河南省河南大学农学院

第五章　富民："改进乡村社会"

德国工科大学通过技术研究和技术人才的培养促进经济社会的发展。德国工科大学培养的人员和工程师到工业界和商业界，特别是在农业技术、食品加工、机械、冶金、采矿、建筑等行业，为促进各项与民众紧密联系的行业生产和提升德国当地经济社会的水平做出了重要的贡献。马君武认为大学应该促进当地民众富裕，即增进民众"公共的幸福"，促进当地经济社会发展。他主张通过人才富民和技术富民，"改进乡村社会"。

第一节　人才富民

一、理工矿各科人才参与社会建设

（一）广西建设的人才匮乏

20世纪二三十年代，国内已有不少大学注重通过学校改进社会，促进社会发展。蔡元培认为，"大学的目的，即在能够应用固有方法，而又进而发明，以供给社会的需要"[①]。但是，"须知服务社会的能力，仍是以学问作基础，仍不能不归宿于切实用功"[②]。这一观点与洪堡所认为的"在更长远的意义上为了国家"是一致的，即通过研究高深学问来服务国家。蔡元培在改革

---

① 《劳动大学的意义及劳大学生的责任》，见中国蔡元培研究会编：《蔡元培全集·第六卷》，杭州：浙江教育出版社，1997年版，第486—489页。

② 《北京大学第二十三年开学日演说》，见中国蔡元培研究会编：《蔡元培全集·第四卷》，杭州：浙江教育出版社，1997年版，第189页。

北京大学时认为,"学生方面最要紧的是专心研究学问",同时要求学生不但有研究学术的兴趣,且兼有服务社会的热诚:"如有闲暇,可以服务社会,担负指导平民的责任。"[①] 通过开展平民教育讲演,并于1920年开设北大平民夜校等形式,使得"人人有普通之智识",进而达到普及教育,改变广大民众的目的。另一所著名大学东南大学则倡导"以研究学术、发扬文化、培养通材,以适应社会需要为宗旨"[②]。东南大学设立推广部,开展系列改进社会,促进民众富裕的措施,推广部的类别有:一、校内特别生;二、通信教育;三、暑期学校。然而,直到广西大学成立之前,广西尚无一所大学。[③] 广西各项建设事业缺乏必要的人才和科学技术支持。

1928年,中华民国大学院派科学调查团对广西进行科学调查。在此之前,广西的科学调查由广西建设厅负责,但是几乎"见所未见,闻所未闻"。新桂系主政广西后,省内安定下来,黄绍竑对广西进行初步建设,这引起了国内科学家对广西的重视。因此,大学院组织多名科学家对广西进行实地调查,见表5-1。

表5-1 大学院组织对广西进行实地调查的科学家

专家	专家情况	调查领域	备注
李四光	湖北人,毕业于英国伯明翰大学,曾任北京大学地质系教授、系主任,中央研究院地质研究所所长等	地质及矿物调查	1937年李四光率中央研究院地质研究所迁往广西桂林;1949年以后任中国地质部部长、中国科学院院士
孟宪民	江苏人,毕业于清华大学,美国科罗拉多州立矿业学院、麻省理工学院,硕士	地质及矿物调查	1955年当选为中国科学院院士

---

① 《去年五月四日以来的回顾与今后的希望》,见中国蔡元培研究会编:《蔡元培全集·第四卷》,杭州:浙江教育出版社,1997年版,第139—140页。
② 《修正国立东南大学组织大纲》,见编辑组:《南大百年实录(上卷)·中央大学史料选》,南京:南京大学出版社,2002年版,第164页。
③ 这里的大学不包括高等专科学校。

续表

专家	专家情况	调查领域	备注
方炳文	安徽人，东南大学毕业，主要进行动物学研究	动物调查	
秦仁昌	江苏人，金陵大学毕业，1927年受聘于中央研究院	植物调查	1955年当选为中国科学院院士
钱天鹤	浙江人，美国康奈尔大学毕业，硕士，曾任金陵大学农科教授，中国科学社第二、三届董事	农业调查	
郑章成	资料未详	动物调查	
常之麟	资料未详	动物调查	
唐瑞金	资料未详	植物调查	
名字未详	人种学家	人类学调查	

说明：此表据《广西科学调查团》整理而成。详见《新广西》，1928年，第2卷第3号。

此外，当时还有陈昌年、林应时协助此次调查，竺可桢已有完备计划前往广西开展气象调查。马君武和盘珠祁（两者时任广西大学筹备委员会委员）在上海为科学调查团提供了不少帮助。由李四光等人组成的调查团主要是了解广西地质、矿藏、动植物及气象等，大学院方面则是调查和收集广西地方的地质、矿产等信息，对广西今后各项事业发展起到了积极作用。对于大学院派科学家调查，广西方面以为，"今后惟有绝对提倡科学教育，大学院更应设法协助广西大学，使能于最短时间，负荷这种光荣伟大工作，一雪向来昧与家藏而为人暗算明夺的败家子之大辱奇耻"。①

马君武对广西人才匮乏有着深刻的体会，因此他办理广西大学极为强调

---

① 咏华：《广西科学调查团》，《新广西》，1928年，第2卷第3号。

面向广西,"参加省政建设"。他说:"如欲建设中国,使中国跻登现代国家的行列,就是要培植人才……今日广西当务之急,是大量培养专门人才,参加省政建设,造福乡梓。"他以淘金作例子说明广西人才匮乏和生产方法落后。

> 今后我们更要努力生产,挽回经济上不良现象,培植适当的人才,现在举淘金做个例子吧:淘金在广西用冲洗法,一步一步的将砂洗去,可是方法太旧了,冶金用盘子洗,据冶金学家说,这样的老法只能够得到百分之十五的金子,其余的百分之八十五是抛弃了。广西年产三千万两金子,内中所失去的百分之八十五的金子是多么大的一个数目。广西何得不贫呢?各位今日到桂林来,将来给广西一个好印象,晓得学问靠速成是不行的,人才是紧要的,将来大家认识大学究竟是个什么东西,所给予社会的究竟是什么?[1]

对于广西各项建设事业,马君武强调要注意人才和财力两大问题,但最为紧要的是人才。

> 我们要在建设上做工作,那么无论举办什么事业,一定要注意"人才"和"财力"两大问题,现在一切的建设办不起来就是缺乏这两件东西。在财力方面我以前说过,仅要大家努力"工作"和从事"节俭",那么"资本"就有了来源,最要紧成为问题就是"人才"。到广西游览的都异口同声广西的社会秩序很好,建设事业很有希望;我们无论如何要把广西的建设事业做好,是这样便需用许多的"人才"……但是我们如果建设广西,要"借才"外省或外国,我们当然也欢迎省外国外的到来相助,但是一时要许多万,如不在平日造就,那有什么办法?而且别处的有许多也未必肯辛辛苦苦的远道跑来广西,所以西大无论如何要训练一

---

[1] 马君武:《民族胜利三要素——知识、道德、身体》,见李高南、黄牡丽编:《马君武教育文集》,南宁:广西美术出版社,2008年版,第67—69页。

般建设的人才来应付这个时代和这个社会的需要!①

总而言之，广西虽号称矿产等丰富，然如地质、矿藏的调查不得不"'借才'外省"，省内几乎无相关的"富民"人才，相关行业的生产方式和方法亦极为落后，原材料浪费严重，整个广西人才匮乏。

（二）理工矿各科人才富民

新桂系主政后，当局为提高广西省内文化水平，培养各类建设人才，于1927年确立的教育行政方针中，有筹建广西大学之决定，并组织了筹备委员会。1931年日本发动了侵略中国东北的"九一八"事变，1932年发动了侵略上海的"一·二八"事变。一方面，广西经济社会尚待建设发展，另一方面，国家受到日本的侵略，处于危机之中。20世纪二三十年代的广西，经济发展落后，盗匪遍野。新桂系主政后，匪患大为减少，但发展落后的现实却无多大改观。

> 在这交通不便利的中国，即以物质比较发达的东南诸省而论，稍为远些的内地，对于消息已很隔膜，何况僻处中国西南，山路崎岖的广西呢!……山间的土人，因经济与文化异常落后，可以说完全没有政治的观念，他们希望没有租税，否则就是少点，代替消灭未久的土司，而事实上统治他们的是土豪劣绅……土豪劣绅只是地方的强盗，部落统治的变相，他们没有政治的观点，更不能形成统一的政治。进步的统一政治，要在经济，交通稍为发达的家族农业的基础上始克完成。②

这是对20世纪二三十年代广西落后景象的描述。雷沛鸿概括了一般人对广西的印象，虽然他认为"这些批评并不完全正确"——"有人说：广西地处边陲，文化落后。又有人说：广西土地硗瘠，人民穷苦。又有人说：广西

---

① 马君武：《科学知识的来源和改进广西的路向》，见李高南、黄牡丽编：《马君武教育文集》，南宁：广西美术出版社，2008年版，第43页。
② 叶非英：《广西现状之考察》，《群言》，1930年，第7卷第2期。

为瘴疠之乡，不适居住。更有说：广西民情彪悍，地方多匪"。① 这些所谓的广西景象或许有些夸大的成分，但是也并非捕风捉影、空穴来风。广西偏僻、落后的情景是当时的事实，至少在上世纪20年代至30年代初是这样的。即便是黄绍竑也基本承认这样的事实，"本省偏处一隅，交通困难，产业落后，向以地瘠民贫著称"②。因此，马君武从促进广西经济社会发展和抗击侵略者，保卫国家，振兴中华来考虑大学实用人才的培养问题。实际上，他一直以来都极为重视大学面向当地培养各种建设人才，并且特别强调培养具备实用能力的人才。

"马君武多年在欧美、日本、东南亚各国奔波，对地方建设的了解很清楚，他非常清楚目前广西所需要的是什么。为了适应广西环境的需要，在西大创办期间，只设农学院、矿学院和工学院，而没有文学院和医学院。"③ 在马君武看来，广西人口一千两百万，所需建设人才需要十二万以上，"说少些也就要十万"。可见，广西需要大量的"生产队伍的长官"去领导工农等各项事业的开展，广西大学便是造就这样的人才的机构。学校是把人造成一把钥匙，将它磨到一定的程度去开社会的门，一定要经过相当的琢磨功夫。④ 那么，广西大学有多少人经过"琢磨"，又有多少人去参与"富民"工作，为改进乡村社会而努力了呢？以下从广西大学理科、工科、矿科毕业生去向状况进行分析。⑤

1. 理科人才富民

广西大学理科人才改进乡村社会的情况见表5-2。

---

① 雷沛鸿：《广西地方文化研究一得》，见韦善美、潘启富编：《雷沛鸿文选》，桂林：广西师范大学出版社，1998年版，第30页。
② 黄绍竑：《对于广西大学之期望》，《新广西》（国庆纪念增刊），1928年，第2卷第17号。
③ 周伯乃：《桂水长清——马君武传》，台北：近代中国出版社，1989年版，第180页。除了农、矿、工外，还有理学院，据《广西大学一览》，《广西大学民二五年纪念册》等。
④ 马君武：《民族胜利三要素——知识、道德、身体》，见李高南、黄牡丽编：《马君武教育文集》，南宁：广西美术出版社，2008年版，第67—69页。
⑤ 工科与矿科分别统计；农科数据未详；数据为1934年至1937年间的毕业生；所有数据根据《广西大学理学院·毕业学生名录》（1937）整理而成。

第五章 富民："改进乡村社会"

表 5-2 广西大学理科学生毕业情况表

服务机关	人数	备注
广西大学	9	助教
省化学实验所	4	
梧州贸易处	3	
广西制糖厂	3	
贵县蔗糖厂	2	
荔浦中学	2	
省立浔洲中学	2	
贵县中学	2	
柳州酒精厂	2	
贺县中学	2	
庆远中学	1	
省立柳州中学	1	
邕宁国民中学	1	
武鸣初中军训大队	1	教员
容县中学	1	
南宁科学集中实验所	1	指导员
永淳县中	1	
藤县县立中学	1	
岑溪县中	1	
南宁玻璃厂	1	
全州中学	1	
宾阳瓷器厂	1	
省立桂林高中	1	

续表

服务机关	人数	备注
南宁军校高级班	1	转学
东吴大学法学院	1	转学
留学日本	1	留学
博白中学	1	
陆川中学	1	
上林县中	1	
省立桂林女中	1	
钟山县中	1	
梧州中学	1	
植物研究所	1	
未详	2	

由广西大学理科毕业学生情况（见表5-2）可知——

（1）56名毕业生选择的工作机关总数为30个，在机构类别上，占多数的为：中学20所，商贸及企业6个，大学及研究机构4个。

（2）单个机关用人最多的四个分别是广西大学9人，省化学研究所4人，梧州贸易处和广西制糖厂各3人，这4家机关所接收毕业生人数为19人，占已工作毕业生总人数的33.93%。

（3）到中学工作的毕业生人数最多，共有24名毕业生到20所中学工作，占已工作毕业生人数的42.86%。

除了转学、留学和未详的外，广西大学理科毕业生全部在广西工作，服务于30家不同的机关，且多为中学。大多数毕业生到中学当教员，为中学进行理科教育奠定了师资基础，这是符合马君武提高民众"智识"的愿望的。到广西大学、省化学实验所、南宁科学集中实验所、植物研究所等研究机构工作者15人，仅次于从事中学教员人数，这体现了培养"为科学之研究""不断地研究改良生产技术"的人才，改进广西乡村社会的目标。

2. 工科人才富民

广西大学工科人才改进乡村社会的情况见表 5-3。

表 5-3 广西大学工科学生毕业情况表

服务机关	人数	备注
广西公路管理局	6	
南宁公路局	4	
迁江合山煤矿	4	
百色百渡公路局	4	
广西公路局苍梧区办事处	2	
南宁机械厂	2	
八步电力厂	2	
汉口平汉铁路局	2	
濛江蒙梧测量队	2	
广西当局	2	
广西公路局柳州区办事处	2	
广西公路局桂林区办事处	2	
八步西湾矿场	1	
广州国民大学	1	助教
贵县糖厂	1	实习
成都四川公路局总工程师室	1	
八步西湾煤场	1	
广西大学	1	助教
上林黄华山金矿	1	
蒙山蒙荔公路局	1	
天宝天平公路局	1	
安徽休宁京赣□	1	机关名称不全

续表

服务机关	人数	备注
濛江蒙梧公路局	1	
杭州建设厅水利局	1	
未详	2	

由广西大学工科毕业学生情况（见表5-3）可知——

（1）46名毕业生选择的工作机关总数为24个，在机构类别上，占最多数的为：路政（含铁路局、公路局、公路局办事处、公路测量队）12个，占50%。

（2）单个机关用人最多的四个分别是广西公路管理局6人，南宁公路局4人，百色百渡公路局4人，迁江合山煤矿4人，这4家机关所接收毕业生人数为18人，占已工作毕业生总人数的37.5%。

（3）到交通路政机关的毕业生人数最多，其次是煤场、工厂。共有24名毕业生到12个交通路政机构工作，占已工作毕业生人数的50%；共有12人到7个工厂、煤场工作，占25%。

（4）有2人到广西省政府工作，在广西大学、广州国民大学工作各1人。

3. 矿科人才富民

广西大学矿科人才改进乡村社会的情况见表5-4。

表5-4 广西大学矿科学生毕业情况表

服务机关	人数	备注
西湾煤场	5	
上林省营金矿经理处	3	
省营锡矿经理处	3	
贺县平桂区矿务办事处	3	
省营灌阳矿经理处	2	
藤县探矿处	2	
南宁邕龙区矿务办事处	1	

第五章 富民："改进乡村社会"

续表

服务机关	人数	备注
迁江合山煤矿	1	
贺县省营锡矿经理处	1	
桂平木珪矿区事务所	1	
灌阳钨矿经理处	1	
百色色保区矿务办事处	1	
百色百柳区矿务办事处	1	
田阳天龙区矿务办事处	1	
八步矿务经理处	1	
八步锡矿经理处	1	
河池柳庆区矿务办事处	1	
未详	2	

由广西大学矿科毕业学生情况（见表 5-4）可知——

（1）29 名毕业生选择的工作机关总数为 17 个，在机构类别上，全部到矿冶业（含经理处、办事处、勘探等）工作。

（2）单个机关用人最多的分别是：西湾煤场 5 人，上林省营金矿经理处 3 人，省营锡矿经理处 3 人，贺县平桂区矿务办事处 3 人，这 4 家机关所接收毕业生人数为 14 人，占已工作毕业生总人数的 48.28%。

（3）矿科毕业生工作去向地区最集中的为广西东部地区，有 14 人（占总人数的 48.28%）到桂东一带的 7 家矿冶机关工作（占机关总数的 41.18%）。

广西大学矿科毕业生全部在广西工作，且均在矿冶机关服务，毕业生集中去向地区为广西东部地区。马君武曾说过："尤其是广西矿产很多，因为从前广西差不多完全是大海，后来地壳变动成为陆地，但是广西火成岩的附近都含有很多有价值的矿，如富贺钟的锡矿、贵县北山的银铅矿、武鸣大明山旁之金矿。"① 其中，富贺钟、贵县即位于广西东部地区，矿科毕业生往这些地区进行勘探、开发，在广西矿冶业从事"富民"工作。

从理工矿三科学生毕业情况表明，广西大学除了极少数人（2名）到广西省政府工作外，其余的绝大多数都在中学、路政、煤矿等建设事业从事专门工作。

第一，理工矿学生毕业情况与马君武的办学主张和广西大学的办学宗旨趋于一致。马君武一再反对这样的大学毕业生——"领了阔佬的一封介绍信到热闹的省会去拜谒主席先生：'给我政治工作干'，或者是在财政厅长之前：'代我想想办法'，再不然见教育厅长去'安插我啊'。"② 广西大学理科、工科、矿科的毕业生几乎服务于广西的富民事业，充分体现了马君武的办学主张和广西大学的办学宗旨。

首先，就马君武本人而言，对于改进广西乡村社会、贡献国家是身体力行的。

> 我叔叔（马保之）的父亲（马君武）一生爱国，做过广西省省长、广西大学校长。（马君武）他获得德国（柏林工业大学的）博士学位，很有学问，本来可以在外面当大官，但是他最终回到广西当校长，把后半生的经历都放在广西大学上，最终是在学校去世的。③

马君武自己有言："至于我个人，今年已五十余岁，其他一切我都不愿过问，把西大弄好，就是我一生的事业，所以我总想法使西大稳定发展，西大根基何日稳固，我即何日告退。"有鉴于此，马君武力主培养人才，这样的人才是"建设人才"，即有能力进行社会各项富民事业。换言之，这样的大学要培养具有科学知识，并能到社会上参与建设的人才。即，"要想经济建设成

---

① 马君武：《建设广西与基础教育》，见李高南、黄牡丽编：《马君武教育文集》，南宁：广西美术出版社，2008年版，第71页。
② 马君武：《要养成作工的习惯》，见李高南、黄牡丽编：《马君武教育文集》，南宁：广西美术出版社，2008年版，第19页。
③ 材料来源于与马桂芬女士的访谈，2011年7月22日。

第五章 富民："改进乡村社会"

功，不但需要无数的专家，而且要无数的人们参加生产事业才行，所以我们应该引导青年走上生产的路上去，并且大家不断地研究改良生产技术，这是可以做到的"。他对广西大学给予厚望："我希望学生用脑之外，兼要用手，不要专注思想，还要注重工作，不但能坐而言，并且能起而行，把这个大学作实行学术研究的集中点，将学术来帮助本省各种建设事业之解决与进行。"①

其次，广西大学培养面向广西的实用人才。广西大学的办学宗旨是："培养三民主义之建设人才"，各科注重培养面向广西实际需要的专门知识和能力为主的人才，如土木工程系学程设置的目的"在先使学生得一充分的科学与工程之基本训练然后逐渐注重土木工程的专门学识"，并且做了一条补充说明："本系因适应本省之需要选修学程暂分《构造》《道路市政》《水利》……"② 这些"生产队伍的长官"，多擅长"应用"，所接受的知识熏陶以应用自然科学为主。

第二，广西大学虽然致力于改进乡村的实用人才的养成，但数量有限。广西大学是否已经一洗"大辱奇耻"？根据马君武的预测，广西各类建设事业至少需要十二万的富民人才，至少也需要十万人。上述各表（表5-2、表5-3、表5-4）中，理工矿三科毕业生总计仅130余人，这与马君武所预测的人才数量还有很大的差距。广西大学规模并不大，要在较短时间内培养大批人才满足广西的人才需求也几乎不可能。20世纪30年代后，广西当局先后提出"三自政策"以及"建设广西，复兴中华"的口号，并推行"四大建设"，即政治建设、经济建设、军事建设和文化建设。马君武在广西大学成立时即宣布："办大学不是要来装面目的，乃是要应广西所需求的。"③ 虽然还有其他广西学者，诸如雷沛鸿等人也提倡大学服务社会，与民众结合，但是广西政府在人才与文化建设上仍显薄弱。雷沛鸿主张大学之所以"大"，首要的一点在于与民众结合。他认为，广西大学要"负起培养专业人才研究学术及扩张大学教

---

① 马君武：《广西大学之使命》，《新广西》，1928年，第2卷第20号。
② 《广西大学一览》，梧州：广西大学，1933年，第173页。
③ 同①。

育功能到民间去之三大任务"[1]。他主张:"一个大学教育机关,不仅不能与民众生活脱节,而且要与民众结合,有民众力量的支持,才能构成大学大的特性。"[2] 大学培养各类专门人才服务社会的主张符合广西政府的愿望。新桂系进行"四大建设",需要培养各种建设人才,因此发展教育成为一项重要的工作。[3] 但是,事关人才养成的文化建设还是相当薄弱的。马君武将"四大建设"比喻成一张凳子的四只脚,认为四个方面都应该建造整齐,才能将凳子放好。但几年来广西四大建设的成绩却没有平衡地发展,军事建设发展得最长,政治建设次之,文化经济建设两大建设则最短。[4] 广西建设固然人才极为匮乏,但主要原因在于广西经济落后,财政紧张,再加上政府将大量的精力和资金用于军事建设,给予学校的经费支持毕竟有限,广西大学虽以实用人才服务广西为宗旨,然而造就的"生产队伍的长官"只是少数,实际向社会可提供的富民建设之才的数量极为有限。

二、以教育推广促进民众进步

在马君武注重面向广西,改进广西乡村社会,增进民众幸福的主张下,广西大学开展教育的普及与推广工作。推广教育的形式多种多样:主办暑期学校、开办"特种部族人材造就班";每年校庆期间开放学校让民众参观,普及科学知识;并有"宵征社""戏剧社"等多个社团普及社会文化知识。

其中,向民众普及科学的形式之一——与两广地质调查所设立矿产标本陈列馆,"开放公览","以广众人之见识"。

> 两广地质调查所,历年在各处采集地质矿产甚富,拟定地点分设陈列馆,以广众之见识,兹查该所亦在梧州设一分馆,并拟设于本校,当

---

[1] 雷沛鸿:《〈国立广西大学手册〉序》,见韦善美、潘启富编:《雷沛鸿文选》,桂林:广西师范大学出版社,1998年版,第458页。

[2] 雷沛鸿:《什么是构成大学大的特性》,见韦善美、潘启富编:《雷沛鸿文选》,桂林:广西师范大学出版社,1998年版,第507页。

[3] 蒙荫昭、梁全进:《广西教育史》,南宁:广西人民出版社,1999年版,第339—340页。

[4] 马君武:《中国的人心和文明在什么地方》,见盘珠祁编:《马君武先生演讲集》,梧州:广西大学,1934年,第71—79页。

第五章 富民:"改进乡村社会"

经双方互函商妥善,并经该所派技士何成鉴,陈家天二君来校,择定大学公园内植物研究所一部分房屋为馆址,该所并准备于日内由粤派员携带各种矿产标本来梧成立,所有分馆一切用具,已由本校代办,一待各项标本运到,整顿就绪,即行开放公览……[1]

通过主办暑期学校、训练班等形式推广教育。其中,广西大学主办中等学校暑期学校,对中学理科教员进行教育"训练",是教育普及与推广的重要形式。

暑期学校源于美国。"作为一种面向社会,沟通学校与社会联系,提高各级教师学生管理人员的文化素质和执教能力的重要方式,它产生于20世纪初期的美国,一直是美国教师尤其是中小学教师,也包括大学教师和学生继续教育和在职教育的重要渠道。"[2] 中国的教育家如杨贤江、陶行知等人关注这种教育推广形式。陶行知把暑期学校这种新式的办学形式的好处概括成四点:"(一)功课没有学足,或是学足而未学好的学生,可以乘此补习。(二)施行选科制的学校,大都只问程度,不拘年限,那爱惜光阴的学生,就可以在夏天加读几门功课,早些完毕,使那些人生必须的学问,可以早些立定基础。(三)教员最重要的精神,是求事业能力的长进,要把我们的教材教法一天长进一天。否则年年卖旧货,还有什么意味呢?但是做教员的,平日要服务,没有功夫进学校去求新知识,除了自己研究之外,很少进步的机会,如有暑期学校,那吗做教员的平日可以教学,暑假可以学教,这就是所谓教学合一。(四)各处学校的教员,各有所长;一处的学生,往往不能遍领国内学者指教,很觉得偏枯。如设暑期学校,各处有学问的教员,可以会在一处,或是各校彼此交换教员,那吗学生就容易和国内良师接触,岂非教育界的幸福么?"[3]

---

[1] 《两广地质调查所在本校设立地质矿产陈列馆》,《广西大学校友会季刊》(缩微胶卷),第一、二合刊,1936年。

[2] 张雪蓉:《美国影响与中国大学变革(1915—1927)——以国立东南大学为研究中心》,北京:华龄出版社,2006年版,第172页。

[3] 陶行知:《〈南京高师第一届暑期学校概况〉发刊词》,见《陶行知全集·第1卷》,成都:四川教育出版社,2005年版,第346—347页。

20 世纪 20 年代前后，暑期学校是中国大学教育推广的重要形式。1920 年夏南高师仿照美国哥伦比亚大学，在全国率先开办暑期学校。[①] 由于在国内尚属首次，且事前在国内各主要城市登报宣传，反响尤其强烈。

广西大学在 1933 年首次开办暑期学校。1934 年 7 月 15 日至 8 月 15 日广西大学主办"中等学校理科教员暑期讲习班"。根据"暑期理科教员办法大纲"的规定，开设算学、生物、物理和化学四科。编制和讲习内容分算学、理化及生物三组，每组分高、初两级。在讲习内容上强调应注意：各科之新发展（占 25%）；教学法及教材之研究（15%）；试验及设备之研究（占 25%）；提倡选修其他组学科。其中，四至十条对上课时间等作了规定。

四、上课时间：每周授课 18 小时（每日上午 7 时至 10 时上课）；10—12 时及下午 3—5 时讨论试验教学问题。

五、纳费：学费 10 元，讲义费 2 元，宿费 2 元。

六、学员：每校选派理科教员 1—4 人（每科 1 人）；十二级以上学校得增派 1—2 人，六级以下学校减派 1 人。

七、办班学校每校据实决定最高容纳人数。

八、学员毕业要试验，给予成绩证明书。

九、有前项成绩证明书者，免除中等学校教员检定试验之一部或全部。

十、参加讲习班教员应负改进原校理科之责。[②]

广西大学招收学员总人数为 174 人，各组分组列下：高级数学组 3 人，其中 1 人来自广东；高级理化组 13 人，其中 1 人来自浙江海宁；高级生物组 7 人；初级数学组 95 人，其中 3 人分别来自浙江、河北、广州；初级理化组

[①] 张雪蓉：《美国影响与中国大学变革（1915—1927）——以国立东南大学为研究中心》，北京：华龄出版社，2006 年版，第 174 页。

[②] 编写组：《广西大学校史》（内部刊物），1988 年，第 17—18 页。

29 人；初级生物组 27 人。①

为了办好讲习班，广西大学还组织阵容强大的教职员队伍。教职员组织情况如下表（见表 5-5）。

表 5-5 中等学校理科教员暑期讲习班教职员组成表

职别	姓名	别号	籍贯	附记
委员长	马君武		广西桂林	广西大学校长
委员	苏汝淦		广西藤县	广西大学教务长
委员兼教授	段子燮	调元	四川江津	广西大学理学院院长
委员兼教授	张镇谦	益元	浙江嘉兴	广西大学算学系主任
委员兼教授	邓静华		四川开江	广西大学教授
委员兼教授	谢厚藩		湖南新田	广西大学物理系主任
委员兼教授	闻诗	仲伟	浙江温岭	广西大学教授
委员兼教授	林炳光		广东中山	广西大学采矿科主任
委员兼教授	宋文政		湖北当阳	广西大学教授
委员兼教授	马心仪		山东青岛	广西大学生物系主任
委员兼教授	汤觉之		湖南长沙	广西大学教授
代理教授	杨葆昌			已离校
教员	李番	锐夫	浙江平阳	广西大学讲师
教员	严玉莲	蕖裳		广西大学讲师
教员	衷至纯	致深	福建崇安	广西大学讲师
职员	廖廷素	中翼	广西桂林	广西大学秘书主任
职员	盛玫	潜叔	湖南衡阳	广西大学注册主任
职员	过崑源		江苏无锡	广西大学事务主任

---

① 广西大学：《西大特刊·中等学校理科教员暑期讲习班专号》，梧州：广西大学，1935 年。

续表

职别	姓名	别号	籍贯	附记
职员	诸鑑		广西桂林	广西大学会计主任
职员	李次民		广东	广西大学图书主任

说明：据《西大特刊·中等学校理科教员暑期讲习班专号》(1935年)整理。

广西大学还为中等学校理科教员暑期讲习班出版"专号"，对各不同科目、不同组别增长见识，传播科学知识起到了积极作用。"专号"论文计有：马君武的《努力现代文化去复兴中华民族》《大科学家达尔文的生平及其成功》和《谈理科学会组织的意义和科学研究》；邓静华的《数之系统之推广》；严薲裳的《几何略论》；谢厚藩的《力学中之重要定律及其应用》；衷至纯的《热电真空管之进展及其应用》；严德炯的《何谓物质》；宋文政的《化学反应次数之决定》；马心仪的《理科教员讲习杂感》等。

1935年广西大学主办的暑期讲习班在规模上得到进一步扩大，并呈现出新的特点。

第一，参与学员人数激增。受惠于大学教育推广的人数增多，范围扩大，参与学员人数是第一届的两倍多，由第一届的174人增加到484人（其中男学员350人，女学员134人）。并且有不少外省籍学员参与，其中广东48人，福建2人，湖南2人，四川和云南各1人。由于参与学员人数多，由原来仅在梧州主办，变为三地举办，即在桂林、南宁各开办一处分校，这客观上扩大了教育推广的范围。

第二，与社会联合主办。广西大学密切与社会的联系，如借用平旦中学校舍，借用梧州中学的图书仪器，获中华、商务、世界三大书局惠赠教科书。

第三，争取广西当局补助，获教育厅雷沛鸿厅长训示，"决定学生不收学费了"[①]。

第四，在教学上，理论与实际同时注意，且多指示学生参考书，下课时

---

① 黎民兴：《梧州暑期学校报告》，见广西大学学生自治会：《西大学生》，梧州：广西大学，1935年，第142—148页。

且多与学生个别谈话，启示自修及升学途径。①

第五，广西大学（主要是理学院）学生积极参与到主办暑期学校中，且部分高年级学生还担任科目的教授工作，学生在推广与普及教育中发挥了重要的作用。

广西大学主办暑期学校促进了教育的普及，对广西"特种部族教育"（即广西少数民族教育）产生积极的影响。后来，为了能使特种部族学生获得进一步深造，广西大学设立了"特种部族人材造就班"。

第二节 科学技术富民

广西大学除了通过理工矿各科人才改进乡村社会，还通过科学与生产方法的研究为增进民众幸福提供科学技术支持。广西大学的科学技术富民措施主要有以下几种形式：以科学技术与生产方法改进乡村社会；与社会机构开展联合研究改进乡村社会；为当地社会提供研究报告、咨询及建议。

一、提供科学技术与生产方法支持

广西大学通过科学技术研究，探索基本的理论以求改良农业、林业等生产方法，解决当地工农业等事业建设中的问题。1937年农学院迁往柳州沙塘，与广西农事试验场合办。柳州农林技术人员班划归农学院办理。农学院院长林汝民代理农事试验场场长。农事试验场后由马君武长子马保之（金陵大学农学院毕业，康奈尔大学博士，曾在剑桥大学做研究）担任场长。当时广西农事试验场的专家从事农业研究，并在农学院授课。马保之认为，"农业无科学，即失其改良之凭借；科学无农业，即减其应用之范围，关系之密切，不言而喻。农事改良机关之使命，在谋农业与科学之合流……"② 农事试验场将农业与科学结合，以改良农业为使命，积极开展农业研究，进行农业推广。广西农事试验场分农艺、园艺、病虫害、化学、森林等组进行农业试验和推

---

① 黎民兴：《梧州暑期学校报告》，见广西大学学生自治会：《西大学生》，梧州：广西大学，1935年，第142—148页。

② 马保之：《科学与广西植物生产》，柳州：广西农事试验场，1943年，序言。

广，以 1939 年为例，正在研究和推广的项目达 98 项。①

第一，园艺组的项目总数为 50 个，主要为李家池、张国材、杨丰年、李维庆、李钟卫等人的项目：含水稻育种、水稻杂交育种、双季稻栽培、再生稻栽培、水稻轮栽、水稻天然杂交、旱稻育种等。

第二，园艺组的项目总数为 6 个，有宋本荣等人的柑橘品种试验、沙田柚育种等。

第三，病虫害组的项目总数为 23 个，主要有陆大京等人的水稻胡麻萎斑病抗病选种试验等。

第四，化学组的项目总数为 16 个，主要有李嘉猷、孙渠等人的蔗糖三要素适量试验等。

第五，森林组的项目总数为 3 个，有改良油桐品种及栽法等。

此外，广西农事试验场还根据专家的调查和试验工作出版了大量的刊物，以促进农业研究和推广工作。计有：各类取样、调查和土壤报告 14 种；《农林丛刊》《沙塘农讯》等 12 种；《农林浅说》和《推广浅说》等 7 种。② 总之，广西农事试验场在推广水稻、油桐、稻苞虫梳虫器、积谷害虫的防治、农业科学普及活动等方面收到一定成效。③

二、开展联合研究改进建设事业

广西大学还与校外机构合作，联合研究便于技术向实际应用的转化，特别是促进与当地民众联系紧密的农林等事业的技术研究与技术转化。如与广东农林局、广西鱼类养殖场等进行合作研究，改良农林、渔业等。当时的广西鱼类养殖实验场（场长李象元）位于梧州附近的长洲岛，是广西最大的鱼苗捕捞场。这样的鱼类养殖场应有一定的研究机构辅助之。然而，由该场单独设立专门的研究机构，不仅需要大量的经费，且研究人员等方面亦成问题。对于广西大学而言，与鱼类养殖场合作，则可以为学生提供实习机会，更便于研究结合实际，"共同研究水产问题"。因此，广西大学与鱼类养殖场达成

---

① 广西农事试验场：《广西农事试验场概况》（内部刊物），1940 年，页码未详。
② 同上，第 43—44 页。
③ 张晓明：《抗战时期广西农事试验场的科研活动》，《沧桑》，2010 年第 10 期，第 133—134 页。

合设水产研究机构的意向。当时拟定的《广西大学农学院广西鱼类养殖试实场研究室组织章程》如下：

一、本研究室由广西大学农学院（以下简称西大农院）与广西鱼类养殖实验场（以下简称鱼类养殖场）共同设立之。

二、本研究室以研究本省淡水水产问题为主要职务。

三、本研究室设于西大梧校内。

四、本研究室设主任一人，总理全室事务。技术员二人至四人，秉承主任办理技术事务。

五、主任由鱼类养殖场场长兼任之，技术员由西大农院与鱼类养殖场各就名额之半数于院内场内职员中指派兼任之。

六、主任及技术员均属于义务职。

七、本研究室事业费及其他应需费用，概由鱼类养殖场负担。但出版物之刊费，由西大农院与鱼类养殖场平均负担之。

八、本研究室所需之仪器物品，除由鱼类养殖场购置外，得向西大农院借用。

九、西大农院关于水产问题，如需要向学生为该种功课之教授时，本研究室得应其商请派员为义务职之讲授。

十、西大农院之学生，如有愿意与本研究室共同研究水产问题者，经其院长通知后，即可到室研究。

十一、本章程如有未尽事宜，得由西大农院与鱼类养殖场会同修订，呈请上级机关备案。

十二、本章程核准之日施行。①

三、为当地社会提供研究报告、咨询及建议

（一）提供各项事业的研究报告

广西大学对省内地质状况、牧业、农业、林业（特别是桉树、油桐等）

---

① 《广西鱼类养殖实验场与广西大学合设水产研究室》，《上海市水产经济月刊》，1937年，第6卷第1期。

等进行调查研究，并提出改进方案。

林业方面的调查研究报告有：《广西桐油业现状及今后改进之我见》《桉树□之生长状况及其在造林上之价值》等；此外有关于大叶桉高度的系列测量报告《百色林场所栽培之大叶桉》《本校林场所栽植大叶桉》《本校林场所栽植细叶桉》《梧州钱鉴所栽之柠檬香桉》《梧州鱼花塘之细叶桉》《梧州北山之大叶桉》等。

农业方面的调查研究报告有：《横县茶叶之调查》《荔枝之栽培》《古凤荔枝栽培调查》《广西油茶之研究》《广西蔗糖业的问题及其初步改进计划的研讨》《广西农业之发展与广西经济之关系》《假期横县农村经济调查杂录》《推行自给政策中不容忽略之肥料问题》《广西小麦品种之特性与产量之比较》等。

畜牧业以及其他事业的调查研究报告有：《由世界牛疫损失谈到广西牛疫的防遏》《产畜分娩之生理及卫生》《旱灾后的贵县甘蔗》《考察梧州附郊地质报告》《梧州夏郢区冬荒调查杂录》等。

（二）为社会提供咨询服务

广西大学针对社会事业，特别是农林等现实性强的问题提供服务，为民众生产遇到的技术、方法问题提供解决方案。例如，农学院提供专门的农林问答式咨询服务。又如，某农户针对柑木着虫，大略讲述虫害情形，向农学院咨询，"问有何方法，可以制杀此虫"，农学院园艺研究室就该虫害问题提供了解决方案。

> 查为害果树枝干心部之害虫最普遍又最烈者有两种，一为天牛幼虫，一为穿孔幼虫。穿孔幼虫，多侵蚀新嫩枝叶内，而天牛幼虫，多由树干基部蛀入，惟其生活史颇相类似，而其防治方法，亦有可通用者，至于驱除方法甚多，兹将较为普通而易行者，答之于下。
>
> （一）六月至八月间，当成虫产卵期内，当设法将树干基部，用硬纸浸以火油，或用树皮包裹均可。
>
> （二）在夏秋二季，树干基部，发现椭圆形破皮之处，即当用刀削出其卵而杀之。

（三）可用铁丝之一端作小钩，插入虫孔，徐徐钩出之。

（四）毒杀幼虫，可将虫孔稍掘大，投入少量氰酸钾或氰酸钠再将虫孔用蜡塞住，使所发生之毒气以杀死之。

（五）捕杀成虫，制止繁殖，通常在六七月间。

至于蚀根蚀叶之害虫，其种类甚多，而其防治之法，亦各不同，因未有将其形态说明，未便妄为致答。①

（三）为政府、社会事业提供建议

广西大学针对与民众密切相关的建设事业提出较有针对性的政策建议。如《经营广西省有林之管见》《乡村行道造林之建议》《推行合作事业之管见》《牛瘟高度免疫血清及抗瘟疫之制造与施用法》《广西灾荒问题及其补救办法之献议》《如何改进广西畜牧事业》《家畜防疫在广西的重要及其实施法》等。其中，农学院发现新害虫并进行调查研究形成调查报告，向政府建议预防、清除害虫。相关报告为《梧州害虫之新发现》，当初的理学院请政府除害虫情形如下：

> 本校理学院全体学生代表秦道坚等近鉴于梧市河滨公园内发现为害最烈之蚜虫一种恐其滋长蔓延贻患更大特呈请学校当局一面函知公园主任从速扑灭一面转呈省府通令各属注意当由马盘二校长亲往查勘属实后随即函达公园主任并备文转呈省府矣②

---

① 《农林问答》，《西大农讯》，1937年第1期。
② 《理院学生请除蚜虫》，《广西大学周刊》，1931年，第1卷第10期。

第六章 比较分析与综合评价

第一节 与受德国影响的中国其他大学之比较

20世纪初至20世纪中期以前,德国高等教育对中国的影响既包括留德群体对德国大学相关学术理念、管理理念的主动移植,也包括德国作为西方发达国家对教育制度或理念的强制输出。马君武与蔡元培等人主动将德国大学的相关理念融入到大学改革和管理中。德华特别高等专门学堂(又称黑澜大学、德华大学,简称德华)和同济大学(简称同济)一般被视为德国方面强制输出的教育或文化产物。为了在更为广泛的历史背景中对马君武移植与刘剪德国工科大学模式进行深入探索,以下将马君武执掌的广西大学与受德国影响的北大、德华、同济进行比较。

一、与蔡元培改革北京大学之比较

蔡元培借鉴德国古典大学观改革北京大学(1917—1923),是主动移植西方大学理念,自由创造的改革。这种改革"是中国人单方面对德国大学观进行移植的尝试,是一个自觉选择吸收的过程"[1]。1917年初,蔡元培准备到北京大学任职。马君武等人由于担心蔡元培到"声名狼藉"的北大任职后,陷入这个泥潭而坏了蔡的名声,劝其不要就职。蔡元培坚持信念,毅然到北大就职,到任后立即着手改造北大,使其面貌为之一新,产生极为深远的影响。

---

[1] 陈洪捷:《德国古典大学观及其对中国的影响》,北京:北京大学出版社,2006年版,第108页。

蔡元培（1868—1940），浙江绍兴人，原籍诸暨。字鹤卿，又字仲申、民友、孑民。进士，翰林院编修。1907年至1911年留德进行学术研究。中华民国首任教育总长。曾任北京大学校长、中法大学校长、大学院院长、中央研究院院长等职。蔡元培博古通今，学贯中西，教育思想博大精深，且主要体现在高等教育领域，以改革北京大学的成就和影响为最，开"学术"与"自由"之风。

由于借鉴不同的大学模式，马君武执掌广西大学与蔡元培改革北京大学在理念上和实践上都存在较大的差异。

（一）"学"与"术"的分野

蔡元培强调大学以纯粹学术研究为中心，注重大学的基础研究功能。他认为："大学者，研究高深学问者也"①，大学应为研究学术而设立，是纯粹的学术研究机关。这明显受到柏林大学办学模式的影响，"惟二十年中校制之沿革，乃颇与德国大学相类……所望内容以渐充实，能与彼国之柏林大学相颉颃耳"②。蔡元培把北京大学视为纯粹的学术机关的理念，与柏林大学的"纯粹科学研究"是相吻合的。蔡元培认为北京大学初创时期，"专为应用起见"，但是后来进行多次改革，又对文、理科特加重视，学理研究逐渐发达，渐渐形成重视学术追求，注重纯粹学术研究的风气。因此，他在《北京大学月刊发刊词》中说道："所谓大学者，非仅为多数学生按时授课，造成一毕业生之资格而已也，实以是为共同研究学术之机关。"③ 这与当时德国柏林大学创建的背景有相似之处，即强调纯学术研究，突出精神的作用。从这个意义上说，蔡元培是以重视"学理"的理念来改革北京大学的。

马君武是毕业于柏林工业大学的工学博士，受工科大学模式影响，注重大学的应用科学研究功能和专业技术人才的培养。他说道："君武在德国柏林工科大学（现在一般译为柏林工业大学，笔者注）留学甚久，……把这个大

---

① 蔡孑民：《大学校长蔡孑民就职之演说》，《东方杂志》，1917年，第14卷第4号。
② 蔡孑民：《北大二十周年纪念会演说》，见新潮社编：《蔡孑民先生言行录》，北京：新潮社，1920年版，第297—300页。
③ 蔡孑民：《北京大学月刊发刊词》，见新潮社编：《蔡孑民先生言行录》，北京：新潮社，1920年版，第226—230页。

学（即广西大学，笔者注）作实行研究学术之集中点，将学术来帮助本省各种建设事业之解决与进行"①，盼国人努力科学以挽救国家。在马君武看来，大学应兼顾纯粹科学与应用科学，纯粹科学是应用科学的基础，强调吸收西方文明（偏重物质文明）来发展中国，改变落后状况，因此突出应用科学。

（二）系科设置的比较

蔡元培与马君武对"学"与"术"各有侧重，这影响他们对所执掌的大学进行系科设置。蔡元培认为"学"与"术"有别，即"治学者可谓之'大学'，治术者可谓'高等专门学校'"②。对于北京大学的系科设置，他说道："孑民之意，以为大学实止须文理科，以专研学理也。而其他医、工、农、法诸科，皆应用起见，皆偏于术，可仿德国理、工、农、商高等学校之制，而谓之高等学校。其年限及毕业资格，皆可与大学齐等。"③ 在"今既以文理为主要，则自然以扩张此两科，使渐臻完备为第一义"④ 的思想主张下，他改革北京大学，调整了科系设置，将商科、工科撤销。1920年调整后的北京大学设五部，十四系——第一部，数学系、物理系、天文系；第二部，化学系、地质系、生物系；第三部，心理学系、哲学系、教育系；第四部，中国语言文学系等语言类学系；第五部，政经法史地（蔡曾想把法科调整出去，后因法科反对而保留）等。蔡元培师法柏林大学模式，对"文、理两科特别注意，亦与德国大学哲学科之发达相类"⑤，注重纯学理研究，"养成模范人物之资格……不能不以研究学问为第一责任也"⑥。因而，北京大学在系科设置上的数理、化学等属于基础学科，以基础理论研究为主，并归入相应的"部"。而

---

① 马君武：《广西大学之使命》，《新广西》，1928年，第2卷第20号。

② 蔡孑民：《读周春岳君〈大学改制之商榷〉》，见新潮社编：《蔡孑民先生言行录》，北京：新潮社，1920年版，第226—231页。

③ 蔡孑民：《蔡孑民》，见新潮社编：《蔡孑民先生言行录》，北京：新潮社，1920年版，第21—29页。

④ 蔡孑民：《大学改制之事实及理由》，见新潮社编：《蔡孑民先生言行录》，北京：新潮社，1920年版，第576页。

⑤ 蔡孑民：《北大二十周年纪念会演说》，见新潮社编：《蔡孑民先生言行录》，北京：新潮社，1920年版，第297—300页。

⑥ 蔡孑民：《告北大暨全国学生书》，见高平叔编：《蔡元培全集·第三卷》，上海：中华书局，1984年版，第313页。

工科等注重应用性研究的系科被撤销，或调整到其他学校。

马君武认为大学应该发展"术"科，通过设置工、农、矿等系培养实用人才，开发广西，发展广西。因此，广西大学先设农科、工科、理科。他同时也指出，由于"理科是各科的根本"①，所以有必要先行开办。马君武面向广西，以科学实用为方针，对院系、专业调整、充实。广西大学的院系设置——理学院：设数学系，物理系，化学系，生物系；农学院：设农学系，林学系；工学院：土木工程系，机械工程系。另设有矿冶专修科。马君武主政时期的广西大学在系科设置上，体现与广西经济建设和社会事业的适切性，突出实用性，人文社科等学院没有成为广西大学的院系，并且，在所设各学系的设立目的特别强调"适应本省之需要"。

（三）育人方针的差异

蔡元培以五育并举为育人方针，即军国民主义、实利主义、德育主义、世界观、美育主义。在育人方针的实施上，他认为育人的五个方面都要平衡，不可偏废，并从教育界和教育者的角度加以阐述："以教育界分言三育者衡之，军国民主义为体育；实利主义为智育；公民道德及美育皆毗于德育；而世界观则统三者而一之。以教育家之方法衡之，军国民主义，世界观，美育，皆为形式主义；实利主义为实质主义；德育则二者兼之。"② 但蔡元培也指出，军国民主义和实利主义仅为"救时之必要，而不可不以公民道德教育为中坚"③。他同时指出了军国民教育重在整齐、严肃，尤其在服从教育，其在德国弊端较为明显，容易"供野心家之利用"④。实利主义相当于我们的大智育观，包括文理等高深学问和农工等实用性的教育，但北京大学注重前者。美育则可以促进世界观和人生观等方面的涵养，避免宗教的狂热和为野心家之利用，从而促成公民道德的养成，因而要"以美育代宗教"。蔡元培在育人方

---

① 马君武：《生产人才的养成》，见盘珠祁编：《马君武先生演讲集》，梧州：广西大学，1934年，第166页。
② 高平叔编：《蔡元培教育文选》，北京：人民教育出版社，1980年版，第5页。
③ 蔡孑民：《蔡孑民》，见新潮社编：《蔡孑民先生言行录》，北京：新潮社，1920年版，第21—29页。
④ 蔡孑民：《欧战之后教育问题》，见新潮社编：《蔡孑民先生言行录》，北京：新潮社，1920年版，第251页。

针中强调世界观和美育。蔡元培游学德国深受洪堡等人的理想主义、新人文主义影响,"强调人的修养,强调人本身的价值"①。他将美育作为育人方针的重要组成部分,以陶冶学生的情感为目的,即"纯粹之美育,所以陶养吾人之感情,使有高尚纯洁之习惯,而使人我之见,利己损人之思念,以渐消沮者也"②。因此,"不可不注重美育",并且"美育者,孑民在德国受有极深之印象,而愿出全力以提倡之也"。他曾以《美学的研究方法》等为专题作过多次美学讲演,又曾在北京大学讲授美学课程,撰写《美学讲稿》《美学通论》等教科书;在北京大学倡导成立书法研究会、音乐研究会等团体,其目的在于"以为美育的设备,听学生自由演习",从而达到通过美育训练,陶冶情感的目的。

马君武则以四育并重为育人方针:"养成团体的生活,为科学之研究,努力工作,训练战斗的本领"③,即德育、智育、作工(即劳动教育)和体育。他主张通过人才养成,解决或开展各项社会事业,即"若要进行一切建设,对于政治人才,教育人才,建设人才,以及各种生产人才,政府要通盘计算,设法养成,一切事业,才有办法"④。因而他强调大学教育要养成团体的生活、为科学之研究、努力工作的技能、训练战斗的本领。在四者的关系上,马君武认为中国人不团结,私心过重,要通过团体生活培养的方式进行道德教育,从而养成新国民;中国的落后需要有集全世界之知识的国民去改造,所以要有为科学研究的人才;大学生毕业后要身体力行到各行业一线去,要培养工作技能,并以此带领国民去改变社会;体育与军事训练合一,强身健体,训练战斗能力,并培养爱国的品德。

蔡元培与马君武在育人方针上都重视智育、德育和体育,但是也有显著

---

① 陈洪捷:《德国古典大学观及其对中国的影响》,北京:北京大学出版社,2006年版,第52页。
② 蔡孑民:《以美育代宗教说》,见新潮社编:《蔡孑民先生言行录》,北京:新潮社,1920年版,第209—210页。
③ 马君武:《谈大学的教育目标》,见李高南、黄牡丽编:《马君武教育文集》,南宁:广西美术出版社,2008年版,第63—64页。
④ 马君武:《生产人才的养成》,见盘珠祁编:《马君武先生演讲集》,梧州:广西大学,1934年,第133页。

的差别。蔡元培在育人方针中强调世界观和美育；马君武强调作工，突出劳动教育的作用。蔡元培游学德国深受理想主义、新人文主义影响，"强调人的修养，强调人本身的价值"①。他将美育作为育人方针的重要组成部分，以陶冶学生的情感为目的。因此，"不可不注重美育"，并且他"愿出全力以提倡之也"。马君武则深受德国工业化进程中的劳动主义教育思潮影响，"为国家培养所需的有用的公民"，"满足社会经济发展所要求的、具有专门生产技能的、会劳动又守法的新型劳动力"②。因此，有效的教育，是大脑和两手并用的。所以，广西大学的宗旨——"完全是要培养实用人才……我们广西大学提倡生产教育、劳工教育"③。

马君武执掌广西大学与蔡元培改革北京大学在理念上和实践上都存在较大的差异。这与他们对于学术的认识是密切相关的。马君武认为，学术指的是"民主自由思想和自然科学"④；蔡元培则把科学分为三类："物质科学、社会科学、精神科学"。马君武所指的民主自由思想，在教育中体现出来的是培养爱国精神；自然科学则更多的是偏重实用的应用科学。蔡元培不仅关注以自然界为主的物质科学，还关注以人类社会为主的社会科学，并且，对于精神科学也颇为重视。所以，蔡元培对美育非常重视，"应用美学之理论于教育，以陶养感情为目的"。这与德国古典大学观中重视人的修养，强调人本身的价值的理念是一致的。

二、与德华特别高等专门学堂、同济大学之比较

马君武执掌的广西大学与德华特别高等专门学堂、同济大学都在不同程度上受到德国工科大学模式的影响。德华和同济都是德方为争夺在华利益，进行德国技术和文化传播的产物。德华作为一个以工科专业为主的大学，它

---

① 陈洪捷：《德国古典大学观及其对中国的影响》，北京：北京大学出版社，2006年版，第52页。
② 张斌贤：《外国教育思想史》，北京：高等教育出版社，2007年版，第347页。
③ 马君武：《广西是不是需要高等教育》，见盘珠祁编：《马君武先生演讲集》，梧州：广西大学，1934年，第163—168页。
④ 张伟：《略论蔡元培与马君武》，《广西教育学院学报》，2002年第1期，第115—119页。

的建立是以德国现代大学制度为思想基础的，是德国现代大学制度在中国第一次系统成功的移植。① 上海的同济大学应被认为是（德国）在中国传播教育观念的主要中心；如今同济仍然是中德合作的典型。②

（一）"样板殖民地城市"与德华特别高等专门学堂

1. 德华特别高等专门学堂创建

德华特别高等专门学堂是德国对胶州（今青岛）进行殖民统治的产物，是中德两国政府联合举办的高等教育机构。19世纪中期以前，德意志尚未统一，经济发展缓慢，其对世界的影响有限；英国由于率先进行工业革命，19世纪70年代的实力雄厚，则在全球范围内拥有大量的殖民地。19世纪70年代德国统一以后，实力逐渐增强，来华的德国商人和传教士开始逐渐增多。德国也注重加强与中国的政治、经济联系，进一步增强它的影响，其中宗教渗透是重要的一种形式。传教士在山东通过发展支会扩张教会势力，教会活动猖獗，教徒依仗洋人横行乡里，鱼肉百姓，引发百姓不满。由于民教不和，积怨加深，后来发生"巨野教案"。德国借"巨野教案"侵占了青岛及其周边地区，在青岛设立胶澳总督府，为其在诸多西方列强旁获得了在华立足点。正如有研究指出，"在十九世纪九十年代，迟于其他西方国家数十年，德国才沉溺于政治扩张主义……在取得中国官方承认后，德意志帝国在外交和商业领域都作了相当可观而且卓有成效的努力来弥补它的迟到"③。德国侵占青岛后，设置胶澳总督府（又称胶澳督署）作为殖民统治机关，并以胶澳总督为最高军政长官，直接隶属帝国海军部。总督府作为殖民统治机关，设立学务委员会将殖民地教育纳入其管理范畴。当时在中国的德国外交官，意识到应该以教育影响加强德国对中国的政治、经济影响，特别是德国驻上海总领事克纳佩强调，为保持德国经济在中国的地位，加强对教育方面的影响是绝对必要的。

---

① 张新科：《德国现代大学制度在我国高等工程教育中的首次移植》，《高等工程教育研究》，2009年第6期，第33—36页。
② ［德］弗朗柯·伊斯克莱斯勒：《作为文化合作关键的技术教育：中德的经验》，见许美德、巴斯蒂编：《中外比较教育史》，上海：上海人民出版社，1990年版，第122页。
③ 同上，第124页。

克纳佩（Wilhelm Knappe，1855—1910），生于埃尔福特，法学博士。在德国外交部工作，1885年出任外交官，先后任副领事、首任皇家马绍尔群岛全权代表、德国驻萨摩亚群岛领事、南非国家银行行长。1894年至1905年先后任德国驻广州领事馆领事、德国驻上海总领事。1905年因健康原因离任回国，1906年提前退休。克纳佩回国后曾担任德华银行监事会主席，德华山东铁路公司监事会监事，并继续从事与德国对华文化政策直接有关的重大活动，他是19世纪末20世纪初要求德国政府尽快加强对华文化政策的最有力的促进者和参与者之一。[1]

随着德国实力的增强，其国内已有与英国等强国开展竞争，对世界一些国家和地区施加影响的呼声。克纳佩在1905年曾向首相标洛提交报告阐述他关于德国对华文化政策的主张和看法。1906年，克纳佩在参加接待清政府考察团之后给外交部的报告中强调，"如果我们真的想参与德国在中国的文化工作，那么时间已经非常紧迫，这是最后的机会"[2]。克纳佩之所以如此强调德国对华的文化工作，是因为其认为德国仅参与中国的军事改革而没有参与其他领域，将不利于德国对中国产生更强的影响。当时英、法、美等西方主要国家对中国已推行相应的文化政策，并也已经产生了较大影响。就教育领域而言，法、英、美等国教会在中国创办的学校数量远远超过了德国（见表6-1）。

---

[1] 李乐曾：《德国对华政策中的同济大学（1907—1941）》，上海：同济大学出版社，2007年版，第41页。

[2] 克纳佩致外交部函（1906年6月3日），联邦档案馆档案，R901/21414。转引自李乐曾：《德国对华政策中的同济大学（1907—1941）》，上海：同济大学出版社，2007年版，第22页。

表 6-1　法、英、美、德等国教会在中国创办的学校数量

名称	数量	初级学校数量	高级学校数量
法国人传教协会	11	4800	500
英国人传教协会	22	722	37
美国人传教协会	33	920	37
德国人传教协会	6	23	4

说明：据李乐曾《德国对华政策中的同济大学（1907—1941）》（2007 年版）整理而成。

德国政府意识到对外文化政策的重要性之后，在外交部内成立附属法律司的学校处负责海外学校的建立，其首要任务是在国外创建"宣传学校"（Propaganda Schule），而中国是建立这类学校的国家之一。德国在海外创建所谓的"宣传学校"有三个特点：第一，这类学校招收的主要是所在国当地的学生，而不是德国人；第二，德国在此之前建立的学校主要是初级学校和语言学校，而宣传学校则是与之不同的实科中学、专科学校和技术学校，它的目标是培养文化程度较高、实用性和专业性较强的专业技术人员；第三，就学校的模式而言，这些学校保持着德国学制的基本特点，因此建立宣传学校也意味着德国学制向海外的输出与移植。[①] 从德国在海外设立宣传学校的特点可知，它与一般的初级学校和语言类学校不同，主要目的是宣传德国的工业成就，从而为其工业输出培养实用型的技术人员，最终是为了扩大其影响并维护海外利益。这反映了德国当时的对华文化政策，及与其他国家竞争的教育竞争策略。李乐曾指出，随着 1907 年德国宣传学校在中国的建立，德国对华文化政策的实施中开始出现两种办学模式的竞争，其双方代表是上海德文医学堂（有官方背景的非政府机构支持）和青岛德华特别高等专门学堂（中德双方政府联合举办）。[②] 1914 年日本侵占青岛，德华被迫解散，这一竞

[①] 李乐曾：《德国对华政策中的同济大学（1907—1941）》，上海：同济大学出版社，2007 年版，第 22—23 页。

[②] 同上，第 26 页。

争竟争宣告结束。虽然青岛德华与上海德文医学堂在主办方上有所差别，但都是属于德国海外宣传学校性质。德华以注重工科为特色，德文医学堂在医科的基础上发展工科，改成医工大学。梳理这两所学校的兴办、发展与特点，不仅对了解德国工科学校在中国的移植大有裨益，而且是必不可少的。

德国当时善于抓住了如克纳佩所言的"机会"，即中国清朝官员考察欧洲的契机和兴办新学的背景，以及德国创建海外宣传学校政策。德国胶澳督署着手研究青岛租借地内"独立的文化政策"的计划，1906 年制订了一项"华人学校的计划"，并提出中德双方在青岛合办高等学堂的方案。最早提出中德合办特别高等专门学堂的是卫礼贤。[①] 他早在 1904 年就拟请总督府考虑他的建议，他反对以军事暴力推动租借地建设，认为应当通过教育促进地区发展。然而他的设想并未得到总督府的马上回应。此后经德国驻华公使莱克斯、帝国海军部国务秘书梯尔匹茨等人的努力，"华人学校的计划"才获得帝国海军部同意。德国帝国海军部开始与中国进行外交接触，商谈的内容包括是否给予立案、章程等。经双方协商，中方认为，德国政府将在青岛设立学堂，"用意甚善"。经德方斡旋和中方同意，这所由中德政府双方合办的德华特别高等专门学堂最终得以开办，并于 1909 年 9 月顺利开学。

2. 德华特别高等专门学堂的特征

(1) 系科设置：以工科见长

德华特别高等专门学堂在办学层次上分为预备班和高等班。预备班学制为 6 年，相当于中学程度；高等班各科学制 3 至 4 年。后增设中文科，以体现"中西结合，体学为一"的办学宗旨。预备班学习德文、世界历史、算术、植物、动物、物理、化学等课程。高等班共设 4 系：工程自然科学系、医学系、法律和政治科学系（又称法政科），以及农林科学系。[②] 该校以工科为系科设置之长，以避免其他外国学校在设科上的缺陷，于开办时招收了两班工科学生，分为建设学、机械电气和采矿冶金 3 个专业。这样的系科设置是为了培养应用人才，与德国当初培养体现其工业化的技术人员的目的相一致，

---

① 刘增人、王焕良：《青岛高等教育史（现代卷）》，北京：人民出版社，2008 年版，第 19 页。

② 同上，第 29 页。

即更多地体现了德国的意志。德方办学的目的非常清楚,选取工程教育为重点,开设港口与房屋建筑、机械制造、铁路建设、矿山开采和电气技术等专业与课程,意在利用德国工程教育之强弥补中国自身以及西方国家在中国办学之漏。开办法律和政治科学系主要是把在世界范围内享有盛誉的德国法律体系与制度加以推广,为"中国因改革整体而引起的巨大运动"引道保驾;开办医学系和农林科学系则是考虑当时中国的现代医学医疗仍十分落后以及中国作为一个农业林业国今后对此有着巨大的需求,且青岛自身就是"林业科学上活教材"。① 德华以工科见长,这与德方最初的办学目的是一致的,即传播德国的科学与技术,让学校"帮助"胶州成为"德国科学文化传播中心",增强德国对中国的文化影响,巩固德国在中国的利益。德华各系科、专业和课程为中国人了解德国工业界的成就提供可能。

(2) 办学理念:崇尚科学与重视实践并举

德华以工科见长,办学理念颇具特色。该校践行了"崇尚科学,因材施教,实践第一,学研相长"的教育理念。② 留德博士张新科教授则认为,德华作为一个以工科专业为主的大学,它的建立是以德国现代大学制度为思想基础的,是德国现代大学制度在中国第一次系统成功的移植。他以德国工科大学的典型特征为基础,对德华的办学理念进行总结:"1. 强调教学过程的研究性,提倡课堂理论知识与职业技能获取的有机统一。2. 建立现代大学章程,积极倡导学校的学术独立与自我管理。3. 坚持按需设科、服务社会、因材施教、学用一致的办学思路与机制。4. 突出教师素质的知行合一,构建师资队伍理论性与工程实践性的兼容并包。"③ 简言之,德华的办学理念可以概括为崇尚科学与重视实践并举。

1914年一战爆发,日本对德宣战,并出兵占领青岛,德华被迫解散。后来德华部分系科的学生进入同济医工学堂。综观德华的创办、发展和解散,

---

① 张新科:《德国现代大学制度在我国高等工程教育中的首次移植》,《高等工程教育研究》,2009年第6期,第33—36页。

② 刘增人、王焕良:《青岛高等教育史(现代卷)》,北京:人民出版社,2008年版,第29页。

③ 同①。

可以认为虽然德华是中德双方商定开办的,但德方的殖民性质始终占主导。德华是德占殖民地的特殊产物。① 德方以工科教育为重点,主要是为了展示其先进的科学和技术、现有的工业成就,并且不忘"致力于德意志精神的全面培养",甚至灌输"军事精神"。因此德华被学界认为是德国以工科为主的大学在中国的首次移植,是德国殖民文化政策下的被动移植。

(二)德国在中国传播教育观念的主要中心——同济大学

作为中德合作的典型,同济大学是德国工科大学在中国移植的另一个案例。德国来华的传教士,主要是服务于所在教会。传播德国科学与文化的角色是德国政府;同时,由私人与各种非传教团体合作建立的学校也扮演着传播者的角色。德国人试图传给中国人的教育观念,多半取自在德国已证明其价值并在近代西方赢得声誉的教育模式:六年制学校、工程学校和工科大学。② 上海的同济大学被认为是在中国传播德国教育观念的主要中心。

1. 德国工业界与同济大学创办

同济大学的创办与德国的利益有关,换句话说,同济大学的创办是受到德国工业界的利益驱动的。这正如时任上海总领事的克纳佩认为的那样——利用每一个机会使德国文化在上海这里受到重视,并让人知道,除了英国之外,还有其他国家的利益存在。他还对德国在沪商人说:"当务之急是让德国、德国人和德意志气质适当参与对中国改革的影响。"③ 所谓"参与对中国改革的影响",实际上是德国想通过政策,加强对中国的影响。当时,克纳佩已经明显地注意到英国等其他西方国家在中国(上海)的影响甚大,特别是这些国家在传教团体和医生的数量上大大超过了德国。德国作为欧洲强国,如果要扩大其对中国的影响,那么需要采取文化政策,而创办学校则是对华文化政策的重要内容。随着德国经济实力的增强和其对中国施加影响以获得

---

① H. J. Hiery und H. M. Hinz (Hg.), *Alltagsleben und Kulturaustausch: Deutsche und Chinesen in Tsingtau 1897-1914*, Berlin, 1999. 转引自张新科:《德国现代大学制度在我国高等工程教育中的首次移植》,《高等工程教育研究要》,2009年第6期,第36页。

② [德]弗朗柯·伊斯克莱斯勒:《作为文化合作关键的技术教育:中德的经验》,见许美德、巴斯蒂编:《中外比较教育史》,上海:上海人民出版社,1990年版,第122页。

③ 李乐曾:《德国对华政策中的同济大学(1907—1941)》,上海:同济大学出版社,2007年版,第2页。

利益的设想得到德国政界人士的宣扬，德国开始注重其科技文教在中国的宣传和影响。在克纳佩等驻华使领馆人员的建议和支持下，德国政府决定向中国派出更多医生并开办专科学校，其目的就是要宣扬德国科技、文化，推销德国商品，培养一批批熟悉德国文化、熟悉德国产品的人才，使德国科技和文教在中国扩大声誉，在政治、思想上影响中国未来一代。①

1906年，德国外交部成立学校处后，德国随即计划在国外建立"宣传学校"。此时的克纳佩虽已离任回德，但仍致力于对华文化工作。他任德国-亚洲协会理事，并在柏林成立下属德国-亚洲协会的在华德国医科学校筹备委员会，后改名为促进在华德国文化工作委员会。该委员会为建校开始积极筹款。1907年5月，促进在华德国文化工作委员会已筹集到大约7.8万马克，至年底筹到的资金已达约26万马克，按计划它将用于建造学校的教学楼。除科佩尔基金会和促进在华德国文化工作委员会筹集到的资金外，普鲁士文化部、德国外交部和财政部也为筹建在上海的德国医科学校和支付德国教授的薪金提供了资助。② 一方面克纳佩本身是政界高官，其离任后所主持的负责筹款的委员会虽然是非政府机构，但也具有官方支持的背景，能够获得政府部门的响应和支持。另一方面，中国对在上海开办医科学校的设想也秉持支持的态度，并发动各界以实际行动进行支持。德国在上海开办医科学校的计划得到中国方面的响应，并首先以筹款方式参与办学，上海各界为建校筹集的款项达1.7万马克。③ 可见，该校虽然非中德双方政府合办学校，但也是按经过中德双方认可的计划开办。1907年，中德双方经过协商设立了在德国驻上海总领事馆监督之下的学校董事会，负责监督学校的筹建和领导工作。④ 以宝隆为首的上海德医公会成员是医学堂建校计划的具体实施者。

宝隆是一名医生，博士。他于1900年在上海创办医院。1902年医院门口上的木牌写有"同济医院"，蕴含着德国与中国人同舟共济之意。由于宝隆一

---

① 李乐曾：《德国对华政策中的同济大学（1907—1941）》，上海：同济大学出版社，2007年版，第2页。
② 翁智远、屠听泉：《同济大学史（1907—1949）》，上海：同济大学出版社，2007年版，第4页。
③ 山夫：《同济医工学堂筹建始末》，《德国研究》，1997年第2期，第4—8页。
④ 同②。

开始帮病人看病不收诊费，只收药费，声誉较好。随着医院声誉不断提高，就诊的病人越来越多，医院的医疗力量已经不能满足就诊人群的需要。鉴于此，宝隆设想在医院内设置一所德文医学堂，招收中国学生，从而达到培养医院施诊人员，满足医院医疗力量的目的。德国驻上海总领事馆得知宝隆的想法之后，表示予以支持。克纳佩提出在上海筹建一所德国医科学校的计划，与宝隆设想在医院内设置一所德文医学堂的想法具有相当的"相似性"，因此得到宝隆等人的积极支持和参与。随着校舍的建设和扩充，初步具备了医科学校的教学和办公条件，德文医学堂得以创建。建立德文医学堂具有两个方面的功用：一方面被中国方面认为是学习德国医学，掌握一定医术的一个机会，服务患者，可以使人受益；另一方面，对于德国来说，通过德文医学堂这样一个平台传播德国的文化和观念，可以争取获得中国领导人的理解和民众的信任，从而最终实现经济领域的收益。由此看来，德文医学堂在一定程度上体现了德方试图通过一种比较隐蔽的方式进行文化输出，以最终实现获取经济利益的目的。

19世纪末20世纪初，清政府鼓励各地兴办实业学堂，对外国人在中国设立学校采取较为宽松的政策，德国工业界借机呼吁德国政府通过在中国创办学校推行技术教育。这其中重要的原因是德国19世纪90年代中期经济发展迅速，并超过了当时的英国，一举成为欧洲第一工业大国。在当时的背景下，英、日、美等国在华工业资本输出等经济领域的输出已经非常明显，占据了重要的影响地位，而德国经济在中国的扩张却显得步履蹒跚，无明显进展。由此引起了德国企业界的关注，并向德国政界表达了增加对华影响的诉求，以获得更多的经济利益。德国一些著名企业开始向德国外交部自荐参与工科学校的筹办；德国外交部则要求驻上海总领事馆了解德国向中国进行技术教育的途径等。其中要弄清楚的最主要问题是，德国对工科学校的资助将会对德国产品的销路产生何种影响。德国外交部还要求以私人机构出面的形式筹建工科学校，其主要原因是担心政府出面办学将会导致其他大国仿效，德国将由于无法投入雄厚的资金与之竞争，最终导致前期的努力徒劳无功。[①] 由于

---

① 李乐曾：《德国对华政策中的同济大学（1907—1941）》，上海：同济大学出版社，2007年版，第43页。

清政府于1910年6月规定中国的工科学校应将英语统一作为学生必修的外语语种，德国方面担心该规定将使德国工业产品特别是机械等产品销售处于劣势地位，出于避免对德国产生不利影响和维护经济利益的考虑，德国方面加快建立工科学校的步伐。德国外交部、海军部、内政部、普鲁士文化部、普鲁士工商部以及金融界、贸易界和工业界的代表举行会谈，于1910年底成立下属德国-亚洲协会的"在华建立德国工科学校联合会"（Vereinigung zur Errichtung Deutscher Technischer Schulen in China），为建设工科学校进行筹款。1912年初，校董会主席福沙伯发布通告，宣布上海工科学校即将成立，它将与医学堂合为一体，共用语言学校。1912年6月12日，上海德文工学堂开学，学校由贝伦子主持。1912年工学堂建成后，医、工两学堂合并为"同济德文医工学堂"。[①]

同济德文医工学堂往医学和工学两个方面发展，发展规模和影响都在不断扩大。1924年5月教育部"准改"同济德文医工学堂为大学。1927年8月，国民政府正式命名同济德文医工学堂为国立同济大学。1930年，同济医、工两科改为医、工两学院。后来，为了加强生物、化学等基础学科，以提高医工两科的教学和科研水平，开始筹办理学院。1937年7月1日，同济大学理学院正式宣告成立，由王葆仁任院长。[②] 至此，同济已经逐渐建成医、工、理结合的国立大学。

2. 同济大学的特征

同济大学深受德国工科大学模式影响，主要体现在以下几个方面。

（1）办学目的：培养技术人员

同济大学在德文医学堂时期主要是以赢得中国民众以及领导层的理解，并最终获得经济上的回报为目的。后来德国政府，特别是工业界为保证德国工业产品在对华输出中占据有利地位，创办工科学校，并将工学堂与医学堂合为一体，建成同济德文医工学堂。因此，为德国产品培养技术人员，从而赢得经济上的回报是创办同济的主要目的。德国致力于"建立一种文化模式，

[①] 翁志远、屠听泉：《同济大学史（1907—1949）》，上海：同济大学出版社，2007年版，第15页。

[②] 同上，第88页。

第六章　比较分析与综合评价

让全世界都能感受到它的影响,首要的是让大到不可估量的中国市场感受到"[1]。从整体上看,创办同济的直接目的是培养熟悉德国产品的技术人员,根本目的则体现了德国保障和扩大在中国的利益诉求。当然,不排除其中科学与文化的传播对中国所起到的积极作用。

(2) 系科设置:医科与工科并重

同济大学在系科设置上由最初的医科与德文科到创建工学堂,增设了土木科和机师科,后将医、工两科改为学院,并成立理学院,1937年形成具有医、工、理三个学院的大学。其中,医学院仿德国大学医科制度,分为医学院前期(前4学期,相当于医预科)和医学院后期(后6学期,相当于医正科);工学院下设有电工、土木和测量三个系;理学院设有生物系和化学系。并附设中学(由德文科更名而来)、德文补习科和机师学校。从系科设置上看,医学院前期以基础知识学习为主,后期注重临床实习等显然是"仿德国大学医科制度"[2]。工科的专业开设也与德国工业界的意图紧密相关,而理学院则是为了提高工学院的教学和研究水平。

(3) 教学特色:面向社会,重视实践

同济大学首先通过德语的传授,传播德国科学与文化。德语是医工学习的预备,让学生学习德国语言,了解德国科学技术成就(特别是工业生产成就),接受德意志文化熏陶。其次,教学面向实践,要求学生懂绘图设计,熟机器操作。如工科学生第一学期在本校工厂实习,要求在各个部门都要认真劳动,每个工种都要学会,机器性能都要掌握;机械科的学生绘制机械图,必须由草图、零件图、装配图、实体图、总体图到施工明细图,画上几百张,

---

[1] [美]柯伟林著,陈谦平等译:《德国与中华民国》,南京:江苏人民出版社,2006年版,第14页。

[2] 翁志远、屠听泉:《同济大学史(1907—1949)》,上海:同济大学出版社,2007年版,第77页。弗莱克斯纳认为德国大学的医学部与法学部太接近于现实生活,以至于常常处在变为专科学校的危险之中,尽管迄今为止主要忙于培养未来医生的德国大学医学部比任何国家的医学院都更好地保持了其科学性。可参见[美]亚伯拉罕·弗莱克斯纳著,徐辉、陈晓菲译:《现代大学论——美英德大学研究》,杭州:浙江教育出版社,2001年版,第286页。

技艺要求也须达到德国二等或三等技工的手艺水平，才能参加毕业考试。[①] 最后，教师的教学研究也注重面向社会。如病理解剖学教授欧本海结合长期解剖和检验的实践和思考，著有《在上海剖检一百具华人之尸体之所得》一文等。

（4）师资延聘：注重聘用德籍教师和留德博士

同济大学注重聘用德籍教师和留德博士，这对其德国特征形成以及延续具有积极的作用。对于德方来说，保持同济的德国特征是实现其对华政策的一个主要目标。因此，德国教师的聘用，特别是他们的数量和质量以及对学校事务的参与，成为影响同济特征的一个关键因素。[②] 留德博士在同济进行教学和研究也有相当的数量。留德教师群体或多或少地接受了德国的高等教育和学术理念，并在平时的教学和科研中体现出来，有意或无意地对这些理念进行传播。这两个方面的因素都有利于同济大学的德国特征的形成和延续。

同济大学是德国对华政策的一个部分，同济大学的前身——德文医学堂、同济德文医工学堂都具备一定的德国特征，即使后期由华人组成的董事会成为学校的最高领导机构，德国仍通过教师聘任等形式延续了同济的德国特征。同济大学的德国特征主要有三个方面：其一是医科仿效了德国大学医科进行人才培养和课程设置；其二是同济注重技术人才的培养，服务于工业，这与德国工科大学强调各类工程技术人员培养是相仿的，工科人才的培养不仅符合德国工业界的利益，而且也符合当时中国经济社会发展对工科人才的要求，因而工科快速发展，影响也不断扩大；其三，在教学中面向实践，重视培养学生的操作能力。综合来看，同济是德国对华政策的产物，主要体现了德国工业界对中国市场的兴趣，从根本上看，体现了德国为保持和扩大在华利益所作的努力。

---

① 翁志远、屠听泉：《同济大学史（1907—1949）》，上海：同济大学出版社，2007年版，第42—43页。

② 李乐曾：《同济大学德国特征的形成与延续》，《德国研究》，2007年第2期，第4—12页。

（三）广西大学、德华、同济与德国工科大学的比较

由于马君武执掌的广西大学与德华特别高等专门学堂、同济大学都在不同程度上受到德国工科大学模式的影响，因此把它们与德国工科大学进行比较，可便于管窥德国工科大学模式在中国的移植状况。以下将这三所学校与两所著名的德国工科大学（汉诺威工业大学、柏林工业大学）进行比较，见表 6-2。

表 6-2　广西大学、德华、同济与德国工科大学的比较

国别	德国		中国		
学校	汉诺威工业大学	柏林工业大学	德华特别高等专门学堂	同济大学	广西大学
设立者	邦政府直接设立和管理	邦政府直接设立和管理，经升格获得与研究型大学同等地位	殖民体制下的"特别高等学堂"，德国与中国合办	中国和德国政府共同设立（源自1907年的德文医学堂）	广西政府设立并提供经费
办学目的	培养地方高级管理人才或技术官僚	培养地方高级管理人才或技术官僚，并培养"帝国时代需要的大批优秀产业人才"	传播德国科学与技术，帮助胶州成为"德国科学文化传播中心"	培养熟悉德国工业产品的人才，并在政治和思想意识上影响中国未来一代的领导层	为广西建设提供专门人才：农民的领导者、工程的建设者
主要领域	矿山、冶金、建筑	冶金、机械、采矿、制造等	法政、医学、农林、工程	医学、机械、工程、电机	农林、矿冶、工程、机械

续表

国别	德国			中国		
系科设置	化学工程学、机械工程学、建筑工程学、技师学等科系	建筑结构系、建筑工程系、机械系、造船和造船机器制造系、化学和冶金系、普通科学系	工程自然科学系、<u>医学系</u>、<u>法律和政治科学系</u>、<u>农林科学系</u>、<u>中文科</u> 预备班开设<u>德义</u>等课程	工学院：含机械系、土木系、电机系 理学院 医学院 另设有<u>德文科</u>	工学院：含土木工程系、机械工程系 理学院：含数学系、化学系、物理系、生物系 农学院：含<u>农学系、林学系</u> 另设有采矿专修科（矿冶系）

说明：1. 系科设置中，加下划线部分表示不同于德国工科大学的系科。

2. 汉诺威工业大学的系科设置为综合技术学校时期，柏林工业大学的系科设置为升格成工科大学时期。

3. 德华的数据截至1913年；同济大学和广西大学的数据截至1936年。

4. 资料来源为日本世界教育史研究会编，李永连、李秀英译：《六国技术教育史》，北京：教育科学出版社，1984年版；编写组：《六国著名大学》，北京：人民教育出版社，1979年版；翁志远、屠听泉：《同济大学史（1907—1949）》，上海：同济大学出版社，2007年版；编写组：《广西大学校史》（内部刊物），1988年。

由广西大学、德华、同济与德国工科大学的比较（表6-2）可知，德国汉诺威工业大学和柏林工业大学由邦政府直接设立和管理，在升格成为大学并获得博士学位授予权后，获得了与研究型大学同等地位。这些学校在办学目的上是培养地方高级管理人才或技术官僚，并培养"帝国时代需要的大批优秀产业人才"。德华和同济受德国工科大学办学模式影响，是大学模式被动移植的典型。这两所学校虽然为德国与中国合办的，但主要体现德国的利益。它们传播德国科学与技术，培养熟悉德国工业产品的人才，帮助胶州成为

"德国科学文化传播中心",或致力于培养在政治和思想意识上影响中国未来一代的领导层。广西大学的主办者是广西当局,办学目的是为广西建设培养农民的领导者、工程的建设者等专门人才。德国的工科大学由当地政府设立管理,培养当地各类管理和技术人才;广西大学也由地方政府广西当局设立,在目的上致力于当地建设人才的培养。而德华和同济由于是被动移植的性质,主要受德国工业界的利益驱动,更多是培养熟悉德国工业产品的技术人才,甚至是影响中国未来一代的领导层。

从学校主要面向的行业领域来看,德国工科大学主要面向土木与建筑工程、机械、矿冶、制造等行业领域;在系科开设方面设有化学(化学工程、化学与冶金)、建筑工程,机械工程,造船和造船机器制造等系科,并设有普通科学系。德华与同济的工程、机械(电机)、土木(建筑)等系科设置情况与德国工科大学相仿。同时,也有部分仿效德国研究型大学的系科设置,如医学是"仿德国大学医科制度"。德华和同济都注重学生德语的学习——德华在预备班开设有德文课程;同济设置了德文科,注重学生德文的训练,并向学生传播德国文化。德华设有中文科。所谓"中文",并非指"国文",而泛指中国的国学,包括中国的文史哲,即广义的中国文化,设经学、修身、人伦道德、文学、国文、历史、地理等科目。[①] 德华还设置法政、农林等系科,设立法律和政治科学系"主要是把在世界范围内享有声誉的德国法律体系与制度加以推广",开办农林科学系则是考虑当时"中国作为一个农业林业国今后对此有着巨大的需求"。[②] 同济设有理学院,这相当于德国工科大学中以数学和自然科学为主的普通科学系,设置目的是为师生研究提供理科基础。广西大学的土木工程系、机械工程系以及矿冶系与德国柏林工业大学等德国工科大学系科设置极为相似,而理学院与柏林工业大学的普通科学系也是相仿的。考虑到广西经济落后,急需开放和利用当地的农林资源,因此设有农学和林学系。广西大学与汉诺威工业大学、柏林工业大学等德国工科大学一样,

---

① 刘增人、王焕良:《青岛高等教育史(现代卷)》,北京:人民出版社,2008年版,第30页。
② 张新科:《德国现代大学制度在我国高等工程教育中的首次移植》,《高等工程教育研究》,2009年第6期,第33—36页。

并未设有医科。这与德华和同济有着显著的差别。德华与同济开设医科在一定程度上体现的是德国欲通过医科的设置培养医学人才来获得中国人对德国的好感，从而维护和扩大德国在华利益。

由此可见，从办学目的上看，广西大学与德国工科大学相仿，都致力于当地经济社会发展所需的人才的培养。在系科设置上除了农林系科之外，其他系科设置也与德国工科大学基本相同。即便是广西大学的农林系，也是为了促进广西发展和民众富裕而开设的。德华和同济虽然在系科设置上与德国工科大学有诸多相似之处，但是由于其被动移植的性质，在办学目的上并非为了促进当地经济社会发展，而是为了德国的在华利益。并且，德华和同济的医学是"仿德国大学医科制度"。

第二节 移植与刈剪德国工科大学模式的综合评价

马君武作为广西大学的主要创办人，长期执掌校政，对广西大学的发展做出了重要的贡献，并且其办学思想和实践可以为当今大学改革与发展提供可资借鉴的参考。

一、办学成就

（一）德国工科大学模式的引入者

游学德国多年的蔡元培和留德工学博士马君武仿效德国不同的大学模式在国内改革或创建大学，时人将二者合称"北蔡南马"。马君武引入德国工科大学模式，积极地在广西大学进行办学实践。首先，马君武虽在思想主张上兼顾"学"与"术"，但在实际办学侧重于应用科学，注重发展"术"科，即工、农、矿等科，这是仿效了德国工科大学"学""术"兼顾，以"术"为重的办学理念。其次，马君武"提倡生产教育、劳工教育"，从而促使"大学生毕业后要身体力行到各行业一线去，要培养工作技能，并以此带领国民去改变社会"。这与德国工科大学注重养成兼备科学知识和动手能力的新型劳动力，倡导"善行"的理念是一致的。再次，马君武主张"体育与军事训练合一，强身健体，训练战斗能力，并培养爱国的品德"，注重学校发挥强国和卫国的作用。这与德国注重军国民教育的特点是相仿的。最后，马君武注重发挥广西大学改善民众生活，增进民众幸福的作用。这与德国工科大学在农业技术、机械、冶金、采矿、建筑等方面，积极增进民众幸福具有相似性。由此可见，马君武是德国工科大学模式的引入者。

(二) 广西大学之父

黄荫荣先生将马君武称为"广西高等教育的奠基人"[①]。这说明马君武对于广西高等教育的贡献巨大。事实上，马君武未曾担任广西高等教育的设计者，如教育厅厅长等职务。马君武对于广西高等教育的重大贡献是其创办并长期执掌广西最高学府——广西大学。首先，创办广西大学。马君武担任广西大学筹备委员会委员，兼任筹备广西大学教务部主任。他在校址选定、院长聘任、师资延聘、系科课程概要起草等方面，发挥了关键作用，为广西大学的创办立下汗马功劳。其次，成功恢复广西大学。广西大学因受战争影响，一度停办。马君武据理力争，与盘珠祁等人为恢复广西大学四处斡旋，最终使广西当局恢复广西大学，使得广西最高学府得以继办。再次，注重图书设备建设，为师生学习研究奠定了良好的条件。马君武多次到上海、香港当地购买图书设备，甚至从德国购买各类实验设备和教学用具，并聘任李次民扩充图书馆，聘请刘公任改进《广西大学周刊》，使得广西大学的图书与设备等方面不断完善，为学校的教学与研究提供了良好的条件。最后，为广西培养大批人才和提供技术支持，为广西大学赢得声誉。马君武向来主张广西大学要面向广西培养实用人才，增进民众幸福。在他的主持和影响下，广西大学培养了农林、机械、矿冶、土木建筑等实用人才，并为中学培养了大批普及教育，提高"民众智识"的理科人才。广西大学为矿冶、农林等行业提供技术支撑，促进当地经济社会发展，以技术支持促进民众富裕。广西大学面向当地，密切联系富民的相关领域，因而获得良好的声誉。马君武不仅将德国工科大学的办学理念主动融入办学实践中，而且为广西大学的创办、恢复、发展等作出了重要的贡献，因此他是"广西大学之父"。

---

① 黄荫荣先生为马君武学术思想研究会会员，著有《广西高等教育的奠基人——马君武先生》一文。

二、办学启示

(一) 维护师生利益，捍卫大学独立自由

政府作为大学的举办者，出资创建和维持大学，或多或少都与大学发生联系。事实上，国家与大学的关系几乎总是处于紧张之中，经常表现为公开的对抗。① 20世纪30年代，广西的最高权威是李宗仁和白崇禧。李、白二人掌握最高权力，并赋予黄旭初在行政事务中一定的自主权，通过党政军联席会议进行议决、实施，这是为了实现"统一军政号令，党政军意志统一"。广西省政府负责该省的经济工作，包括大的建设项目，财政事务（税收、货币管理、银行业务等），还有中学和高等教育。广西政府对学校的控制欲望是极强的，当时所谓的"广西宪法"——"广西建设纲领"流行于广西党政军文各界，"成为教育训练的正式教材和宣传蓝本"②。由于广西省政府极力地想利用广西大学"培植人才"，服务于李、白、黄统治集团，往往试图通过经费、校长聘任、军训以及思想宣传等形式加强对学校的影响、控制，甚至是管制、干涉。这似乎印证了无论是地方政治还是中央政治权力，激进政权对大学更倾向于干涉大学的观点，即"在激进政权和专制政体之下，这种干涉则往往会达到公开施暴的地步"③。虽然马君武属于广西省政府聘任，但是他崇尚"思想及议论自由"，反对政治力量干预学校教育，也拒绝投靠任何一个广西当局领导人，为师生的学习和研究自由权利与广西省政府抗争。因此，坚持大学的相对独立地位，首先大学校长要争取、捍卫大学自治和学术自由，这对于大学减少政府干预、免于政治践踏将有重要的意义。其次，政府也要积极支持大学的发展，并给予和保障大学享有充分的自治和自由，让大学成为政府的"智慧库""思想库"。毕竟，学校的自治，教学和研究的自由是大学自身不可或缺的因素。

---

① 此处的国家包括中央政府和地方政府。[德] 卡尔·雅斯贝尔斯著，邱立波译：《大学之理念》，上海：上海人民出版社，2007年版，第53页。
② 万仲文：《桂系见闻谈》，桂林：广西师大历史系，1983年，第80页。
③ [德] 卡尔·雅斯贝尔斯著，邱立波译：《大学之理念》，上海：上海人民出版社，2007年版，第176页。

(二) 密切联系社会，实现大学社会互动

在整个 19 世纪中，兴办教育对德国地方人才自给起了一定的作用，工科大学是地方人才培养的主要贡献者。这些人才充当工程师、技术官僚，直接服务于当地的经济建设。20 世纪 30 年代的广西经济落后，需要大批人才进行经济建设。但是经济落后的广西财力不足，加上政府把大量的经费用于军事建设，以至于经费拮据，甚至曾令广西大学停办。幸有马君武等竭力争取得以继续开办。功夫不负有心人，广西大学的毕业生绝大多数服务于广西建设事业，分布在矿冶、交通路政等行业，为广西的经济发展提供了大批人才，体现了大学与经济的互动。现代大学逐渐与社会结合，已走出了"象牙塔"，走向"社会轴心"，成为经济、社会发展的"动力站"，经济的发展对大学的依赖程度日益加深。由于大学具有人才培养、科学研究（特别是应用科学研究）的职能和特点，与经济发生直接联系，因此，大学需要对经济发展作出审视，对人才培养和科学研究作出适当的调整。结合经济发展进行适当的调整不意味着完全以经济为导向来进行人才培养和从事科学研究，因为要避免大学在与经济活动发生联系中失去发展的方向，丧失之所以为大学的特性。大学要保持踏实的科学研究，进行学术训练，孜孜不倦地追求真理。如此说来，大学自然是服务于实际目的的机构，但它实现这些目的是靠着一种特殊精神的努力，它这样做只是为了以更大的清晰度、更大的力度、更冷静的态度返回到这些目的中。① 有鉴于此，大学与经济活动之间应该保持一种良性的互动关系。诚如龚放先生指出的大学与社会关系的理想模式，不即不离——"为了更好地履行大学的社会责任，大学需要与社会保持一种'不即不离'的关系。大学远离社会已经被否定和摒弃了，但大学与社会'零距离接触'也是不可取的。"②

(三) 结合办学实际，形成大学办学特色

马君武根据地方和学校实际进行办学，并逐渐形成大学办学特色。他执

---

① [德]卡尔·雅斯贝尔斯著，邱立波译：《大学之理念》，上海：上海人民出版社，2007 年版，第 20 页。

② 龚放：《试论现代大学的社会责任》，《北京大学教育评论》，2008 年第 2 期，第 118—127 页。

掌广西大学"独重工科"①，强调培养"农民的领导者，工程的建设者"，是民国的大学校长群体中对工科教育情有独钟的一名校长。马君武虽然注意到应用科学需要建立在纯粹科学的基础之上，但他在办学中往往偏于应用。如前所述，马君武根据广西矿藏丰富，交通落后，农村破败等实际情形，注重培养采矿、农林、工程等工科人才，认为学校应发展实用学科，造就实用人才，要先设农、工、矿等系科，逐渐形成了"独重工科"的办学特色。广西大学复校后，设立了理学院，这主要是为了打好基础，最终为了更好地应用。马君武认为广西大学应该致力于当地经济社会发展，改变落后的现状，改进乡民社会。因为他知道一些非实用的学科虽可能在长远来看有助于社会进步，但是既费财，又费时，这不仅脱离广西当时迫切发展经济的实际情况，也不符合广西当局对学校培养建设人才的期望。因此，他倡导"大脑和两手并用"，不仅重视科学知识传授，而且注重学生动手能力的训练，实施劳动教育。

广西大学在马君武的影响下，偏」应用的学科获得了良好的发展，为广西急需发展的各行业提供了一大批专门人才，这对当今颇具启示意义。首先，任何一所大学不可能在脱离外部环境的真空中存在和发展，因此学校需要根据一定的外部环境，立足实际，确立办学宗旨，设立院系和专业，避免盲目照搬其他国家、地区或学校的措施等。其次，以大学自身的历史传统和学科特色促进办学特色的形成。如果大学是"千校一面""高度同质化"，那么这样的糟糕境况是让人难以想象的，其后果也绝对是灾难性的。因此，大学的发展应该是有"个性"的，而非"同质化"的，即在尊重大学的办学传统和发挥大学学科特色的基础上，审时度势、稳步地推进大学的改革和发展，坚持走特色发展之路。

---

① 张新科：《蔡元培与马君武借鉴德国大学理念之比较》，《高等教育研究》，2008年第9期，第94—98页。

研究结论与未来展望

现代大学起源于欧洲中世纪大学，世界各国大学之间相互学习借鉴、发展更新，成为现今社会的大学。虽然世界各国的大学在发展背景、动力等方面各有不同，但是对于很多国家尤其是发展中国家而言，却存在一个显著的现象，即大学模式的移植问题。根据是否为发达国家单方面为主的强制输出，又可分为被动移植与主动移植。留学归国后担任大学校长的学者，往往将留学国家的知识体系、高等教育理念等融入到办学理念和办学实践中，主动移植所认可的大学模式，马君武移植德国工科大学模式，创建和执掌广西大学即是其中的典型。本书的研究以"马君武对德国工科大学模式移植与刈剪"为核心，沿着"具备移植德国工科大学的哪些理论基础？""从哪些方面移植与刈剪德国工科大学模式？""与受德国影响的中国其他大学有何异同？"等等一系列相关问题的解决展开。以下将分析提炼马君武移植与刈剪德国工科大学模式的原因、主要内容、与受德国影响的中国其他大学的异同，研究的主要贡献，并对进一步研究的可能空间进行展望。

一、移植与刈剪德国工科大学模式的原因

首先，马君武移植与刈剪德国工科大学模式的主观原因。马君武对德国高等教育，特别是对德国工科大学的认同以及他以自然科学为主的知识结构是其出掌广西大学，并仿效德国工科大学模式进行办学的主观原因。马君武认为德国文化为世界之冠，中国科学技术落后，物质文明不如西方发达国家，而人类社会却是与自然界一样，"不断进化，发达不息"，适者生存，优胜劣汰。人类社会和自然界是科学研究的对象，对二者进行探究所需要的理论都

必须有赖于实验。并且,在他的一生中,热爱国家、忠于国家、服务社会的观念根深蒂固。因此,马君武在办学实践中紧紧围绕应用科学这一主线,几乎处处彰显"实用"。

其次,马君武移植与刈剪德国工科大学模式的客观环境。新桂系一广西后,开展广西建设,对各类实用人才培养的大量需求,是马君武移植德国工科大学模式的客观环境。新桂系一广西,局势较为安定,当局开展各项事业建设,急需大批农林、矿冶、工程、路政等方面的人才。从整体上看,广西当局为了保证各项事业的顺利进行,支持建设和发展广西大学。

综上,由于马君武的办学理念与广西当局对于各项建设人才和应用科学的迫切需要是基本一致的,他在执掌广西大学时主动移植德国工科大学模式,使学校形成比较明显的工科特征。马君武毕生爱国,远渡重洋钻研科学,深受德国工科大学模式影响,有着丰富的应用科学理论知识,这是他热衷于工科教育的基础。新桂系开展广西建设,对实用人才和应用科学的需要为马君武践行工科教育提供了现实条件。

二、移植和刈剪德国工科大学模式的主要方面

马君武从多方面移植与刈剪德国工科大学模式。首先,重术:以"术"为重的"学""术"兼顾。德国工科大学兼顾"学理"的同时,以"术"为重。马君武在办学实践中偏重于应用科学,强化技术应用,其目的在于"术",即工、农、矿等科。其次,善行:"大脑与两手并用"。德国工科大学既注重培养学生的科学理论知识基础,又训练学生的操作能力,突出"善行"。马君武"提倡生产教育、劳工教育",倡导大学生毕业后要身体力行到各行业一线去,要培养工作技能,并以此带领国民去改变社会。再次,强国:"忠勇为爱国之本"。德国向来注重军国民教育。马君武主张体育与军事训练合一,强身健体,训练战斗能力,并培养爱国的品德,积极发挥大学在强国和卫国中的作用。最后,富民:"改进乡村社会"。德国工科大学在农业技术、食品加工、机械、冶金、采矿、建筑等行业,为促进各项与民众紧密联系的行业生产和提升德国当地经济社会的水平作出了重要的贡献。马君武倡导发挥大学改进乡村社会,改善民众生活,增进人类幸福的作用。

三、与受德国影响的中国其他大学之比较

首先,马君武移植德国工科大学模式执掌广西大学,蔡元培借鉴德国古典大学观改革北京大学,两人在办学理念与实践存在明显差别。在"学"与"术"的分野上表现为蔡元培强调大学以纯粹学术研究为中心,注重大学的基础研究功能;马君武偏重大学的应用科学研究功能。在系科设置的差别上表现为蔡元培改革北京大学以文理为主;马君武则认为"先设农科、工科、理科"。在育人方针的差异是表现为蔡元培注重世界观和美育;马君武提倡作工,突出劳动教育的作用。其次,马君武执掌的广西大学与受德国影响的德华、同济两校存在差异。马君武执掌的广西大学与德国工科大学相仿,都致力于当地经济社会发展所需的人才的培养。广西大学在系科设置上除了农林系科之外,其他系科设置与德国工科大学几乎相同。广西大学农林系的开设也是着眼于促进广西发展和民众富裕。德华和同济在系科设置上与德国工科大学虽然亦有相似之处,但由于其被动移植的性质,在办学目的上并非为了促进当地经济社会发展,包括设置医科等方面都主要是为了德国的在华利益。

四、研究的主要贡献

本研究的主要贡献为:首先,通过追踪马君武移植德国工科大学模式的时代背景,生平与教育思想的理论基础,参与广西大学创办,为复校和发展所作的努力,把握了马君武办学思想的来龙去脉和主要特征,系统地研究了马君武的办学思想与办学实践。其次,以留学归国学者对西方大学模式主动移植为视角考察马君武的办学思想与办学实践,为研究大学校长的办学思想提供了新的分析视角。再次,搜集和掌握大量的第一手资料,对马君武的言论,特别是其关于教育的文本进行了比较完整的解读,相对准确地把握了马君武的思想特征。

五、研究的不足与展望

与本研究相关的两个方面还有待于进一步深入探讨。

首先,可进一步对德国综合性研究型大学与德国工科大学进行系统比较和研究。本书以"德国工科大学模式在中国的移植与刘剪"为论题,探讨留德归国大学校长对该大学模式的引入过程。1870 年以后,德国工科大学在科

学研究和人才培养上有向综合性的研究型大学学习的趋势，而研究型大学在社会服务上有向工科大学借鉴的倾向，并稍作调整。德国工科大学与综合性的研究型大学两者之间相互学习，应对日益变化的外部环境。在未来的研究中，可以从历史研究的角度，系统地梳理两者的发展历程，比较两类大学的差异，探究其中的原因，加深对它们的认识，以便学习借鉴。

其次，有待于全面、系统地研究德国工科大学对中国的影响。鉴于力争深入地探讨马君武主动移植与刈剪德国工科大学模式，因而本书仅仅对德国工科大学对中国的影响作了基本的梳理和比较，没有进行全面、深入探究。尽管受德国工科大学模式影响的德华和同济更多是德国强制移植的产物，同济的医科是"仿德国大学的医科制度"，但由于德华作为德国工科大学在中国的早期移植和同济对中国的长期影响，因此从主动移植和被动移植两个方面，全面、系统地比较德国工科大学模式对中国的影响，将是今后的一个拓展方向。

参考文献

（一）档案

1. 国立广西大学档案，广西壮族自治区档案馆，全宗号：L44（含学生一览表、成绩表、试场情况调查表等）。
2. 广西大学校友会季刊第一二合刊，广西桂林市图书馆，缩微胶卷。

（二）相关史料

1. 盘珠祁编：《马君武先生演讲集》，梧州：广西大学，1934年。
2. 李绍雄：《广西教育史料》，桂林：广西史地学社，1936年版。
3. 广西省政府马君武先生治丧处编：《马君武先生纪念册》，1940年排印。
4. 编辑部：《马君武先生专号》，《逸史》，1944年第12期。
5. 马君武：《马君武先生文集》，台北：中华印刷厂，1984年版。
6. 李高南、黄牡丽编：《马君武教育文集》，南宁：广西美术出版社，2008年版。
7. 曾德珪选编：《马君武文选》，桂林：广西师范大学出版社，2000年版。
8. 纪念筹备委员会编：《马君武先生百年诞辰纪念特刊》，台北：协铭印刷有限公司，1987年版。
9. 广西师范大学社科联等编：《纪念马君武先生诞辰120周年学术研讨会文集》，桂林：广西师范大学社科联等，2002年。
10. 中国人民政治协商会议广西委员会：《马君武年谱简编（初稿）》（内部刊物），1980年。
11. 马君武：《马君武诗选》，南宁：广西民族出版社，1981年版。
12. ［德］赫克尔著，马君武译：《赫克尔一元哲学》，上海：中华书局，1920年版。

13. 马君武：《实用主义植物学教科书》，上海：中华书局，1920 年版。
14. 黄荫荣：《广西高等教育的奠基人——马君武先生》（油印本），出版信息不详。
15. 佚名：《马君武年谱》，出版信息不详。
16. 广西大学：《广西大学一览（1932）》，梧州：广西大学，1932 年。
17. 广西大学：《广西大学一览（1933）》，梧州：广西大学，1933 年。
18. 广西大学：《广西大学二五级毕业纪念册》，梧州：广西大学，1936 年。
19. 广西大学：《广西大学简章》，出版信息不详。
20. 广西大学理学院：《广西大学理学院特刊》，出版信息不详。
21. 中国公学：《中国公学大学部预科庚午级毕业纪念册》，上海：中国公学，1930 年版。
22. 广西大学理学院：《理科年刊》，梧州：广西大学，1936 年。
23. 广西省政府：《民国二十年以来广西大事记》，出版信息不详。
24. 广西大学：《教师名录与薪金》，出版信息不详。
25. 中国人民政治协商会议广西委员会编：《广西文史资料（第 12 期）》，南宁：中国人民政治协商会议广西委员会，1982 年。
26. 广西大学：《广西大学建校五十五周年纪念专刊》（内部刊物），1984 年。
27. 编写组：《广西大学校史（1928—1988）》（内部刊物），1988 年。
28. 中共广西大学党史室：《风雨十七年》（1936—1953，广西大学革命斗争史料），桂林：广西师范大学出版社，1998 年版。
29. 广西大学：《广西大学校志（1928—1998）》（内部刊物），1988 年。
30. 广西大学：《广西大学校友通讯（创刊号）》，南宁：广西大学，1986 年。
31. 广西大学：《广西大学校友》（总第 1 期、总第 2 期、总第 4 期、总第 5 期）。
32. 广西大学校友会秘书处：《广西大学校友通讯录（1928—1985）》（内部刊物），1985 年。
33. 广西省政府编辑室：《广西省施政纪录》（内部刊物），1938 年。
34. 广西省教育厅：《广西省教育概况统计》（内部刊物），1935 年。
35. 黄旭初：《黄旭初演讲集》，出版信息不详。
36. 万仲文：《桂系见闻谈》，桂林：广西师范大学历史系，1983 年。
37. ［德］菲希德著，张君劢译：《菲希德对德意志国民演讲》，上海：上海国民经济研究所，1947 年版。
38. 广西省统计局：《广西年鉴（民国）》（第一回、第二回、第三回），出版信息不详。

39. 教育部：《第一次中国教育年鉴》，上海：开明书店，1934年版。
40. 常导之：《德法英美四国教育概览》，上海：商务印书馆，1928年版。
41. 常导之：《德国教育制度》，南京：南京钟山书局，1933年版。
42. 吉田熊次著，华文祺译：《德国教育之精神》，上海：商务印刷馆，1916年版。
43. 舒新城编：《中国近代教育史资料》，北京：人民教育出版社，1981年版。
44. 陈学恂、田正平编：《中国近代教育史料汇编（留学教育）》，上海：上海教育出版社，1991年版。
45. 潘懋元、刘海峰编：《中国近代教育史资料汇编（高等教育）》，上海：上海教育出版社，2007年版。
46. 中国第二历史档案馆编：《中华民国史档案资料汇编·第三辑　教育》，南京：江苏古籍出版社，1991年版。
47. 章开沅主编：《辛亥革命辞典》，武汉：武汉出版社，1991年版。
48. 高平叔编：《蔡元培全集（1—7）》，上海：中华书局，1984—1989年版。
49. 朱有瓛主编：《中国近代学制史料（1—4）》，上海：华东师范大学出版社，1983—1993年。
50. 璩鑫圭、唐良炎编：《中国近代教育史资料汇编（学制演变）》，上海：上海教育出版社，1991年版。
51. 《教育大辞典》（增订合编本），上海：上海教育出版社，1997年版。

（三）报纸杂志（民国时期）

1. 《广西大学周刊》（梧州）
2. 《国立广西大学周刊》（桂林）
3. 《西大学生》
4. 《西大农讯》
5. 《广西政府公报》
6. 《广西教育公报》
7. 《广西建设月刊》
8. 《广西统计月刊》
9. 《群言》

（四）相关传记、回忆录与著作

1. 欧正仁：《马君武传》，南宁：中国人民政治协商会议广西委员会，1982年版。

2. 王咏：《一代宗师马君武》，南宁：接力出版社，1994年版。

3. 周伯乃：《桂水长清——马君武》，台北：近代中国出版社，1989年版。

4. 谭行等：《马君武诗注》，南宁：广西民族出版社，1985年版。

5. 桂林市政协文史资料委员会：《回忆马君武》（内部刊物），2001年。

6. 余瑾、唐纪良：《新的起点——广西大学70周年校庆纪念集》，南宁：广西大学，2000年。

7. 阳国亮：《西大情缘》，南宁：广西美术出版社，2008年版。

8. 李宗仁口述，唐德刚撰写：《李宗仁回忆录》，南宁：广西人民出版社，1988年版。

9. 苏志荣等：《白崇禧回忆录》，北京：解放军出版社，1987年版。

10. 黄绍竑：《五十回忆》，杭州：云风出版社，1945年版。

11. 程思远：《白崇禧传》，北京：华谊出版社，1995年版。

12. 程思远：《政坛回忆》，南宁：广西人民出版社，1983年版。

13. 文思：《我所知道的白崇禧》，北京：中国文史出版社，2003年版。

14. 广西文史馆：《黄绍竑回忆录》，南宁：广西人民出版社，1991年版。

15. 林耀华：《中国历代教育家传》，广州：科学普及出版社广州分社，1989年版。

（五）专著及论文

1. 中国人民政治协商会议广西委员会：《老桂系纪实》，南宁：广西人民出版社，2003年版。

2. 中国人民政治协商会议广西委员会：《新桂系纪实（续编）》，南宁：广西人民出版社，2005年版。

3. 蒋钦辉：《广西大学史话（1928—1949）》，南宁：广西美术出版社，2009年版。

4. 罗平汉、王续添：《桂系军阀》，北京：中共党史出版社，2001年版。

5. 黄继树：《桂系演义》，桂林：漓江出版社，1988年版。

6. 周亚平：《大对局：桂系军阀全传》，北京：团结出版社，2002年版。

7. 谭肇毅：《新桂系政权研究》，南宁：广西人民出版社，2011年版。

8. 郭绪印：《国民党派系斗争史》，上海：上海人民出版社，1992年版。

9. 赵平：《桂林轶事》，北京：民族出版社，2006年版。

10. 胡益安：《天下桂系：李宗仁、白崇禧成败录》，北京：东方出版社，2010年版。

11. 萧志华、尚若冰：《"小诸葛"白崇禧外传》，郑州：河南人民出版社，1989年版。

12. 潘懋元：《高等教育——历史、现实与未来》，北京：人民教育出版社，2004

年版。

13. 潘懋元：《现代高等教育思想的演变：从20世纪至21世纪初期》，广州：广东高等教育出版社，2008年版。

14. 田正平：《留学生与中国教育近代化》，广州：广东教育出版社，1996年版。

15. 田正平：《中外教育交流史》，广州：广东教育出版社，2004年版。

16. 张斌贤：《外国教育思想史》，北京：高等教育出版社，2007年版。

17. 单中惠：《西方教育思想史》，北京：教育科学出版社，2007年版。

18. 曲士培：《中国大学教育发展史》，北京：北京大学出版社，2006年版。

19. 董宝良、周洪宇：《中国近现代教育思潮与流派》，北京：人民教育出版社，1997年版。

20. 顾明远、薛理银：《比较教育导论——教育与国家发展》，北京：人民教育出版社，1998年版。

21. 王承绪：《发展中国家高等教育模式的国际移植比较研究》，杭州：浙江大学出版社，2009年版。

22. 贺国庆：《德国和美国大学发达史》，北京：人民教育出版社，1998年版。

23. 陈洪捷：《德国古典大学观及其对中国的影响》，北京：北京大学出版社，2006年版。

24. 贺国庆：《外国高等教育史》，北京：人民教育出版社，2003年版。

25. 陈青之：《中国教育史》，北京：中国社会科学出版社，2009年版。

26. 霍益萍：《近代中国的高等教育》，上海：华东师范大学出版社，1999年版。

27. 董宝良：《中国近现代高等教育史》，武汉：华中科技大学出版社，2007年版。

28. 杜成宪、邓明言：《教育史学》，北京：人民教育出版社，2004年版。

29. 黄福涛：《外国高等教育史》，上海：上海教育出版社，2003年版。

30. 黄福涛：《欧洲高等教育近代化——法、英、德高等教育制度的形成》，厦门：厦门大学出版社，1998年版。

31. 李兴业、王焱：《中欧教育交流的发展》，济南：山东教育出版社，2010年版。

32. 冒荣：《至平至善　鸿声东南：东南大学校长郭秉文》，济南：山东教育出版社，2004年版。

33. 冒荣：《科学的播火者：中国科学社述评》，南京：南京大学出版社，2002年版。

34. 王运来：《江苏高等教育的早期现代化》，北京：人民出版社，2001年版。

35. 王运来：《诚真勤仁　光裕金陵：金陵大学校长陈裕光》，济南：山东教育出版社，2004年版。

36. 潘懋元：《高等教育研究方法》，北京：高等教育出版社，2008 年版。
37. 张红霞：《教育科学研究方法》，北京：教育科学出版社，2009 年版。
38. 刘献君：《教育研究方法高级讲座》，武汉：华中科技大学出版社，2010 年版。
39. 陈向明：《质的研究方法与社会科学研究》，北京：教育科学出版社，2000 年版。
40. 陈平原：《大学何为》，北京：北京大学出版社，2006 年版。
41. 周川、黄旭：《百年之功——中国近代大学校长的教育家精神》，福州：福建教育出版社，1994 年版。
42. 叶隽：《另一种西学——中国现代留德学人及其对德国文化的接受》，北京：北京大学出版社，2005 年版。
43. 方在庆：《爱因斯坦、德国科学与文化》，北京：北京大学出版社，2006 年版。
44. 邢来顺：《德国工业化经济——社会史》，武汉：湖北人民出版社，2003 年版。
45. 丁建洪：《德国通史》，上海：上海社会科学出版社，2007 年版。
46. 陆世澄：《德国文化与现代化》，沈阳：辽海出版社，1999 年版。
47. 秦家懿：《德国哲学家论中国》，北京：生活·读书·新知三联书店，1993 年版。
48. 扈明丽：《德国社会与文化概论》，武汉：武汉理工大学出版社，2009 年版。
49. 杜美：《德国文化史》，北京：北京大学出版社，1990 年版。
50. 丁建弘、李霞：《德国文化：普鲁士精神和文化》，上海：上海社会科学院出版社，2003 年版。
51. 隽鸿飞：《德国古典哲学的历史理性及其回响》，哈尔滨：黑龙江大学出版社，2010 年版。
52. 彭正梅：《解放和教育——德国批评教育学研究》，上海：华东师范大学出版社，2008 年版。
53. 张雪蓉：《美国影响与中国大学变革（1915—1927）——以国立东南大学为研究中心》，北京：华龄出版社，2006 年版。
54. 许小青：《政局与学府：从东南大学到中央大学（1919—1937）》，北京：中国社会科学出版社，2009 年版。
55. 王东杰：《国家与学术的地方互动——四川大学国立化进程（1925—1939）》，北京：生活·读书·新知三联书店，2005 年版。
56. 段治文：《中国现代科学文化的兴起（1919—1936）》，上海：上海人民出版社，2001 年版。
57. 戴继强、方在庆：《德国科技与教育发展》，北京：人民出版社，2004 年版。
58. 陈洪捷：《中德之间——大学、学人与交流》，北京：北京大学出版社，2010

年版。

59. 叶隽：《现代学术视野中的留德学人》，上海：同济大学出版社，2004 年版。

60. 叶隽：《主体的变迁：从德国传教士到留德学人群》，上海：上海外语教育出版社，2008 年版。

61. 叶隽：《异文化博弈：中国现代留欧学人与西学东渐》，北京：北京大学出版社，2009 年版。

62. 叶隽：《中国现代留欧学人与外交官、华工群的互动》，福州：福建教育出版社，2012 年版。

63. 张雁：《西方大学理念在近代中国的传入与影响》，杭州：浙江大学出版社，2009 年版。

64. 张丽：《伯顿·克拉克的高等教育思想研究》，武汉：华中师范大学出版社，2008 年版。

65. 张斌贤、王晨：《大学：社会分层与社会流动》，北京：北京师范大学出版社，2007 年版。

66. 编写组：《六国著名大学》，北京：人民教育出版社，1979 年版。

67. 丁钢：《中国教育的脊梁——著名教育家成功之路》，北京：高等教育出版社，2010 年版。

68. 崔恒秀：《民国教育部与高校关系之研究》，福州：福建教育出版社，2011 年版。

69. 谢泳：《教授当年》，广州：暨南大学出版社，2010 年版。

70. 谢泳：《书生的困境——中国现代知识分子问题简论》，桂林：广西师范大学出版社，2009 年版。

71. 薛涌：《怎样做大国》，北京：中信出版社，2009 年版。

72. 薛涌：《谁的大学》，昆明：云南人民出版社，2005 年版。

73. 薛涌：《中国文化的边界》，昆明：云南人民出版社，2006 年版。

74. 王昊：《近代中国大学校长的文化选择》，天津：天津教育出版社，2010 年版。

75. 智效民：《八位大学校长》，武汉：长江文艺出版社，2006 年版。

76. 王洪才：《大学校长：使命·角色·选拔》，上海：上海交通大学出版社，2009 年版。

77. 黄俊杰：《大学校长遴选——理念与实务》，北京：北京大学出版社，2005 年版。

78. 李高南、黄牡丽：《马君武的教育"真精神"》，《学术论坛》，2008 年第 7 期。

79. 李琴：《马君武实业思想初探》，《广西教育学院学报》，2001 年第 6 期。

80. 张新科、宋燕萍：《马君武——欧洲现代高等教育办学理念西风东渐的旗手》，

《南京理工大学学报（社会科学版）》，2004年第1期。

81. 张新科：《德国现代大学制度在我国高等工程教育中的首次移植》，《高等工程教育研究》，2009年第6期。

82. 张新科：《蔡元培与马君武借鉴德国大学理念之比较》，《高等教育研究》，2008年第9期。

83. 龚放：《柏林大学观的当代价值——纪念德国柏林大学创建200周年》，《高等教育研究》，2010年第10期。

84. 龚放：《试论现代大学的社会责任》，《北京大学教育评论》，2008年第2期。

85. 冒荣：《远去的彼岸星空——德国近代大学的学术自由理念》，《高等教育研究》，2010年第6期。

86. 冒荣：《论历史研究的当代性》，《南京大学学报（哲学社会科学版）》，1994年第2期。

87. 冒荣：《中国科学社与"科玄之争"》，《科学》，1999年第3期。

88. 王运来：《学术与事功平衡——郭秉文高等教育思想蠡测》，《南京师大学报（社会科学版）》，2011年第2期。

89. 王运来：《略论郭秉文"四个平衡"的办学思想》，《扬州大学学报（高教研究版）》，2000年第4期。

90. 王运来：《中外高教史的一些启示》，《江苏高教》，1995年第6期。

91. 李树刚：《马君武、陈焕镛创立广西植物研究所》，《广西植物》，1994年第1期。

92. 张伟：《略论蔡元培与马君武——纪念马君武诞辰一百二十周年》，《广西教育学院学报》，2002年第1期。

93. 唐耀华：《试议"西大精神"的核心元素是"实"》，《广西大学学报（哲学社会科学版）》，2006年第1期。

94. 唐志敬：《马君武评传》，《广西社会科学》，1988年第3期。

95. 高巍翔：《试析马君武改造国民性的教育思想及其实践》，《华中农业大学学报（社会科学版）》，2007年第4期。

96. 马冠武：《马君武办学的理论与实践》，《广西师范大学学报（哲学社会科学版）》，1992年第4期。

97. 袁斌业：《昌科学、植民权的译俊——马君武》，《上海翻译》，2005年第2期。

98. 张爱红：《从档案看马君武的道德观》，《兰台世界》，2007年第11期。

99. 欧阳军喜：《以科学与理性的名义：新文化运动中的海克尔及其学说在中国的传播》，《学术研究》，2011年第4期。

100. 方婉丽：《浅析马君武的进化论世界观》，《桂林师范高等专科学校学报》，2010年第2期。

101. 黄宗炎、韦春景：《论新桂系的形成及其统一广西的历史意义》，《近代史研究》，1985年第1期。

102. 徐方治、陆炬烈、赵世怀：《论新桂系的抗战方略及其实践》，《广西社会科学》，1987年第3期。

103. 庄民生：《简论新桂系》，《上海大学学报（社会科学版）》，1991年第1期。

104. 宾长初：《论新桂系的经济建设方针及管理机构》，《民国档案》，2008年第3期。

105. 付广华：《论新桂系政权的民族同化政策》，《桂海论丛》，2008年第5期。

106. 黄祐：《新桂系在广西推行的教育新政探析》，《教育评论》，2010年第1期。

107. 杨启秋：《新桂系时期广西的物价状况与居民生活水平》，《广西师范大学学报（哲学社会科学版）》，2009年第5期。

108. 谭肇毅：《新桂系论》，《广西社会科学》，2009年第6期。

109. 谭肇毅：《"三自政策"与新桂系的军阀政治》，《史学集刊》，2008年第1期。

110. 梁彩花：《新桂系"特种部族教育"评析》，《广西民族学院学报（哲学社会科学版）》，2006年第2期。

111. 徐江虹：《新桂系与两广事变》，《中央民族大学学报》，2004年第5期。

112. 廖建夏：《试评三十年代新桂系的广西建设》，《广西民族学院学报（哲学社会科学版）》，1995年第2期。

113. 陈新建：《试论大革命时期新桂系的政治嬗变》，《广西师范大学学报（哲学社会科学版）》，2009年第1期。

114. 汤丽霞：《"九·一八"事变后新桂系政治态度的变化》，《社会科学战线》，1992年第2期。

115. 张晓明：《抗战时期广西农事试验场的科研活动》，《沧桑》，2010年第10期。

116. 周程：《"科学"的起源及其在近代中国的传播》，《科学学研究》，2010年第4期。

117. 聂春燕：《民初文化知识名人对中国参加一战问题的认识和争论》，《四川大学学报（哲学社会科学版）》，2004年第S1期。

118. 胡建华：《关于大学"模式移植"的若干思考》，《现代大学教育》，2002年第2期。

119. 黄剑波，孙晓舒：《互为他者的西学与汉学——从〈另一种西学〉谈起》，《中国图书评论》，2006年第4期。

120. 罗文军：《最初的拜伦译介与军国民意识的关系》，《中国现代文学研究丛刊》，2010年第2期。

121. 史革新：《辛亥革命与近代科学传播》，《北京师范大学学报（人文社会科学版）》，2001年第6期。

122. 吴晓：《试论陆荣廷统治时期广西"出国留学潮"》，《广西民族研究》，1996年第1期。

123. 王宪明，舒文：《近代中国人对卢梭的解释》，《近代史研究》，1995年第2期。

124. 凤子：《我的几位师长》，《新文学史料》，1992年第1期。

125. 谭行：《论马君武和他的爱国主义诗篇》，《广西民族学院学报（哲学社会科学版）》，1983年第1期。

126. 张新科：《德国高等工程教育的发展轨迹和模式特征》，《继续教育》，2006年第7期。

127. 袁斌业：《马君武经济文献翻译活动及其翻译报国思想介绍》，《商场现代化》，2009年第16期。

128. 张炜：《德国柏林工业大学的跨学科学术组织》，《比较教育研究》，2003年第9期。

129. 山夫：《同济医工学堂筹建始末》，《德国研究》，1997年第2期。

130. 陈洪捷：《蔡元培对德国大学理念的接受——基于译文〈德意志大学之特色〉的讨论》，《北京大学教育评论》，2008年第3期。

131. 陈洪捷：《为学术还是为职业？——德国大学学习传统及其变迁》，《北京大学教育评论》，2005年第2期。

132. 陈洪捷：《什么是洪堡的大学思想？》，《中国大学教学》，2003年第6期。

133. 陈洪捷：《蔡元培的办学思想与德国的大学观》，《高等教育研究》，1994年第3期。

134. 贺国庆：《近代德国大学思想对美国的影响》，《比较教育研究》，1993年第5期。

135. 贺国庆：《近代德法高等教育的改革及比较》，《比较教育研究》，1996年第6期。

136. 贺国庆：《发达国家"科教兴国"的历史考察》，《河北大学学报（哲学社会科学版）》，2001年第1期。

137. 贺国庆：《近代德国普及教育之路》，《河北师范大学学报（教育科学版）》，2003年第1期。

138. 贺国庆、梁丽：《柏林大学思想及其对美国的影响》，《高等教育研究》，2010年第10期。

139. 李乐曾：《同济大学德国特征的形成与延续》，《德国研究》，2007 年第 2 期。

140. 李乐曾：《同济大学历史上的德籍教师》，《同济大学学报（社会科学版）》，2002 年第 2 期。

141. 李乐曾：《德国对华政策透视》，《德国研究》，1997 年第 4 期。

142. 李乐曾：《孙中山的南方政府与德国》，《同济大学学报（人文·社会科学版）》，1997 年第 1 期。

143. 李乐曾：《"同济大学，命运与前途"——1938 年同济德国教师回德追忆》，《德国研究》，1994 年第 2 期。

144. 章开沅：《〈中国著名大学校长书系〉序言》，《高等教育研究》，2004 年第 3 期。

145. 叶隽：《德国思想的东渐与留德学人的导向——以"北蔡南马"的译事与毛泽东的接受为中心》，《政治思想史》，2010 年第 2 期。

146. 叶隽：《中国现代大学制度的构建与蔡元培留学德国》，《德国研究》，2003 年第 4 期。

147. 叶隽：《"拓荒之作"与"同情理解"——读韩尼胥的〈1860—1945 年中国留德学生的历史和影响〉》，《德国研究》，2003 年第 2 期。

148. 叶隽：《中国人留学德国史研究情况之进展》，《德国研究》，2002 年第 4 期。

149. 叶隽：《近代德国大学对中日两国的影响》，《高等教育研究》，2002 年第 5 期。

150. 叶隽：《〈留德学人与德国〉系列随笔——马君武》，《德语学习》，2001 年第 4 期。

151. 叶隽：《中国人留学德国史的研究情况概述》，《德国研究》，2000 年第 3 期。

152. 赵映川、张天锋：《浅谈学术寂寞》，《教学研究》，2005 年第 5 期。

153. 眭依凡：《大学使命：大学的定位理念及实践意义》，《教育发展研究》，2000 年第 9 期。

154. 施晓光：《大学：三种意义上的释读》，《北京大学教育评论》，2006 年第 3 期。

155. 杨耕：《论马克思的"从后思索法"》，《学术月刊》，1992 年第 5 期。

156. 杨耕、陈志良：《关于马克思实践反思理论的再思考》，《天津社会科学》，1998 年第 3 期。

157. 时田：《关注大学　关注世界——第二届中外大学校长论坛举行有感》，《时事报告（大学生版）》，2004 年第 1 期。

158. 周谷平、朱绍英：《郭秉文与近代美国大学模式的导入》，《河北师范大学学报（教育科学版）》，2005 年第 5 期。

159. 黄成亮：《中国大学模式探析》，《高等教育研究》，2010 年第 12 期。

160. 吴伟、邹晓东、陈汉聪:《德国创业型大学人才培养模式探析——以慕尼黑工业大学为例》,《高教探索》,2011 年第 1 期。

161. 刘艳玲:《近代日本对中国高等教育发展的影响初探》,《日本问题研究》,2007 年第 1 期。

162. 吕达:《近代中国教会学校述略》,《上海师范大学学报(哲学社会科学版)》,1987 年第 3 期。

163. 朱高峰:《论科学与技术的区别——建立创新型国家中的一个重要问题》,《高等工程教育研究》,2010 年第 2 期。

164. 张大良:《贯彻落实〈教育规划纲要〉加快高等工程教育改革和发展》,《中国高教研究》,2011 年第 1 期。

165. 张大良:《提高人才培养水平 推进高等教育内涵式发展》,《中国高教研究》,2011 年第 5 期。

166. 全守杰、王运来:《德国大学模式在中国的理念分野与实践生成——基于"北蔡南马"的研究》,《现代大学教育》,2011 年第 3 期。

167. 张旭:《翻译规范的破与立:马君武译诗研究》,《外语教学》,2022 年第 2 期。

168. 李宏图:《作者的意图与文本的生成——以马君武对密尔〈论自由〉的翻译为个案的讨论》,《历史教学问题》,2020 年第 2 期。

169. 徐秦法、梁轩铭:《马君武的马克思主义观研究》,《广西大学学报(哲学社会科学版)》,2019 年第 6 期。

170. 黄宗芬、刘社欣:《改革开放以来马君武研究文献的热点、演进与展望》,《广西民族大学学报(哲学社会科学版)》,2019 年第 2 期。

171. 王毅、洪庆福、李静:《译诗之"讹"与革命救国——马君武的拜伦〈哀希腊〉翻译研究》,《东吴学术》,2018 年第 6 期。

172. 吴晓樵:《马君武译歌德〈阿明临海岸哭女诗〉》,《新文学史料》,2018 年第 1 期。

173. 余意梦婷、王德明:《马君武文学档案补述——以马君武桂剧改革为视角》,《山西档案》,2017 年第 6 期。

174. 胡全章:《旧锦新样:清末民初马君武诗歌》,《南昌大学学报(人文社会科学版)》,2015 年第 3 期。

175. 宋少鹏:《马君武"女权"译介中的遮蔽和转换》,《中国现代文学研究丛刊》,2015 年第 5 期。

176. 屠国元:《布尔迪厄文化社会学视阈中的译者主体性——近代翻译家马君武个案

研究》，《中国翻译》，2015 年第 2 期。

177. 张常永、梁芷铭：《马君武早期思想及其德育价值》，《中学政治教学参考》，2014 年第 24 期。

178. 刘彦德、李正敏：《马君武"三苦精神"教育理念述略》，《兰台世界》，2014 年第 13 期。

179. 乔现荣：《民国杰出翻译家——马君武经济文献翻译贡献摭谈》，《兰台世界》，2014 年第 4 期。

180. 黄牡丽：《人文关怀理念与高校师资建设路径探索——兼谈马君武博士创办广西大学的师资建设经验及当代价值》，《中国成人教育》，2013 年第 21 期。

181. 肖嵘、秦川：《马君武英诗汉译的讹误之辩》，《文化与传播》，2021 年第 6 期。

182. 宋菁、徐惟诚：《近代翻译对中国现代性的建构——从马君武翻译序跋谈起》，《文化与传播》，2021 年第 5 期。

183. 陈学璞：《一代宗师光照学界——评彭剑啸的长篇纪实文学〈马君武〉》，《当代广西》，2021 年第 16 期。

184. 贺祖斌：《马君武与广西近代高等教育》，《当代广西》，2021 年第 Z1 期。

185. 韦岚、全守杰：《论马君武的体育教育思想》，《教育与教学研究》，2015 年第 6 期。

186. 田伟、刘海燕：《剖析马君武教育思想的"精气神"》，《兰台世界》，2015 年第 1 期。

187. 李媛媛：《马君武爱国情思构建与实践的当代探析》，《广西地方志》，2018 年第 6 期。

188. 胡冬林：《危机意识·自由意识·强国意识——论马君武翻译选材的政治意识》，《淮海工学院学报（人文社会科学版）》，2018 年第 9 期。

189. 胡冬林：《论马君武译介自由意识的改写策略》，《桂林航天工业学院学报》，2018 年第 2 期。

190. 卢虹：《马君武教育理念引发的高校英语教师国学素养探究》，《安阳师范学院学报》，2018 年第 1 期。

191. 余意梦婷、王德明：《论马君武对桂剧改革的独特思路》，《南阳理工学院学报》，2018 年第 1 期。

192. 王海林、董四代：《马君武的社会主义解读及其对民生主义的意义》，《西南石油大学学报（社会科学版）》，2016 年第 6 期。

193. 林天宏：《马君武：勇武校长》，《共产党员（河北）》，2017 年第 10 期。

194. 张彩云、代钦：《马君武对中国近现代教育的贡献》，《内蒙古师范大学学报（教育科学版）》，2017年第3期。

195. 张宁、赵丹：《马君武"锄头主义"的高校管理思想阐析》，《黑龙江生态工程职业学院学报》，2017年第1期。

196. 张晓溪：《启蒙与醒世——马君武〈足本卢骚民约论〉研究》，吉林大学博士论文，2007年。

197. 陈洪捷：《德国古典大学观及其对中国的影响》，北京大学博士论文，1998年。

198. 叶隽：《中国现代留德学人及其对德国文化的接受》，北京大学博士论文，2003年。

199. 王运来：《江苏高等教育近代化研究》，南京大学博士论文，1998年。

200. 张俊宗：《现代大学制度》，华中科技大学博士论文，2003年。

201. 贺祖斌：《中国高等教育系统的生态学分析》，华中科技大学博士论文，2004年。

202. 龙献忠：《从统治到治理》，华中科技大学博士论文，2005年。

203. 殷朝晖：《论国家科研体制建设与研究型大学发展》，华中科技大学博士论文，2005年。

204. 郭卉：《权利诉求与大学治理》，华中科技大学博士论文，2006年。

205. 李明忠：《论高深知识与大学的制度安排》，华中科技大学博士论文，2008年。

206. 郑利霞：《我国高等教育布局结构及其逻辑研究》，华中科技大学博士论文，2009年。

207. 冯典：《大学模式变迁研究——知识生产的视角》，厦门大学博士论文，2009年。

208. 黎瑛：《权力的重构与控制：新桂系政府行政机制和政府能力研究（1927—1937）》，上海师范大学博士论文，2008年。

209. 崔恒秀：《民国教育部与大学关系之研究（1912—1937）》，苏州大学博士论文，2008年。

210. 杨乃良：《民国时期新桂系的广西经济建设研究（1925—1949）》，华中师范大学博士论文，2001年。

211. 许小青：《从东南大学到中央大学》，华中师范大学博士论文，2004年。

212. 程斯辉：《中国近代大学校长研究》，华中师范大学博士论文，2007年。

213. 苟渊：《中国高等教育从传统向现代的转型——对1901—1936年间中国高等教育变革的考察》，华东师范大学博士论文，2002年。

214. 张雪蓉：《以美国模式为趋向：中国大学变革研究（1915—1927）》，华东师范大学博士论文，2004年。

215. 苗素莲：《中国大学组织特性历史演变研究》，华东师范大学博士论文，2004 年。

216. 袁斌业：《翻译报国，译随境变：马君武的翻译思想和实践研究》，华东师范大学博士论文，2009 年。

217. 吴立保：《中国近代大学本土化研究》，华东师范大学博士论文，2009 年。

218. 王悦芳：《蔡元培、郭秉文办学思想与实践的比较研究》，南京大学博士论文，2010 年。

219. 吴舸：《蔡元培高等教育管理思想研究》，西南大学博士论文，2010 年。

220. 徐斯雄：《民国大学学术评价制度研究》，西南大学博士论文，2011 年。

221. 谭志松：《统一的多民族国家大学的使命》，中央民族大学博士论文，2007 年。

222. 王东杰：《政治、社会与文化视野下的大学"国立化"：以四川大学为例（1925—1939）》，四川大学博士论文，2002 年。

223. 邓小林：《民国时期国立大学教师聘任之研究》，四川大学博士论文，2005 年。

224. 李运昌：《再造文明与教育革新——胡适高等教育思想研究》，河北大学博士论文，2010 年。

225. 郭刚：《梁启超与清末的西学东渐——从 1898 年至 1911 年》，武汉大学博士论文，2006 年。

226. 张正锋：《权力的表达：中国近代大学教授权力制度研究》，南京师范大学博士论文，2006 年。

227. 唐振平：《当代中国大学自治管理体制研究》，中南大学博士论文，2006 年。

228. 新华网：德国柏林工业大学，http://news.xinhuanet.com/ziliao/2008-01/09/content_7323062.htm。

229. 广西大学校友网：广西大学史话（1928—1949），http://xy.gxu.edu.cn/index.php?dp/content/item/1543/。

230. 广西大学校友网：广西大学创办历史，http://xy.gxu.edu.cn/index.php?dp/content/item/1331/。

231. 同济大学，http://www.tongji.edu.cn/。

232. 广西大学，http://www.gxu.edu.cn/。

（六）国外研究资料

1. ［德］弗·包尔生著，滕大春、滕大生译：《德国教育史》，北京：人民教育出版社，1986 年版。

2. ［德］弗·包尔生著，张弛等译：《德国大学与大学学习》，北京：人民教育出版社，2009年版。

3. ［德］迈尔·莱布尼茨著，胡功泽译：《人·科学·技术》，北京：生活·读书·新知三联书店，1992年版。

4. ［德］史蒂文·奥茨门特著，邢来顺等译：《德国史》，北京：中国大百科全书出版社，2009年版。

5. ［德］沃尔夫冈·鲁茨欧著，熊炜译：《德国政府与政治》，北京：北京大学出版社，2010年版。

6. ［德］威廉·冯·洪堡著，林荣远、冯兴元译：《论国家的作用》，北京：中国社会科学出版社，1998年版。

7. ［德］费希特著，梁志学、沈真译：《论学者的使命/人的使命》，北京：商务印书馆，1984年版。

8. ［德］威廉·格·雅柯布斯著，李秋零、田薇译：《费希特》，北京：中国社会科学出版社，1989年版。

9. ［德］克里斯托弗·福尔著，肖辉英等译：《1945年以来的德国教育：概览与问题》，北京：人民教育出版社，2002年版。

10. ［德］扬-维尔纳·米勒著，马俊、谢青译：《另一个国度：德国知识分子、两德统一及民族认同》，北京：新星出版社，2008年版。

11. ［德］福尔迈著，舒远招、杨祖陶译：《进化认识论》，武汉：武汉大学出版社，1994年版。

12. ［德］乌利齐·施莫河、克里斯蒂安·拉莫、哈拉尔德·雷格勒尔著，王海燕译：《国家创新体系比较——德国国家创新体系的结构与绩效》，北京：知识产权出版社，2011年版。

13. ［德］弗里茨·斯特恩著，方在庆、文亚等译：《爱因斯坦恩怨史——德国科学的兴衰》，上海：上海科技教育出版社，2004年版。

14. ［德］库特·赖纳·库茨勒：《大学如何成为技术转让的重要参与者——柏林工业大学案例》，《国家教育行政学院学报》，2004年第5期。

15. ［德］库特·赖纳·库茨勒：《大学是技术转让的参与者》，《石油教育》，2004年第6期。

16. ［奥地利］弗里德里希·希尔著，赵复三译：《欧洲思想史》，桂林：广西师范大学出版社，2007年版。

17. ［加］约翰·范德格拉夫等著，王承绪等译：《学术权力——七国高等教育管理体制比较》,杭州:浙江教育出版社,2001年版。

18. [加]许美德著,徐洁英译:《中国大学——1895—1995年:一个文化冲突的世纪》,北京:教育科学出版社,2000年版。

19. [加]戴安娜·拉里著,陈仲丹译:《中国政坛上的桂系》,南京:江苏教育出版社,2010年版。

20. 日本世界教育史研究会编,李永连、李秀英译:《六国技术教育史》,北京:教育科学出版社,1984年版。

21. [美]柯伟林著,陈谦平等译:《德国与中华民国》,南京:江苏人民出版社,2006年版。

22. [美]克拉克·克尔著,王承绪等译:《高等教育不能回避历史——21世纪的问题》,杭州:浙江教育出版社,2001年版。

23. [美]亚伯拉罕·弗莱克斯纳著,徐辉、陈晓菲译:《现代大学论——美英德大学研究》,杭州:浙江教育出版社,2001年版。

24. [美]菲利浦·G. 阿特巴赫著,人民教育出版社教育室译:《比较高等教育:知识、大学与发展》,北京:人民教育出版社,2001年版。

25. [美]约翰·S. 布鲁贝克著,王承绪等译:《高等教育哲学》,杭州:浙江教育出版社,1987年版。

26. [美]菲利浦·G. 阿特巴赫著,蒋凯译:《高等教育变革的国际趋势》,北京:北京大学出版社,2009年版。

27. [美]戴维·查普曼、安·奥斯汀编,范怡红译:《发展中国家的高等教育》,北京:北京大学出版社,2009年版。

28. [美]克拉克·科尔著,赵炬明译:《大学校长的多重生活——时间、地点和性格》,桂林:广西师范大学出版社,2008年版。

29. [美]克拉克·克尔著,高铦、高戈、汐汐译:《大学之用》,北京:北京大学出版社,2008年版。

30. [美]大卫·沃德著,李曼丽等译:《令人骄傲的传统和充满挑战的未来——威斯康星大学150年》,北京:清华大学出版社,2007年版。

31. [美]伯顿·克拉克著,王承绪等译:《高等教育系统——学术组织的跨国研究》,杭州:杭州大学出版社,1994年版。

32. [英]C. W. 克劳利编,中国社会科学院世界历史编写组译:《新编剑桥世界近代史(第九卷)》,北京:中国社会科学出版社,1992年版。

33. [英]迈克尔·夏托克,范怡红译:《成功大学的管理之道》,北京:北京大学出版社，2006 年版。

34. ［西班牙］何塞·加里多著，万秀兰译：《比较教育概论》，北京：人民教育出版社，2001 年版。

35. Technische Universität Berlin. Die Fakultäten im Überblick. http://www.tu-berlin.de/menue/fakultaeten/.

36. Jörg Steinbach. Weihnachtsbrief des Präsidenten der TU Berlin. http://www.tu-berlin.de/?id＝94675.

37. Technische Universität Berlin. Wir haben die Ideen für die Zukunft. http://www.tu-berlin.de/menue/ueber_die_tu_berlin/profil/.

38. Technische Universität Berlin. Was ist Akademische Selbstverwaltung? http://www.tu-berlin.de/asv/menue/ueber_uns.

附录　马君武主要教育演讲、论述篇目

以年份为序

1. 《学术通论》（1922年）
2. 《谈精神文明与物质文明》（1924年）
3. 《学术盛衰与国家治乱之关系》（1925年）
4. 《师生共同努力谋求大夏大学的发达》（1926年）
5. 《读书经验自述》（1926年）
6. 《广西大学之使命》（1928年）
7. 《由新式养蜂经验想到新式国家的建设》（1930年）
8. 《力学救国的意义》（1931年）
9. 《广西是不是需要高等教育》（1931年）
10. 《学生会的成立和宿舍里的斋务等问题》（1932年）
11. 《西大的最近设备》（1932年）
12. 《要养成作工的习惯》（1932年）
13. 《作工和人格的修养》（1932年）
14. 《继续"五卅运动"的抗残暴的精神》（1932年）
15. 《怎样建设一个现代国家》（1932年）
16. 《锄头运动的意义》（1932年）
17. 《本校近期及下期的工作——在广西大学五卅纪念周中的演讲》（1932年）
18. 《来读一段亡国惨史》（1933年）

19. 《从旅顺陷落说到日本帝国的命运》（1933年）
20. 《民族文化与民族复兴》（1933年）
21. 《从热河夭亡说到救亡之路》（1933年）
22. 《梦醒，奋斗，复兴中华民族》（1933年）
23. 《救中国的两个途径》（1933年）
24. 《要应用新方法生产》（1933年）
25. 《破产与改造》（1933年）
26. 《生产人才的养成》（1933年）
27. 《从法西斯的教育说到优良民族性的养成》（1933年）
28. 《从西大的特质说到自治会组织的意义》（1933年）
29. 《谈谈本校的几个问题》（1933年）
30. 《谈大学教育的目标》（1934年）
31. 《科学知识的来源和改进广西的路向》（1934年）
32. 《本校最近建设及科学语言》（1934年）
33. 《从社会科学的研究讲到农村经济破产的因素》（1934年）
34. 《谈理科学会组织的意义和研究科学》（1934年）
35. 《大家应有自动学习和爱校的精神》（1934年）
36. 《民族胜利三要素——道德、知识、身体》（1937年）
37. 《战争知识和战争精神》（1937年）
38. 《建设广西与基础教育》（1938年）
39. 《抗战期中大学生应有的修养》（1939年）
40. 《忠勇为爱国之本》（1940年）
41. 《青年的责任与事业》（1940年）

后　记

大约是 2005 年，我在广西师范大学的图书馆内见到一尊马君武塑像，由此了解到马君武与广西大学、广西师范大学的渊源及其在广西高等教育历史中的重要地位。真正关注马君武作为一名大学校长如何办学与治校，则是受恩师南京大学王运来教授的点拨与指导。在我研究马君武的过程中，王老师提供了非常多的指导建议，包括如何做教育家研究、如何更加全面地认识和评价教育家的办学实践及其思想渊源等。我也曾与王老师从大学模式移植的视角来讨论马君武和蔡元培这两位大学校长对德国高等教育办学模式的借鉴问题。可以说，如果没有王老师的指导与帮助，我是不可能完成这项研究的。

我十分感谢同济大学教授、北京大学德国研究中心特聘研究员叶隽老师。叶老师一度在欧洲从事研究工作，对德国文化颇有研究，曾从文化接受的视角研究留德学人对德国文化的接受，马君武是其中的案例之一。我多次向叶老师请教有关留德学者对德国科技与文化的传播问题，他的解答让我受益匪浅。叶老师还曾给我寄送他的新作，我倍受鼓舞。

我非常感谢江苏省社科联党组书记、常务副主席，留德博士张新科教授。张老师曾在德国一所以工科为主的大学留学，并获教育管理学博士学位，对德国高等教育，特别是德国工科大学颇有研究。我多次向张老师请教德国工科大学的相关问题，总能获得很好的解答，收获良多。

对马君武与广西大学进行研究，需要大量的史料文献支撑。马桂芬女士为我查找资料提供线索。马女士继承马君武和马保之热爱国家、服务广西的传统，资助了不少山区贫困学生，我深受感动。广西师范大学黄荫荣老师为我提供了诸多关于广西教育史和马君武的资料。广西壮族自治区图书馆的王真真老师为我查找资料提供了帮助。广西大学校友会的陈宏波老师、阮业荣老师、覃毅老师为我提供广西大学校庆系列资料。雁山园的工作人员为我讲述马君武在桂林时期的办学情形。他们为我提供丰富的史料及线索，这为我更加立体地解读马君武的办学实践提供了启迪与思路。

学界同仁从民主革命思想、教育思想与实践等不同的角度对马君武进行研究，这些研究为本研究的开展提供了思路和帮助，在此表示感谢！我非常感谢福建教育出版社的周敏编辑，正是周编辑优质高效的工作，推动了本书如期出版。

全守杰

2022 年 11 月